組織変革のマネジメント

【第2版】

理論と現状

松田陽一 ［著］

Matsuda Yoichi

The Management of Organizational Change

[Second Edition]

中央経済社

第2版のまえがき

　本書は，2011年に中央経済社より刊行した『組織変革のマネジメント―人の意識・行動とCI活動―』の第2版である。これは，さらにその底本である2000年に刊行した『企業の組織変革行動―日本企業のCI活動を対象として―』からすると20年を経ることになり，3冊目の単著といえる。約10年程度の間隔で，3冊ともほぼ同じテーマで，かつ単著で刊行できたことは，20年の企業勤務から学界に転職した者として，望外の感がある。

　2011年から約10年を経て，前著も幸いにも多刷りになり，多くの読者から，および研究者や実務家からは本当に多くの，そしていろいろなご批判・ご指摘や疑問，および要望等をいただき，それらへの解答のひとつとして，この第2版を上梓するに至ったのである。

　第2版の刊行に際して，考慮した新たな点は以下のとおりである。

　第1に，第1版にはなかった組織変革における抵抗現象，およびそのマネジメント施策として着目しているチーム，とくにチーム医療を対象とした知見と調査結果について，新しく章を設けていることである。

　これは，10年の間に，当研究室の組織変革に関する研究への興味関心が変化・進展し，対象とする現象・事象が変化・進展してきたことによる。それが，抵抗であり，組織変革を推進できる有効なマンジメント施策として捉えたチームである。よって，組織変革のマネジメントについて，従来の議論（調査・研究），およびその現状・実践論（方法・パターン・スタイル）を紹介することに大きな変化はないが，大幅な記述内容の見直し，加筆・修正，そして新しい章の挿入を施している。

　以上については，多くの学・院生，および社会人大学院生とのゼミでの議論や協働研究，および多くの調査を通じてあった気づきによるところも大変大きい。

　第2に，第1とも関連するが，前著から10年の間に実施した諸調査（渉猟，アンケート，インタビュー，観察）の結果を新しい知見として，加筆したことである。よって，上述の松田（2000・2011）からすれば，紙幅の関係からそれらに記述した内容をかなり削除し，上述の新しい点にかなり注力して修正を施し，

さらに加筆している。

　本書は，経営学の組織行動論の視点から，組織変革のマネジメントを研究対象にしているが，何十年たっても奥深く，本質的な問題が何かうまくいえない，あるいはその現象が表現できない等の状況に，拙前・前々著である松田（2000・2011）から，それほど改善や進歩があるわけではない。知れば知るほど，また調べれば調べるほど，そして議論すれば議論するほど，解からは逆に遠のくような感覚が強くなっていくような気がしてならない。さらに，そのようになる理由も分からず，多々，このような境地に陥る自分が，また不思議でならない。明確なのは，人の営むことは，そうそう簡単に説明できるはずがない，よってゴールが見えそうもない境地にあり続けるのだという実務家出身の本当におかしい，変な確固たる確信だけがあるということである。

　拙前・前々著と同様，本書においても，お読みいただきました多くの読者の皆様からのご批判・ご指摘をお待ちしています。ご批判やご指摘があるうちは，またそれらに対して反論できるうちは，まだまだ研究というものに，打ち込めるものと思っております。

　最後に，今でもご指導いただいている奥林康司先生，坂下昭宣先生，宗像正幸先生には，学位を受領して以来，決して後悔されることのないように，精進していることを本書の出版にてお伝えしたいと思います。また，奥林ゼミの社会人院生同期生（とくに，学界転身した平野光俊先生（大阪商業大学）と三輪卓己先生（京都産業大学））をはじめ，学界で知り合えた多くの諸先生，および本書で紹介した諸調査にご協力いただきました多くの方々にも同様に本書の出版をもって感謝の意を伝えたいと思います。

　最後に，本書第1版と同様でありますが，この出版事情が厳しい折に，本書の出版に御厚意をいただきました中央経済社ホールディングスの山本継会長，そして執筆時のアイディアから原稿チェックまで大変に御尽力いただきました中央経済社の納見伸之編集長にも厚く御礼申し上げます。

　2020年1月吉日

松 田 陽 一

まえがき

　本書は，組織変革のマネジメントについて，従来の議論（調査・研究），およびその現状・実践論（方法・パターン・スタイル）について紹介することを目的としている。

　本書は，拙著『企業の組織変革行動―日本企業のCI活動を対象として』（千倉書房，2000年）を底本として大幅に加筆・修正したものである。前著は，予想外にも多刷になり，これについては学会等で声をかけられたり，思わぬところで論文に引用していただいたり，院ゼミへの参加希望や共同研究の申し出等の接触が多くの実務家・学生・研究者からあり，これらは筆者にとっても望外のことであった。

　民間企業から学界に転職し，前著を基に学部や大学院で授業を行い，勤務校以外の学部学生や留学生（神戸大学，同志社大学，尾道大学，福山平成大学等），社会人院生（神戸大学大学院，ウェールズ経営大学院，関西学院大学大学院等），および実務家を対象にした研修や講演を行うに従って，その内容や関連資料の不充分さに気づき，何年か前から何とかもう少し，まともなものができないかと考えていた。これが，本書執筆の動機である。むろん，前著のアカデミック的に拙い部分・疑問符のある部分・修正を必要とする部分，および近年のデータに書き替える必要のある部分，近年の動向を紹介する必要のある部分等があったこともある。

　本書は，経営学の組織行動論における組織変革のマネジメントの指南書，あるいはガイドブックを目指したつもりである。よって，そのために回顧と展望をはかり，従来の議論やマネジメントの現状・実践の紹介に努めた。本書が，組織変革のマネジメントを志向する人，悩んでいる人，調査・研究に関心のある人に少しでもお役にたてればと思っている。また，本書は，調査でお世話になった方から「今でこそ，名称は聞かず，取り組む企業も少ないが，日本企業のCI活動の総括をして欲しい」という声にこたえたい，という思いがあったことにもよる。

　本書では，基本的な問題である組織変革の生起，つまり，なぜ組織には変革が生じるのか，あるいはなぜ人々は組織変革の生起を意図するのかについては

それほどふれていない。組織は変わる…それも意図的に，計画的に変革する必要性がある，またそれが組織にとっては必然的であるというのが前提である。では，それが，なぜなのか。組織変革の合理性についてもふれていない。変わることの意味は何か。変わることにどのような合理的な意味があるのか。これらは今後の課題である。

　そもそも，本書の視点として，組織変革プロセスの解明と人の意識・行動変革との関係については，充分に明確になったのかと問われれば，それほど自信があるわけでもない。プロセスの様相が明らかになれば操作性が向上し，また人の意識・行動変革をうまく行うことができれば，組織変革が円滑に推進され，結果的に組織成果が向上する…という図式である。よって，現場においては，人の意識・行動変革に訴える→組織変革がうまく進む→成果向上となるが，ある意味で，ステレオタイプ的な前提ではないか，現場は本当にそうなのか，という疑問はいまだにある。「現象を正確に把握することが重要」と授業等で主張しながら，本当に把握できているのだろうかという疑問が続く。また，「要は組織成果が向上すればよい」のであるが，そこには人の意識・行動変革が不可欠である，というのは本当であろうか？　「成果向上があって，人の意識・行動変革もある」という主張や実践例もあるが，これはトートロジーになる。さて，結論は…ということになるのだが，他の学問のアイディアにも耳を傾けることも肝要かと思いつつ，多くの課題を含んだまま本書を世に問うわけであるが，読者の批判をお待ちしたい。

　本書の第8・9章では，組織変革のプロセスについて，CI活動を対象に，レヴィンのモデルを下敷きにして解明を試みた。また，第10・11章では，人の意識・行動変革を企業はどのように考慮しているのかについて，その実態を明らかにしてみようと試みた。これらに共通しているのは，現場は，どのような施策を行っているのか，どのような施策を行えばうまくいくと考えているのか，どのような阻害要因に苦慮しているのか…である。これらは，筆者の（20年間の）企業勤務の経験によるところが大きい。企業は，成果をあげるために何をすればよいのか，ということを常にマネジメント課題としてつきつけられているが，そこには即効・効率的な，そして絶対的な手立てはない。それを探求することがマネジメントの要でもあり，その一方で「科学する」を標榜している者のささやかな社会貢献であると思う。

　マネジメントは流行を追うものではなく，その本質に迫ることが，実は，意外と大事ということは経験的に分かってはいても，議論の俎上になると，盛り上がらない。やはり，ハウツーであり，処方箋の提示が重要なのであろうか。また，現場ではそれこそ「現場が優先。理論のために現場があるのではない」と主張される（筆者も主張してきた）。では，研究者の役割は，経営学においては何か。現場への接近，現象の正確な解明，コンサルタントを上回る提案力や眼力こそが，今まさに必要ではないかと思う。

　以上，とりとめもなく，いろいろと本書の不充分さが露呈されるだけであるが，「しかし，マネジメントは現場である」を肝に銘じてさらに研鑽を積み重ねるしかない。

　最後に私見で申し訳ないが，筆者の研究のモットーは「ほほう，すごい」はなくても，ともかく「正確である」「ウソがない」である。これは社会学者の橋爪大三郎先生の主張であり，いたく共感するものである。また，学界転職時に目指したのは，京都大学・類人猿研究の始祖である今西錦司先生のいつでも，どこでも，どこまでも，おおらかに議論するという今西学校のあり方であり，そこに「創りだしていく」情熱を感じ，非常に共感したことがある。そして，理解しがたいかもしれないが，湯川秀樹先生をはじめとするノーベル物理学賞受賞者に，西田哲学の「共生」という，一見，物理学とは無関係な哲学概念の存在に気づき，それが実は，研究の根本にあり，科学の奥深さに眼を見開かせていただいたことも科学者のはしくれを志向したきっかけであったように思う。その後，上述のことは，企業でも経験していたことであり，実は，それらが学界にも普通にあったことを見いだして，自信をもったものである。

謝辞

　本書を作成するには，当然のことであるが，多くの人のおかげによっている。奥林康司先生（摂南大学）には，今でも温かく，丁寧に指導いただき，関心をもっていただいている。博士論文の審査でお世話になった坂下昭宣先生（流通科学大学）と宗像正幸先生（大阪成蹊大学）には，学会等でいつも温かく励ましていただき，指導いただいている。その他，社会人大学院時代，またその後，奥林先生ゼミのメンバーには今でも学会等で，いろいろな形でお世話になって

いる。また，日本経営学会等で声をかけていただいた諸先生にも，御礼を申し上げたい。御礼を申し上げなければならない方々はまだまだいらっしゃるものの，紙幅の関係で，本書の発刊をもってかえたい。

　最後に，この出版事情が厳しい折に，本書の出版に御厚意をいただいた中央経済社の山本継会長，そして執筆時のアイディアから原稿チェックまで大変に御尽力いただいた納見伸之氏にも厚く御礼申し上げます。

2011年3月吉日

松 田 陽 一

もくじ

第Ⅱ部　組織変革のマネジメント ― 現状編（実態と深層）

＊　　　　＊　　　　＊

第 1 章

Introduction

組織変革のマネジメントの現状と問題関心

本書・本章のガイド

　本書の目的は，組織変革（organizational change）[1] のマネジメント（management）に関する理論的，および実証的な議論（調査・研究成果）について，紹介することである。その研究対象は，組織変革という組織現象であり，企業や諸組織が行うそれに関するマネジメント行動・施策である。具体的には，組織変革におけるプロセス，意識・行動変革，抵抗，チームである。

　そして，本書では，後述する問題関心・課題に基づいて，当研究室で行った諸調査の結果の一部を紹介している。具体的な調査対象は，日本企業のCI活動，従業員の意識・行動変革活動，抵抗現象，チーム医療である。

　ここで，後述するが，本書における組織変革とは，組織行動（ミクロ組織）論の視点から「組織が，成果（例えば，売上・利益などの財務諸表の数値，あるいは従業員の活性化）の向上等を目的として，意図・計画的に従業員の意識や行動の変革をするために行う多様なマネジメント活動，あるいはその一連のプロセスに観察できる組織現象である」（占部，1980；奥村，1999；金井，2004；松田，2011）として論をすすめる。マクロ組織論的立場である，組織構造の変動や組織間関係からの議論はそれほど射程には入れていない。

　また，本書で使用するマネジメントとは，経営者層や経営トップ職能群，あるいは彼・彼女らが保持する職能（Drucker, 1974）という特定の職層・能力を意味するという指摘もあるが，通常，理解されている企業の管理や運営（坂下，2007），あるいは企業の舵取りや協働・動機づけの仕組み形成や操作・維持行為（伊丹・加護野，2003）として使用する。

　本章では，その冒頭に際して組織変革の議論の現状，本書で提示する組織変革に関する今日的な 4 つの問題関心，および本書の構成について，紹介する。

2

第1節
組織変革のマネジメントの現状

1 組織変革のマネジメントとは何か

　組織変革は，その円滑な推進を志向するにおいて，人が企業という社会・経済的システムを発明して以来，継続的に対応を要請されてきた課題である。また，今日においては，企業が絶えず掲げるマネジメント上の課題でもある。

　別の視点からすると，企業を社会的存在として捉え，さらにオープン・システム（open system）(2) として捉えるとき，常に外部とのやり取りによって必然的に生じる適応（あるいは，進展して自己組織化）の問題として捉えることができる。また，オープン・システムとはいえ，そのシステム内に抱える調整と効率の問題としても捉えることができる。

　その一方で，組織変革において，企業はその長い歴史の中で多様なマネジメント施策や技法を開発し，実践してきた。例えば，生産効率性向上を意図するQC（Quality Control）活動や組織文化（organizational culture）の変革を意図するCI（Corporate Identity：コーポレート・アイデンティティ）活動，分業・調整・権限分布の変更を意図する組織構造施策，人々の働き方の改善や統合を意図する人的資源管理（HRM：Human Resource Management）施策などを提示することができる。

　ここで，留意しなければならないことは，今日，組織変革の円滑な推進を志向する際には，企業は組織そのものを対象とするダイナミックな課題に対応すると同時に，従来から意図されてきた組織構成員の意識・行動変革というデリケート（delicate）な課題にも対応しなければならない，ということである。つまり，現実の企業のマネジメントにおいては，有効な組織変革を意図する際の操作対象としては，組織構造・形態や戦略はむろんのこと，その組織構成員をも対象にする必要性が今日さらに重要になってきているということである。

　例えば，本書で紹介する諸調査の分析結果からも組織にとって組織構成員の意識・行動変革をすることが，いかにマネジメントの重要な課題として捉えられているのかが判明している。また，企業は，多様なマネジメント施策や技法を開発し，組織構成員の意識・行動変革を対象とし，従来以上に多様な行動をしていることが判明しており，それが今日の組織変革のマネジメントの特徴で

ある。

2　組織変革のマネジメントの従来議論

　組織変革については，従来，多様な学界領域において議論されてきた。例え
ば，経済学では，企業成長（Penrose, 1959・1995），多角化（Rumelt, 1974），組織
デザイン（Galbraith and Nathanson, 1978）などのトピックス（topics）から議論さ
れてきた。また，社会心理学では，グループ・ダイナミックス（Cartwright and
Zander, 1960；広田，1963），態度変容（原岡，1970），自組織の革新や変革（構造こ
わし）（古川，1990），個人の意識や行動変革（Newcomb, 1950；南，1957）等のト
ピックスから議論されてきた。この他にも，社会学では，自らが自らの組織の
変革を志向するという視点から議論されてきた自己組織化論（self organized
theory：今田，1986；吉田，1990），運動（塩原，1976）等の議論もある。

　ただし，上述した従来の議論を検討してみると，研究における科学的な使命
である理論開発，および現象の説明や予測よりも，むしろ実際に，組織変革を
企業組織内で生起し，推進させるために着目すべきマネジメント要因，および
マネジメント施策や技法の開発に関心が注がれ，それらについて，実証的な調
査・研究の行われてきていることが分かる（松田，2000）。

　経営学では，後述するが，組織変革は，組織の官僚制（bureaucracy）の克服
や社会・経済的要因の変化への対応を背景に議論が開始されている。前者は，
ウェーバー（Weber, 1947）が主張した官僚制組織に対する逆機能という視点か
ら理論的に議論されてきている（Bennis and Slater, 1968）。具体的には，官僚制
による組織の合法・合理的支配と権限関係が組織にもたらす弊害を克服するた
めに組織構造を意図的に変革させるという視点から主に議論されてきている
（鈴木，1994）。

　その一方で，後者は，環境との適応関係（fit, adaptation）を意識したコンティ
ンジェンシー理論（contingency theory：Burns and Stalker, 1961；Woodward, 1965；
Lawrence and Lorsch, 1967；Perrow, 1967）の視点に基づいて多くの理論的な研究
がなされている。具体的には，組織をオープン・システムと捉え，変化する経
営環境や保持する技術内容・レベルに対応するために，いかに組織構造を変革
させていくのかという視点から議論されてきている。

　これら以外にも，組織構造の変革（Chandler, 1962），教育や訓練によって個人
の能力向上を図り変革を意図する組織開発論（organization development theory：

Beckhard, 1969；Burke, 1982；幸田，1972），組織構成員に共有されている価値観や行動規範の変革を意図する組織文化論（Pettigrew, 1979；Frost, et al., 1985；Schein, 1985；Schneider ed., 1990）等の議論がある。

　上述からは，組織変革について，多様な学界領域において，多様なトピックスや視点から多くの研究者によって議論されてきたことが分かる（内野，2006）。さらに，今日では，コンサルタントをはじめ，多くの実務家からも関心が寄せられ，議論されてきている。

第2節
組織変革のマネジメントの問題関心

　上述の成果をもってしても，組織変革という組織現象の全体像が充分に明らかになっているとはいえない。組織変革については，多くの人々が着目しているが，大きな関心は，理論的な現象解明というよりも，むしろ組織のマネジメントとして，どのようにそれを推進していくのかという，その実践論にある。これは，理論軽視というよりも，官僚制克服や環境適応，あるいは組織の機能不全や体質改善への対応というマネジメント実践の喫緊な課題の解決を，組織が絶えず要請されてきたという経緯による。

　以下では，上述を背景として，組織変革における今日的な4つの問題関心を提示する。また，これらは同時に本書における課題（問題関心から発展したもの）でもある。具体的には，プロセス，意識・行動変革，抵抗，チームである。これらは，多々ある問題関心の中で取り扱われることが多く，またマネジメント実践においても重要なものである（Burke, 1982；Kotter, 1996；Schein, 1999）。

1　プロセス

　第1の問題関心は，組織現象としての組織変革のプロセス（process：過程）の解明である。換言すれば，そのプロセス（＝組織変革という組織現象の経時的な移行過程）については充分に解明されているのだろうか，ということである。つまり，組織変革は，組織内で生起（occurrence：現象が起こること）し，組織の中で進行する組織現象なのであるが，その様相は，時間の経過とともにどのように変化しているのだろうか，ということである。

　現実においても，プロセスをうまく操作し，組織変革を円滑に推進させ，そ

の成果を向上させることについては，実務家や研究者からも多くの関心が注がれている（Nadler, et al., 1995）。また，従来の議論においても，企業が組織変革を推進する際に，具体的にどのようなプロセスをたどり，またどのような行動をしているのかということについては，充分に明らかになっているとはいえない。これが，組織変革のマネジメントにおける第1の問題関心である。

　これは，そのプロセスが明らかになれば，具体的に有効なマネジメント施策に関するプログラム設計とその実施について，その精度を向上させることが可能になり，成果向上へとつながると考えられることによっている。

2　意識・行動変革

　第2の問題関心は，組織変革の推進の後，（組織や）組織構成員にはどのような変化が生じたのかということである。これは組織変革の合理性，あるいは機能（組織に対する役割，効果や関係性）議論とも関連する。従来の議論においても組織変革は，組織構成員の意識・行動変革が焦点にはなっているのだが，現実に，その実態（あるいは様相）がどのようになっており，それが組織にどのような効果をもたらしているのか，ということについて，十分に明らかになっているとはいえない。

　例えば，組織行動論や社会心理学の議論において，組織変革は組織や組織構成員の意識・行動を対象にその変革操作を意図しなければ効果・有効的でない，という知見は多数ある（松田，2011）。しかし，これについても，本書で紹介する諸調査の結果からある程度は判明しているものの，まだ充分であるとはいいがたい現状がある。

3　抵　抗

　第3の問題関心は，組織変革における抵抗である。従来，我々は，企業等が行う多様な施策（活動）を調査対象にして，上述のように組織変革のプロセス，さらに，メカニズム（mechanism）の解明，マネジメント上の操作性の向上，および人の意識・行動の変革の実態（様相）を追跡してきた（松田，2000・2011）。そこで，それら一連の諸調査・研究で浮かび上がってきたのが，そのプロセス上で生起する，あるいは発生する「抵抗（resistance）」という組織現象，あるいは組織内の力である。

　現実的には，企業が組織変革を意図し，推進するに際して，従業員が施策に

抵抗を示し，組織変革が円滑に進まないという組織現象は多々，見受けられることである。よって，抵抗の生起は必然的ではあるが，組織変革を円滑に推進するには，その除去について考慮する必要があると考えられるのである（松田，2011）。具体的には，その抵抗の要因そのもの，およびその生起するメカニズムについて明らかにし，さらに，それをうまく除去すれば，それ以前よりも組織変革を円滑に推進することができ，組織成果の向上を図ることが予想されるのである。

4 チーム

第4の問題関心は，組織変革のマネジメントにおけるチームの活用である。従来，組織変革の成果の向上に関する具体的なマネジメント施策（活動）については，組織開発系の施策や組織文化の変革に関する施策はあるが，それほど明確に，また科学的，体系的に考慮されてこなかった歴史がある（松田，2011）。それは，関心の大半が，どちらかといえば上述したように実践論にあり，細かな施策間の影響・連携関係やその有効性については，それほど注がれてこなかったことによる。むろん，反論もあろうが，最終的な成果に強い関心があり，そのプロセスやその操作には，それほど関心が注がれてこなかった経緯があるのである。さらに，後述するが，組織変革を円滑に，また効率的に推進するマネジメントについては，コンサルタントの議論は多くあるが，逆にその多さが現場に混乱をもたらしているともいえ，確固たる知見はそれほどないといえるのである。

今日，それへの一つの解として，着目したのがチームの活用である。換言すれば，チームの活用によって，組織変革を円滑に，また効率的に推進していくのである。また，経営学においてはチーム研究の蓄積も多い。

例えば，後述するが，医療組織（とくに病院）においては，今日，変化する経営環境への対応として，組織変革のマネジメント施策として着目され，活用されているのが「チーム医療」である。これは，国の指導指針があるとはいうものの，医療の現場においては，ますます複雑・高度化し，さらに患者との個別的な対応が求められる現状に対して，従来の医師を頂点としたやり方ではうまくできなくなりつつある，あるいはうまくできない現状に対応することから始められている。それが進展し，昨今では，チーム医療の意図的な活用やその構成メンバーの影響に基づいて，組織変革のマネジメントを実践している病院

も数多くある（松田他，2014）。すなわち，医療の質や安全性向上という今日的対応のためにだけではなく，病院で働いている医師や職員の意識・行動変革までをも意図してチーム医療を病院組織全体のマネジメントに活用しているということである。つまり，チームをマネジメント施策として活用すれば，組織変革を円滑に推進できることが予想されるのである。

　以上より，本書の課題は，上述の4つの問題関心に照射して，理論的な議論，および諸調査から明らかになった実証的な議論を紹介するものである。

第3節
本書の構成

　本書では，上述の4つの問題関心を対象として，それぞれに関する諸議論，および諸調査に基づく実態等の分析結果を紹介する。そして，本章と第13章以外の十一の章において，理論的，かつ実証的な議論を紹介する。具体的には，第2章から第8章までは第Ⅰ部として，組織変革のマネジメントに関する理論的な議論を紹介する。次の第9章から第12章までは第Ⅱ部として，組織変革のマネジメントに関する現状（実態と深層）の議論を紹介する。

　以下，各章ごとにその概略を紹介しておこう。

　第2章では，組織変革の基本として，そのマネジメントに関する基本的な事項を紹介する。最初に，組織変革が研究者や実務家から関心が注がれる2つの背景要因を紹介する。次に，組織変革の定義について，上位概念である社会変動（組織変動を含む）を紹介し，本書における組織変革の定義を紹介する。最後に，組織変革を組織現象として限定するためにその類型を紹介する。なお，補論として意識に関する議論を紹介する。

　第3章では，組織変革の議論の回顧として，組織変革が，経営学をはじめ，他の学界においてどのように議論されてきたのかについて，紹介する。これによって，組織変革という組織現象を説明可能にする理論的基礎，および社会科学の諸学問からどのようなアイディアを援用してきたのか，そして，今後，どのように発展することが可能になるのかに関しての理論的示唆を得ることが可能になる。具体的には，社会学における社会変動理論，および自己組織化理論，社会心理学における場の理論，グループ・ダイナミックス，および態度変容を

紹介し，次に，経済学における企業成長，および多角化行動を紹介する。最後に，経営学における主要トピックスを扱った研究として，組織構造の変革，企業文化の変革，およびビジネス環境変化への対応に関する研究を紹介する。

第4章では，組織変革に従来から強く関連してきた主要なマネジメント要因として，リーダーシップ，組織開発，および組織文化を紹介する。これによって，組織変革に強い関連を持つ3つの要因に関する理論的な基礎やマネジメント実践の知見や技法を修得することが可能になる。具体的には，各々の議論における従来の議論（定義，歴史等），現状，およびそれとの関連について，紹介する。

第5章では，組織変革における研究方法について，紹介する。これによって，組織変革という組織現象を測定する際に必要な理論・実践的な基礎や示唆を得ることができる。具体的には，最初に，研究方法の鍵概念として，分析哲学の基本仮定，実証主義，および反証可能性を紹介する。これは，経験知（データ）を持って論証しようとする本書の基本姿勢に相当するものである。次に，モデル分析に関する議論について，紹介する。次に，ケース・スタディに関する議論について，紹介する。最後に，研究方法に関する諸議論について，紹介する。

第6章では，組織変革のプロセスモデルについて，従来の主要な研究を紹介する。具体的には，最初に，その基本として，プロセスとモデルの意義とプロセスモデルの役割を紹介する。次に，従来のプロセスモデルとして，古典的な社会心理学モデル，組織開発モデル，企業文化変革モデル，およびマネジメント実践的モデルを紹介する。最後に，プロセスモデルの課題について，紹介する。

第7章では，組織変革における抵抗について，従来の主要な研究を紹介する。具体的には，最初に，抵抗の要因について，紹介する。次に，そのメカニズムについて，紹介する。最後に，その除去について，紹介する。また，この3つのカテゴリーについて，アカデミック的な議論（マクロ・ミクロ組織論的視点，社会心理学的視点），およびマネジメント実践的な議論（コンサルタント的視点）を紹介する。

第8章では，組織変革の推進マネジメント施策としてチームについて，紹介する。具体的には，最初に，チーム研究の従来の議論について，紹介する。次に，チームのマネジメントについて，紹介する。最後に，上述を反映し，今日，

医療業界で関心の高いチーム医療の議論について，紹介する。

　本書の第Ⅱ部では，第1章の問題関心に対応して当研究室で行った10の調査結果を基に，組織変革のマネジメントの現状（実態と深層）について，紹介している。なお，これらの調査に際して採用した方法は，公表された文献や企業の内部資料を渉猟する文献調査，質問票によるアンケート調査（主に定量的データ），および企業へのインタビュー調査（主に定性的データ）である。つまり，調査方法については，上述したようにいくつかの方法を併用し，量・質的データの両者を取得し，分析する方法論的複眼（methodological triangulation）(3) を採用している。

　冒頭で，第9章から第12章で紹介する10の調査（調査1〜調査10）の概要について，紹介する。

　第9章では，組織変革のプロセスについて，日本企業のCI活動を対象にして行った調査の結果を紹介する。これは，CI活動が，組織の活性化（activation）や企業の組織文化の変革を意図する施策という理解が一般的であり，組織変革を実践するための新しいマネジメント施策であることが多くの調査からも指摘されていることによる（梅澤，1990）(4)。具体的には，最初に，日本企業のCI活動について，その定義・歴史・現状を紹介し，CI活動のVI・MI・BIの概念を紹介する。次に，CI活動のプロセスの実態について，企業を対象に行ったアンケート調査（調査1）の結果を紹介する。次に，それに関連させながら行ったインタビュー調査（調査2）と渉猟調査に基づき，CI活動に特徴ある金融業A社のケース・スタディについて，紹介する。

　第10章では，従業員の意識・行動変革に関する調査の結果について，紹介する。具体的には，従業員の意識・行動変革のマネジメントを対象として行ったアンケート調査（調査3）の結果を紹介する。次に，上述に関連させながら行った企業へのインタビュー調査（調査4）の結果に基づいて，その深層（定性的分析の内容）を紹介する。

　第11章では，組織変革の抵抗に関する調査の結果について，紹介する。具体的には，その抵抗のマネジメントの実態（生起と施策，要因，生起理由，除去，除去判断）に関して行ったアンケート調査（調査5）の結果を紹介する。次に，上述に関連させながら除去のマネジメントに関して行った企業へのインタビュー調査（調査6）の結果に基づいて，その深層（定性的分析の内容）を紹介する。

第12章では，組織変革のマネジメントとして，今日，着目されているチームについて，紹介する。具体的には，医療業界を調査対象として行ったチーム医療の実態に関して行ったアンケート調査（調査7）の結果，およびそれに関連させながら行ったインタビュー調査（調査8）の結果（深層）を紹介する。次に，高成果（HP：High Performance）チーム医療の実態に関して行ったアンケート調査（調査9）の結果，およびそれに関連させながら行ったインタビュー調査（調査10）の結果（深層）を紹介する。このHPチーム医療に関する行動特性やマネジメントの様相等の知見については，それほど蓄積は多くなく，とくに実務界からは，高い関心がある。

最後の第13章は，上述の議論を踏まえて，組織変革のマネジメントの展望として，その現状，提言，および課題を提示する。

◆ 注
（1）　組織変革の英語訳には，organizational change（cf. Tushman and O'Reilly, 1997；Randall, 2004；Markham, 1999；Connor, et al., 2003；Robbins, 2005）とorganization change（cf.Burke, 2002・2008）がある。表現としては，前者が多い。また，changeではなく，transformation（cf. Nadler, et al., 1995；Taffinder, 1998），あるいはtransformationとchangeとの混在（Kotter, 1996）がある場合もある。　前者は，主に変形，変態，変容，変質の意味で使用されることが多い。とくに生物学では形質転換や変態，理学では変換や転移，化学では成分置換で使用されることが多い。これらは，意図的，計画的というよりも自然的，偶然的な生起あるいは発生を包含している。少数であるが，reframeを使用されることもあるが，これは，枠組み，骨組み，構造等を再構成，あるいは再構築するという意味で使用されており，意図的，計画的に行うという点では本書での定義と同義であるが，人の意識や行動という側面を対象とはしていない点において異なる。
（2）　オープン・システム（open system）については，例えば，カッツとカーン（Katz and Kahn, 1966・1978）等を参照のこと。
（3）　方法論的複眼については，例えば，金井（1993），129-133頁を参照のこと。
（4）　企業が組織と組織構成員を対象として，組織変革を意図し，CI活動に関連づけて多様な施策を実施することは，例えば，企業活力研究所編（1987），社団法人ソフト化経済センター編（1990），財団法人関西生産性本部編（1991）等から明らかになっている。

第Ⅰ部
組織変革のマネジメント
——理論編

第 **2** 章

Basic Issue

組織変革の基本

本章のガイド

　本章では，組織変革の基本について，紹介する。具体的には，組織変革の背景，定義，類型を紹介する。また，本章末尾で意識に関する補論を紹介する。

　今日では，組織変革のマネジメントは，とくに人の意識や行動までをも対象とし，従来以上にそれらを考慮することが重要になった点について，力点を置いて紹介する。

　なお，研究や調査のアプローチ（approch）ついては，例えば山本（1968b：構造・技術・人間的アプローチ），や占部（1980：統合的アプローチ）を参照のこと[1]。

組織変革の背景

　組織変革という組織現象については，多様な学界の研究者をはじめ多くの実務家によって，とくに1960年代以降，取り組まれてきた歴史がある[2]。なぜ，これが多くの人々の関心を集め，議論されてきたのだろうか。

　例えば，ベニス（Bennis, 1966）は，その背景として2つの要因を指摘している。第1には，組織が歴史的に進展し，その規模を拡大するにつれて，その内部に生じてくる官僚制（bureaucracy）を克服する必要性が生じてきたことである（佐藤，1966・1976）。第2には，変化が加速化する，今日の変革時代に，（企業）組織は，自らを取り巻く社会・経済的要因の変化に対応する必要性が生じてきたことである[3]。

1 官僚制の克服

(1) ベニスの議論

　第1の官僚制の克服について，ベニス（Bennis, 1966）は，次のように指摘している。

　ウェーバー（Weber, 1956）が主張する官僚制組織とは，高度に専門化され，個人の主観的利害を排し，計画化された規則に基づいて行動する組織である。よって，組織構成員が必然的に規則にしたがって行動するという合理的な組織である。また，彼が提示した官僚制組織における人間（観）モデル，いわゆる機械人モデル（machine model）は，それ以前の個人的抑圧，縁故主義，残酷性，感情本位の移り気，主観的判断等に対する反動を背景として考えだされ，合理的なモデルとして受容されてきた。そして，官僚制組織における個人の役割は，規則によって制度化され，合理化されていた。しかし，その後，この制度化され，合理化された個人の役割に起因して形式主義や硬直性が組織に生じ，それらによる弊害が指摘されるようになった。

　さらに，社会の進展にともなって，組織は自らを取り巻く社会・経済的な環境の変化に適応していく必要性も生じてきた。これらに対応して，組織は修正を試みるようになる。この修正を試みることが，一般的に計画的組織変革（organizational planned change）と呼ばれるようになり，軍隊，役所，学校，病院，企業などの多くの組織が着目し始めたとベニスは指摘している[4]。

　その後，多くの組織からこの計画的変革が着目されるようになって，組織の生産性や収益性と同時に，組織構成員の社会的満足や個人としての成長という人間性の側面についても考慮すべきであるという考え方が強くなってきた(5)。つまり，従来，とくに20世紀に入って組織のマネジメントは，効率・合理化を優先課題に改善され，推進されてきたのであるが，それによって人間性を疎外するようなマネジメントについては，再考しなければならないという懸念が生じてきたということである。換言すると，組織構成員の能力や心理的側面を重要視し，彼・彼女らの社会的満足や成長についても考慮しなければ，組織は環境変化に適応できなくなるという新しい考え方が登場してきたのである(6)。

(2)　リピット他の議論

　リピット他（Lippitt, et al., 1958）も，組織変革が着目された背景として，それは官僚制組織の弊害あるいは弱点である組織の形式主義や硬直性を克服することにあると指摘している。

　リピット他は，その理由として，組織が大規模になるにつれて組織内の各部署同士の関係が形式的になりがちであること，および組織構成員同士の個人的な相互作用が容易でなくなることを指摘している。よって，彼らは，その点を改善するために組織は環境の変化に絶えず敏感になり，目標，欲求，期待，および行動という組織の内的な諸要素を常に変革する必要があると指摘している(7)。これは，前述のベニスの指摘と同様な内容である。

2　社会・経済的要因の変化への対応

(1)　ナドラー他の議論

　第2の社会・経済的要因の変化への対応については，組織変革が着目された背景の要因としてこれを指摘する研究者は多い。

　企業の組織変革について，マネジメント実践的な研究がとくに多いナドラー他（Nadler, et al., 1995）は，次の6つの要因を指摘している。第1に，産業構造，あるいは製品のライフサイクルの変化であり，ある製品分野のライフサイクルを通じて需要とユーザーの購入パターン，必要とされるイノベーションの本質と競争内容が変化する。第2に，技術革新であり，これによって産業内の競争基盤が変化し，従来の競争上の優位性を失うことになる。第3に，マクロ経済の動向であり，国内経済や世界経済に重要な転換が生じ，競争基盤を変化させ，

従来の組織づくりの方法に変更が要請される。第4に，規制，および法律の変化であり，法的環境や規制が変化し，競争環境に重要な変化がもたらされる。第5に，市場と競争相手の圧力であり，市場に新しい競争相手が参入し，その相手が従来とは異なる方法を導入し，新しい脅威となる。第6に，成長であり，組織が大規模になるとともに，その競争戦略と組織の統合ルールがその規模の限界に直面する。

　ナドラー他は，これらの要因の変化が基礎的な経営戦略上の問題を提起することになり，それに対応するために，企業は，経営戦略の変更やビジョン創造等を実施して組織変革を図らねばならないと指摘している(8)。

(2) コッターの議論

　同様にコッター (Kotter, 1996) は，大規模な組織変革を企業に促す社会・経済的要因として，次の4つの要因を指摘している(9)。第1に，技術革新であり，迅速で効果的なコミュニケーションと輸送手段，および世界中の人材を結ぶ情報ネットワークの構築が可能になる。第2に，経済の国際規模の交流であり，関税障壁の減少と変動相場制を通じて貨幣が流動化し，世界規模の投資が増大する。第3に，先進国市場の成熟化であり，国内経済成長の鈍化にともなう積極的な輸出の促進，規制緩和，および自由化が考慮されるようになる。第4に，共産主義・社会主義体制の崩壊であり，企業の私有化が拡大し，多くの国が資本主義システムと深く関連をもつ可能性が生じてくる。

　コッターは，これらの要因が結果的に市場と競争のグローバル化を促進させ，よって企業に数多くのビジネス機会（市場の拡大）をもたらすとともに，その一方で，数多くの障害発生（競争激化やスピード化）をもたらすと説明している。そして，これらに対応するために，企業は組織変革をはからねばならないと指摘している(10)。

第2節
組織変革の定義

　組織変革は，社会学における社会変動 (social change。組織変動を含む) を上位概念として説明されてきている。それは，組織が社会を構成する下位システム(11) であることによっている。

1　社会変動と組織変動

　社会学者の富永（1981）は，社会変動について，「社会変動とは社会構造の変動である」(12) と定義している。これは，社会構造(13) を対象として，その変動を社会変動と考えることができるということである。具体的には，現行の社会構造のパターンが，社会学者のパーソンズ（Parsons, 1960）が提示する「AGILという4つのパターン＝社会システムの機能的要件」(14) の充足にとって適合的になっていない場合，社会システムはそれらに適合する方向に変動を生ずることを意味している(15)。よって，この場合，構造（structure）という概念と機能（function）という概念が関連し，この2つの概念の背後にシステムという概念があることに留意する必要がある。

　ただし，この定義は抽象的である。もう少し具体的な定義として，社会学者のエチオーニとエチオーニ（Etzioni and Etzioni, 1973）は，「社会変動とは，初期の均衡崩壊状態，社会的回復力と新均衡の発生を含んだ社会構造の再構築である」(16) と定義している。また，社会学者のロジャース（Rogers, 1973）は，「社会変動とは，ある社会システムの構造と機能において発生した更新の過程である」(17) と定義している。この2つの定義は，再構築や更新という具体的な社会構造の変動パターンを提示しており，組織をダイナミックに変革させるという組織現象の描写により的確であると考えることができる（野中他，1978）。

　次に，社会学においては，この社会変動を上位概念として，構成要素である組織の変動（組織変動）を以下のように説明している。

　野中他（1978）は，マクロ組織論の立場(18) から，「組織変動とは，ある組織構造と機能更新の過程」(19) と定義し，さらに，これに対して2つの理論的アプローチがあるとしている。第1は，上述のパーソンズに代表される構造—機能主義パラダイム（structual-functionalism paradigm）(20) である。これによれば，組織は，AGILという機能要件が適合するまで組織構造を分化しながら変動すると説明することができる。

　第2は，緊張処理パラダイム（stress-strain paradigm）(21) である。これは，上述の構造—機能主義パラダイムへの批判に応えるものである。これによれば，組織は，その内外に抱える緊張を解消するために変動すると説明することができる。

　ただし，これらの2つのパラダイムは，各々だけでは今日の組織変動を充分

に説明することができない。よって，上述の野中他はこの解決をはかるために，**図２－１**のような２つの理論的パラダイムを包括した組織現象の統合的コンティンジェンシー・モデルを提示している。

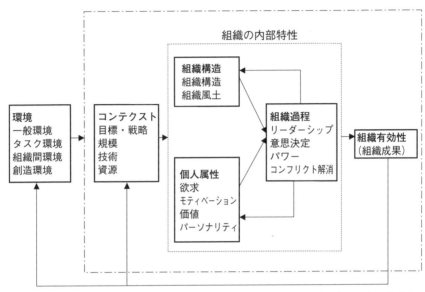

出所：野中他（1978），14頁，より作成。

図２－１　組織現象の統合的コンティンジェンシー・モデル

　このモデルは，環境─コンテクスト（context：組織構造・組織過程・個人属性）─組織成果（組織有効性）(22) という要素から構成されている。また，このモデルによれば，組織変動が生起される契機は，環境，およびコンテクストの変化によって組織の内部に不適合関係が生じ，その結果として組織成果の減少をもたらすことによると説明することができる。よって，組織はそのような状態を回避するために組織構造を再構築したり，組織の内部に新たな適合関係を作り出したりするという組織変動の枠組みを説明することができる(23)。

2　組織変革：介入と変革推進者

　上述した社会変動，および組織変動の定義を上位概念として組織変革の定義を紹介してみよう。

　野中他（1978）は，図２－１のモデルに基づいて，組織変革が従来の議論か

らは「革新 (innovation)」概念によって説明されたこと，およびマネジメント実践の視点から「介入 (intervention)」という概念が付加されてきた経緯のあることを提示している。

その革新について，マーチとサイモン (March and Simon, 1958) やザルトマンとダンカン (Zaltman and Duncan, 1977) は，組織革新という概念を組織変動のより上位概念としたうえで，「そのシステムにとって何か新しいものはすべて革新である」[24]と定義している。また，ホール (Hall, 1972)，およびザルトマン他 (Zaltman, et al, 1973) のように革新と組織変革を同義に捉え，とくに定義上の差異をそれほど考慮していない研究もある。つまり，組織現象におけるあらゆる新規性と変革概念とについて，同義的に捉えているのである。

しかし，これらの定義でもまだ抽象的であり，組織現象としての範囲が特定しにくく，組織変革を説明するには充分ではない。よって，それを説明し，さらにマネジメント実践の有効性を向上させるために，もう1つの説明概念が付け加えられるようになる。それが，介入という概念である。

その介入[25]について，アージリス (Argyris, 1970) は，「援助を目的として現在進行中のある関係システム（個人，集団）の中に入っていき，組織成果を向上させようとすることである」[26]と定義している。これは，組織，および個人レベルの関係を改善するために人が意図的に変革等の操作を行うことを意味している。

この定義について野中他 (1978) は，次のような補足をしている。それは「個人レベルの関係改善についての介入の目的は，①態度変容，②行動変革，および③その両方，である。組織は，人間を行動させるシステムとも考えられ，その組織構成員の意識や行動を変革することによって現状の関係やシステムを改善することができる。よって，その改善を最終的な組織成果に反映することができる。その介入を行う際に対象となる組織の構成要素は，①構造変数群（組織構造，職務構造，人事施策，コントロール方式等），②対人・社会関係変数群（リーダーシップ，コミュニケーションと集団プロセス，グループ間関係），③その両方，である。よって，これらの要素を変革することで介入の目的を達成することができる」[27]と説明している。

また，この介入によって組織変革を推進する際に，その中心的な存在の重要性を多くの研究者が指摘している[28]。これは，行動科学 (behavioral science) や組織開発の分野で，変革推進者 (change agent) あるいは介入者 (interventionist)

と呼ばれている。この存在によって意図的に組織，および関係システムの改善を円滑に推進することができる。また，この存在は，組織外の第三者，あるいは組織内構成員で良いことが指摘されている（Lippitt, et al., 1958）。なお，介入に関する理論・モデル，およびマネジメント実践については，例えば，バーク（Burke, 1982）[29] を参照。

　以上より，本書では組織変革の定義として，「組織が，成果（例えば，売上・利益などの財務諸表の数値，あるいは従業員の活性化）の向上等を目的として，意図・計画的に（変革推進者や介入者を中心にして関係改善を含む）従業員の意識や行動の変革をするために行う多様なマネジメント活動，あるいはその一連のプロセスに観察できる組織現象である」（占部，1980；奥村，1999；金井，2004；松田，2011；松田他，2014）に基づいて，論を進める。

第3節
組織変革の類型

1 組織現象としての類型化

　組織変革の従来の議論には，例えば，経済学では，組織規模の拡大や縮小，組織デザインに関する議論（Fouraker and Stopford, 1968；Galbraith and Nathanson, 1978），企業成長に関する議論（Penrose, 1959・1995；Kappel, 1960）や企業の多角化行動に関する議論（Rumelt, 1974）がある。共通していることは，経営者能力や組織の形態・規模の変化に着目し，従業員数，売上高，事業部・子会社の数，および資産等の定量的な経済指標を基に，その変化を論じてきたことである。よって，人の意識・行動変革は対象になっていない。

　その一方で，経営学では，組織構造の変革に関する議論（Chandler, 1962；Zald, 1970），組織文化の変革に関する議論（Schein, 1985），組織風土の変革に関する議論（Litwin and Stringer, 1968），組織の中の人の能力開発や意識・行動の変革に関する議論（French and Bell, 1973）がある[30]。

　以上からは，経済学と経営学だけを対象としても，組織変革という組織現象については，多様な視点から研究が議論されてきたことが分かる。このことは，組織現象としての多様性や複雑性を反映しているといえる。しかし，多様ではあるのだが，以下の記述を進めるために組織現象としてどの範囲で捉えるのか

ということについて，想定しておく必要がある。換言すれば，本書においては，どのような組織現象を組織変革の対象としているのかということについて，明確にしておこうということである。その想定については，組織変革の類型化に関する議論としてナドラー他（Nadler, et al., 1995）が提示する類型（type）を紹介してみよう。なお，類型化（typology）とは，ある現象について一定のパラダイムに基づいて，他とは異なるように相互に区分することを意味している（Hage, 1972）。

2　再方向づけ

　ナドラー他（Nadler, et al., 1995）は，多くの企業の事例分析から次の2つの要因に基づいて類型化を試みている。

　第1の要因は「連続性（continuity）」である。この要因からは，漸進的変革（incremental change）と不連続的変革（discontinuous change）という2つの次元を提示している。漸進的変革とは，安定期に起こる対象を絞って限られた改善を施す小規模な組織変革である。現実的に，組織は，組織変革を推進している際に，経常的に改善，調整，修正を行いながら直面している問題を解決し，それによってより効率的なマネジメントを継続して行っている。不連続的変革とは，不安定期に起こるやや規模の大きい組織変革である。現実的に，急激な環境変化によって，組織にも急激な変革が求められると，組織は，単に局所・部分的な整合性の調整・統合をはかるだけではなく，新しい経営戦略・仕事・公式の組織体制などを備えた新しい構成を築こうとする。

　第2の要因は「タイミング（timing）」である。これは，時間的スケールである。この要因からは，即応型変革（reactive change）と予測型変革（anticipatory change）という2つの次元を提示している。即応型変革とは，直面している必要性に応じて即時的に引き起こされる組織変革である。予測型変革とは，直面している明確な必要性がないにもかかわらず引き起こされる組織変革である。

　ナドラー他は，この2つの要因ごとに導出された2つの次元をマトリックスにし，次のような4つの組織変革の類型を提示している。それは，「調整（Tuning）」，「再方向づけ（Reorientation）」，「適応（Adaptation）」，および「再建（Recreation）」である。これらを整理したのが，**表2−1**である。

表2－1 ナドラー他による組織変革の類型

連続性 タイミング	漸新的 incremental	不連続的 discontinuous
予測型 anticipatory	調整 tuning	再方向づけ reorientation
即応型 reactive	適応 adaptation	再建 recreation

出所：ナドラー他（Nadler, et al., 1995），p.24., 邦訳，28頁より作成。

　この4つの類型について，ナドラー他は，次のように説明している。
　調整とは，組織変革をするにさし迫った必然性に直面していない場合の類型である。経営が順調な企業であっても，経営戦略のビジョンを達成し維持していくために，堅実に小さな改善などを日々実施していく場合である。日々の仕事の改善活動や長期にわたるQC活動のような生産性向上活動に相当する。
　適応とは，環境の外的条件によって，何らかの対応を迫られる場合の類型である。時間的に余裕がない，即応的な場合である。市場の環境変化によって対応を迫られる商品開発や販売手法の開発に相当する。
　再方向づけとは，不連続的で意図的に引き起こされる場合の類型である。これは，企業のアイデンティティ，ビジョン，経営戦略，価値観の再定義を行う場合である。換言すると，仕事の定義，従業員の能力や姿勢，公式の機構やプロセス，そして企業文化を変革する場合の類型である。CI活動や組織活性化活動のような社内活動に相当する。
　再建とは，漸進的な変革では企業が生き残って繁栄できる余地のない場合の類型である。企業が倒産のような経済的危機に陥っている場合である。時間的にも事業機会的にもゆとりがなく，組織のシステムの基本的な要素のすべてを迅速に変革させることが必要になる。企業の倒産や経済的危機による合併や吸収などの状態が相当する。
　本書では，ナドラー他の提示する不連続的で予測型である「再方向づけ」を想定する。それは，本書で対象とする組織変革は，主に組織と従業員の意識・行動変革を対象にしており，安定期における日々の小さな改良や即時的な対応を主な対象としていないことによる。また，企業の倒産などという組織の危機的状態をも対象としていないことにもよる。
　なお，これ以外にも幸田他（1993）が提示する類型[31]もある。

注

（1）　組織変革の分析アプローチについては，例えば，山本（1968b）は，リーヴィット（Leavitt, 1964）が提示した組織の相互作用を説明する4つの変数（タスク，構造，技術，人間）を基に，3つのアプローチを提示している。具体的には，構造的アプローチ（organizational structural approach），技術的アプローチ（technical approach），および人間的アプローチ（human approach）である（49−61頁）。ここで，構造的アプローチとは，組織構造に照射して組織変革を分析するものである。第2の技術的アプローチとは，組織に内在される技術に照射して組織変革を分析するものである。第3の人間的アプローチとは，組織構造や技術要因と同時に，むしろ組織の中の人に焦点を当てて組織変革を分析するものである。彼は，人間に変化を起こして組織変革を実現しようとする点において構造的，あるいは技術的アプローチとは異なっていることを指摘している。よって，この人間的アプローチはメーヨー（Mayo, 1933）などに代表される人間関係論（human relations）からのアプローチよりもむしろレヴィンに代表されるグループ・ダイナミックスからのアプローチであることを指摘し，このアプローチが上記の2つの限界と批判に応えるものであり，人間性志向であることを指摘している。

　　また，占部（1980）は，統合的アプローチを提示している。具体的には，構造的アプローチと人間的アプローチがあるとしている。前者は，組織構造を変化させることで組織構成員の行動を変化させようとする考え方である。職能別組織から事業部制組織に変更したり，管理の幅を広げて管理階層を少なくしたりする方法がこのアプローチに属する。後者は，教育訓練などによって組織構成員の能力や行動に変化を起こさせようとする考え方である。社内の各種研修や感受性訓練などの教育による方法が，このアプローチに属する。

（2）　組織変革の歴史やマネジメント施策の変遷については，例えば，バーク（Burke, 2002），chap.2.に詳しい。

（3）　ベニス（Bennis, 1966），chap.1.，邦訳，第1章。この点については，ベニスとスレーター（Bennis and Slater, 1968）においても指摘されている。

（4）　ベニス（Bennis, 1966），chap.1.，chap.5.，邦訳，第1章，第5章。ベニスは，官僚制克服の基本的な視点として，組織維持のために①内部制度の維持と組織の人間的側面との調整（相互性と呼ばれる合意過程），②外部環境への適応とその適合（適応性）を指摘している。

（5）　例えば，山本（1968b）は，この点について，組織変革は目標設定による協働と権力配分の均等と同時に満足や成長という人間性の回復を実現可能にする人間的アプローチの一形態であると指摘している。

（6）　この点については，山本（1968a）を参照のこと。

（7）　リピット他（Lippitt, et al., 1958），pp.8−9.，邦訳，8−9頁。

（8）　ナドラー他（Nadler, et al., 1995），pp.4−6.，邦訳，3−6頁。

（9）　コッター（Kotter, 1996），pp.17−20.，邦訳，34−37頁。コッターは，これらとは別に，さらに組織構成員の満足，行動，価値という組織文化を構成する要因を指摘している。そして，これらの要因を軽視して組織変革を行うことも難しいと指摘している。

(10) コッター (Kotter, 1996), pp.17-20., 邦訳, 34-37頁。彼は, 大規模な組織変革の方策として, リエンジニアリング, 事業の再構築, 品質向上活動, 企業の合併・買収, 戦略転換, 企業文化の変革を提示している。

(11) システムとは, 要素と集合とそれらの間の関係からなるまとまりをもった全体である。よって, システム観の背景には, ①要素を他から切り取って個別に扱うのではなく, まとまりをもった全体のなかで把握すること, および②要素を他との関係において位置づけること, という発想がある。要素同士の関係からなる, あるいは要素に分解できるということが重要である (見田他, 1988, 362頁)。なお, システムのハイアラキー (hierarchy) 論については, ボールディング (Boulding, 1956) を参照のこと。

(12) 富永 (1981), 3-5頁。

(13) 社会構造とは, 一般に, 社会システム (社会全体) を構成する諸部分, 諸要素の相対的に恒常的な関連ないしパターンを指す。役割性, 効果性ともいえる。ここで, 社会を構成する諸部分あるいは要素としては, 個人や集団における社会的行為と相互作用, 役割と地位, 社会集団や諸制度, 規範, 価値等が考えられる。社会構造の説明については, パーソンズ (Parsons, 1951), 富永 (1965), 間々田 (1981) を参照のこと。

(14) 機能的要件とは, 社会システムの存続維持によってそれを充足させるために必要な前提条件を意味している。機能的要件については, パーソンズ (Parsons, 1960) が提示するAGILがある。ここで, AGILとは, 適応 (Adaptation) 機能, 目標達成 (Goal-attainment) 機能, 統合 (Integration) 機能, 緊張処理 (Latency) 機能という組織の機能パターンを示している。パーソンズは, 社会システムはこれらの4つの機能パターンを充足し, 適合するまで変動すると主張している。これについては, レビィ (Levy, 1952) や吉田 (1974) を参照。

(15) 社会システムの構造的パターンの要素は, 相互行為, 役割, 制度, 集団, 階層構造, 価値, 規範等の諸次元から構成されている。よって, その各次元が充足されておらず, 社会システムに適合していない場合, 相互行為パターンの変動, 役割構造の変動, 制度の変動, 社会集団構造の変動, 階層構造の変動, 価値と規範の変動のように諸次元ごとに変動が生じ, 適合していくということである (野中他, 1978)。

(16) エチオーニとエチオーニ (Etzioni and Etzioni, 1973), p.76.

(17) ロジャース (Rogers, 1973), p.7.

(18) 野中他 (1978) は, マクロ組織論の立場として, 組織を1つの社会システムとして捉え, 社会変動に関する概念枠組みを使用して組織構造, および機能の変動レベルから説明することができると指摘している。

(19) 野中他 (1978), 430頁。本書では, 組織構造について, 第1に, ホール (Hall, 1972) 他が指摘する組織における分業, 権限配分, コミュニケーションのパターンを指す立場をとる。これからすれば, 組織の中でどのような分業を行うのか, それをいかにして調整するのかについての基本的な枠組みを決めるのが組織構造ということになる。第2に, 包括的に組織成員の行動をコントロールし, 組織内のパワー行使, 意思決定, 組織活動の実行の枠組みを作り出す組織の持続的特性をすべて指

す立場，あるいは組織の行動から抽象される組織の持続的特性を指す立場である。
これからすれば，組織構成員が知覚する包括的特性のすべてを指すことになる。こ
れは組織風土（organizational climate）概念として扱われている。

(20)　構造－機能主義パラダイムによれば，組織を環境に対する適応システムとみな
す。そして，そのシステムの構造とAGILという組織の機能要件が適合するまで組
織構造の分化（differentiation）をとげながら収斂的に変動していくと説明するこ
とができる。これによれば，適応行動を達成できた組織のみが生存するということ
になる。よって，組織の機能要件が環境から一義的に分化を課せられるという意味
からすれば，環境決定論的な説明である（野中他，1978）。なお，ここでパラダイ
ム（paradigm）とは，クーン（Kuhn, 1962）によれば，「パラダイムとは，広く
人々に受け入れられている科学的業績で，一定の期間，科学者や専門家に対して，
問い方や答え方の手本を与えるもの」（p.ⅲ., 邦訳，ⅴ頁）である。クーンはパラ
ダイムの成立と解体が繰り返されることによって，科学が発展してきたと主張した。
今日では，一般概念として，人々に共有された世界観，思考の枠組み，ものの見方
などの意味で用いられている。

(21)　緊張処理パラダイムによれば組織の緊張は継続的であり，それが見い出される
と組織変革の基盤になり，その緊張を解消するために組織は変革行動を起こすとし
ている（塩原，1976）。ハスとドラベック（Haas and Drabek, 1973）は，このモデ
ルをストレス－ストレインモデル（stress-strain model）と呼んでいる。ストレス
とは，組織の需要と能力との間の差の度合として示される組織状態または条件であ
る。ストレインとは，組織の構造要素間の不一致または逸脱である。よって，組織
はこれらの外在的矛盾（ストレス）と内在的矛盾（ストレイン）を継続的に解消し
ながら変動を続けると説明することができる。

(22)　ここで，環境とは，組織の境界に存在し，組織全体に直接的，あるいは間接的
に影響を及ぼす要素である。コンテクストとは，内部組織（組織構造，個人属性，
組織過程）と環境間に介在し，内部組織に影響を及ぼす要素である。例えば，目
標・戦略，規模，技術，資源が相当する。このうち，組織構造とは，組織の分業や
権限関係の安定的パターンである。個人属性とは，組織構成員の還元的特性である。
例えば，欲求，モティベーション，価値，パーソナリティが相当する。組織過程と
は，行為の継続的・相互依存的連続である。例えば，リーダーシップ，意思決定，
パワー，コンフリクト解消が相当する。これらの組織構造，個人属性，組織過程の
相互作用から，目標達成，適応，満足，同一化などの組織成果が生まれる。また，
その組織成果が環境と組織自体にフィードバックされる（野中他，1978）。

(23)　野中他（1978）は，その場合の組織変動の源泉について，①環境，②規模の成
長，③技術，④人であると指摘している。

(24)　マーチとサイモン（March and Simon, 1958），p.20., ザルトマンとダンカン
（Zaltman And Duncan, 1977），p.3.

(25)　介入について，野中他（1978）は，次のように指摘している。介入の最終的な
目標は，組織成果の向上である。よって，その活動は必然的に強い規範性，または
処方箋的性格を有することになる。その意味で，これまでの社会心理学からの組織
変革アプローチは，官僚制を超える人間関係アプローチに中心価値をおいたものに

なっていることを指摘している。

(26)　アージリス（Argyris, 1970），p.15.

(27)　ここで留意しなければならないことは，介入の目的と組織の構成要素は交互依存関係にあるということである。つまり，組織変革は，行動が変化して，次に，構造変数群と対人・社会関係変数群が変化するという一方的な場合だけで生起するのではなく，その逆の場合もありうるということである（野中他，1978）。

(28)　ホーンシュタイン他（Hornstein et al., 1971）は，介入について，その戦略的な分類として①データ・ベース戦略，②個人変革戦略，③技術・構造変革戦略，④組織開発戦略を提示している。具体的には①について，マン（Mann, 1957）の5つの成功条件を，②について，Tグループ，ブレークとムートン（Blake and Mouton, 1964）のマネジリアルグリッド，その他ロールプレーング，ケプナートレゴー法などによる技能向上訓練法等を，③について，グールドナー（Gouldner, 1954）の方法を，④について，ベックハード（Beckhard, 1969）による全体システムの変革と対人・グループ内の活動変革・制度化を提示している。

(29)　バーク（Burke, 1982），chap.11.，邦訳，第11章を参照のこと。

(30)　また，これらとは別な視点からの議論として，革新プロセス論（Greiner, 1972）や組織進化論（野中，1985；Blake, et al., 1966）がある。前者は，組織の歴史的な革新の進展から，また，後者は生物学における進化概念というメタファー（metaphor：隠喩）から議論されている。なお，メタファーについては，中村（1986）を参照のこと。

(31)　幸田他（1993）は，東証一部上場企業629社を対象に，質問票の郵送によるアンケート調査を実施（回収率：13.8％）し，組織変革の類型化（typology）を規定できる2つの要因を抽出している。それは，環境要因としての「業界市場成長率」と組織的要因としての「人材の質的水準」である。彼らは，この2つの要因に基づいて，組織変革に関する3つの類型を提示している。第1の類型が「意識改革型」である。これは，組織構成員に対する新しい価値を移入し，意識や考え方へ変革することを意図した類型である。具体的には，CI活動に連動した企業体質の改善運動や強化活動に相当する。第2の類型が「業務改革型」である。これは，日常の仕事の効率化・合理化を通じて，意思決定の迅速化，利益責任の明確化などを意図し，高収益体質へ変革することを目的とした類型である。具体的には，日々の仕事の改善活動やQC活動のような生産性向上活動に相当する。第3の類型が「経営改革型」である。これは，新規事業の開発や新規市場への進出を通して，業態変革や事業の再構築などを試み，経営基盤の根本的な変革を目的とした変革類型である。なお，彼らは，各類型が安全に独立してはおらず，互いに関連のあることをも指摘している。また，包括的な組織変革のプロセスモデルとして，河合（1992）が提示する経営戦略と組織活性化とを関連づけた分析枠組みを提示している。

補　論
意　識 (consciousness)

　本書では，組織変革の操作対象（コントロール，あるいはマネジメント対象）として，人の意識と行動を扱っている。

　また，本書では一貫して，人の意識と行動の意図・計画的な変革を通じて，組織成果の向上を図る，と唱えているが，改めて「意識」について考えてみる。そもそも意識について深く考えてみたことはない。当研究室の従来の諸調査・研究においても，人の「意思」「考え方」「見かた」「志向」などを複合して使用し，その理解・認識においては，所与のものであり，改めて議論するとか「人の意識とはこうである」と確定して論じてきたわけではない。以下では，補論として，意識に関する渉猟結果を提示しいる。最初に，一般的な定義としては，

　「自分が現在何をやっているか，今はどんな状況なのかなどが自分で分かる，心の働き」（西尾他編（2011），65頁）

である。やや広義な定義になると，

　「最広義の意味においては，通例，我々の内部に現実の生じるいっさいの体験をさしていう。しかし，人がとくになにかを「意識している」というのは，その体験に対して特殊な注意が働いているときである。…いま，なにかを意識しているか，いないか，その境界はきわめてあいまいなのである。…意識という概念は，狭義の意味に，つまり自己の内部に注意が働いている場合に限り，存在と対立する概念である」（伊藤（1964），44－46頁）

である。これら以外にも，例えば，

　「①梵語。認識し，思考する心の働き。感覚的知覚に対して，純粋に内面的な精神活動。第六識。②状況や行動に関して何らかの気づき・自覚がある状態。デカルト・カント・フッサールなどの超越論哲学においては「考えるわれ」「超越論的統覚」「超越論的主観性」などと呼ばれる意識の働きが，我々の認識のみならず，世界の構成原理の根底をもなす，と考える。これに対し，唯物論哲学では，意識の生的基礎は脳髄の活動で，個人の意識は環境の主観的反映と考える」（新村編（2018），152頁）

がある。整理すると，「心（の動き・働き・状態）」に関する「精神活動」であり，仏教用語に由来（六識）のあることが分かる。

　社会学においては，次のように記述されている。

　「本来五識を統一する第六識を意味する仏教用語であったが，明治の初め西周が英語のconsciousnessにその語をあてて以来，対象への志向的関わりと，それについての自己知を含意する述語となった。英語のconsciousnessは，ラテン語のconsciusを語源とし，対象に向かうさまざまな行為や思考・感情などに伴う（com）知（scio）を意味するからである。その知はまた，自己を直視する「良心」（conscience）ともいえる。心的諸作用の統覚としての意識を意味する。いずれにせよ，人間には本人の自己把握に関わる現象があるので，その解明には本人の意識を問題にせざるを得ない」（森岡他編集代表（1993），39頁）。

　志向的関わりと自己知を含意し，心的諸作用の統覚という記述が出てくる。

　哲学においては，次のように記述されている。

　「…元来，永く「良心」の意味で用いられた語であって，この語を意識の意味で用いたのはデカルトだったのである。…ギリシア，ラテン語は元来，「共に」「見る・知る」ことを原義としていた。すなわち，(a)他人の行為について自分も「共に知っている」という意味から，(b)自分の行為について自分も「共に知っている」という随伴意識・自己意識の意味に転じ，(c)ひいては自分の行為に疚（やま）しさや安らぎお覚えるいわゆる「道徳的良心」の意味となり，(d)ついには人間の「内面性」全体を表す語となった」（廣松他編（1998），67-69頁）。

　ラテン語からの原義として，（他人の，および自分の）行為について知っていることであり，そこから良心，および人間の内面性全体を表現することになっている。

　現象学においては，次のように記述されている。

　「われ思うの自己確実性を第一原理として出発した近代哲学のもっとも基軸的な概念である。われ思うを第一原理に据えるということは，およそ存在するすべてのものは何らかの仕方で意識されるにちがいないし，意識されえないようなものは存在者とは認めないという決意表明にほかならないからである。フッサールにはじまる現象学は，この立場をその初歩的な意図に即して受け継ぎ，それをどこまでも徹底

して追求してゆく過程で，かえってこの立場の根底を掘り崩す結果になったとも言えそうである」（木田編（1994），17-21頁）。

　近代哲学の基軸的概念，さらにこれを第一原理に据えており，すべての初歩的立場と考えている。
　心理学においては，次のように記述されている。

「ものを見る，おかしくて笑う，計画を練るなど我々が直接的に心の現象として経験していること，これは私の経験だと感じることのできることを総体的に意識と呼ぶ。意識内容は意識する当人のみが経験しており，その内容は言語などで表現し，知識として共有し，文化として蓄積することはできても，その時の経験そのものを他人が直接的に知ることはできない。…意識現象はきわめて特殊な現象であり，…それゆえ意識は自然科学の対象として客観的に研究する素材とはならず，意識を心理学のテーマとして直接に取り上げることは敬遠されがちであった。…個別事例の研究を柱とする心理臨床では，個人の意識の変容をその研究対象としてきた（ユングのタイプ論）」（中島他編（1999），27頁）

　心的現象の総体，心の状態，主観的態度・現象等と扱われ，外界の知覚，思考，感情，認識，自覚などの経験と関連すると記述されている。

第 3 章

Review

組織変革の議論の回顧

本章のガイド

　本章では，組織変革に関する従来の議論について，紹介する。組織変革に関する研究の蓄積は非常に多い。ただし，従来の研究には，特定の理論を応用した研究が多く，他分野に比較して理論の開発はそれほど多くはない。また，帰納（induction）[1]・定性的研究が多いのが特徴である。これは，組織変革が組織行動やそのシステムの質的変化を対象にするために定量的測定が困難なこと，および時間のかかる組織現象であるために経時的な観察が困難なことによる（野中他，1978）。よって，組織変革の理論の開発は，全般・抽象的な理論を開発するか，あるいは特定の組織を対象としたケース・スタディから帰納的に理論を開発するか，いずれかの場合が多い。また，組織現象として測定する次元開発，演繹（deduction）的な研究方法を可能にする中範囲の理論（theory of the middle range）[2] の開発についても充分に行われてはいない（野中他，1978）。なお，本書で紹介する組織変革のプロセス，組織構成員の意識・行動変革，抵抗，およびチームを対象にした研究はそれほど多くないのも現状である。

　本章では，最初に，社会学における組織変革の上位概念である社会変動理論（social change），および自己組織化理論を紹介する。次に，社会心理学の関連トピックスとして，場の理論（field theory），グループ・ダイナミックス（group dynamics），および態度変容（attitude change）を紹介する。次に，経済学の関連トピックスとして，企業成長（corporate growth），および多角化行動（diversification）を紹介する。最後に，経営学に関する主要なトピックスを紹介する（本章末尾・表3−1の主要研究のサーベイリストを参照）。

第1節
社会学と組織変革

　社会学では，組織変革について，官僚制組織のような専門化や公式化等による合理的編成を強調する機械モデル，環境に順応していく生物のような有機的適応システムモデルなどがある。今日では，組織変革の上位概念として社会変動理論が，また新しい概念として自己組織化理論が議論されており，これを社会の構成要素（下位システム）の変革に応用していることが特徴である。

1 社会変動理論

　社会をひとつのシステムと考えると，組織はその下位システムであると考えられる。よって，社会現象を説明できる理論に基づいて下位システムである組織の現象を説明することも可能である。換言すれば，社会システムの階層性を，社会→組織→小集団→個人と考えれば，組織変革の上位概念として社会変動があるといえる。

　社会学者の富永（1965・1981・1995）やパーソンズ（Parsons, 1951）は，国家・政治体制の変化，都市・村落の変化，家族の変化，社会集団の変化，組織の変化等を対象にして社会変動を説明している。

　例えば，上述の富永は，社会変動を機能主義の立場から理論化を試みている。具体的には1960年代主流であったパーソンズが提示した機能主義理論[3]に基づいて，構造−機能−変動理論を提示している。それは，「社会変動とは，社会システムが環境変化または何らかの内部変化のインパクトによって自らの構造をつくりかえ，新しい構造のもとで，より高次の機能的達成を実現すること」[4]である。つまり，社会変動は社会システムの構造変動であり，その構造を創造しているのは人間である。人間が現状に不満足であるならば，変えようとする強い力が内部から出てくる。次に，その力が増幅され，構造変動が実現される。この意味では，社会システムは自己組織システムであるともいえる。

　これに対して近似的な概念であるが，塩原（1976）は，運動（movement）という（組織の動的な）概念を中心にして，社会変動との接近を志向している。そこでは，組織内には，その存立・続のための要件が多様にあるが，それらが相互に両立して存在することは困難であるという矛盾が内在している。そして，それを何らかの媒介物，あるいは媒介過程をとおして解決していくことが組織

存立・続のために重要であると指摘されている。これに基づくと，社会変動を
生起する要因を組織内の構成要素と関連づけ，それらについて新たな秩序形成
の志向に基づいて行われる解決行動が運動となる。今日では，集合行動論
(collective behavior：Smelser, 1963) との総合化を志向することでさらに社会変動
の説明力向上を意図している。

2　自己組織化理論

　自己組織性 (self-organization) 概念は，自然科学にそのルーツがある。これは，
システムと環境との相互作用プロセスにおいて組織の中に内包され，自らの手
で自らの組織を変えることができる性質を総称したものである (今田, 1986；吉
田, 1990)。理論的には，外部からの影響がなくても自ら変化させうることが前
提になっている。また，この概念は，環境決定的，あるいは環境適応的ではな
く，また受動的，静的でもなく，むしろ自己決定的，あるいは自己適応的，ま
た能動的，動的な行動を指している。よって，組織は，その内部に自己の意図
によって変革できうる能力を保持していることになる。とくに1980年代以降，
関心が注がれるようになっている。組織変革のマネジメントにおいては「自己
変革」，あるいは「自己革新」と呼ばれている概念と近接するものである。経
営環境や市場環境の変化に受動的に適応していくというよりも，自らが組織の
内部や市場に働きかけ，自らが意図・能動的に変革する行動を意味している。

　自己組織性の本質は，既存の発想や枠組みでは処理しきれない「自己言及性
(self-refernce)」と「ゆらぎ (fluctuation)」にある。前者は，社会科学における
「自省作用 (self-reflection)」の問題である。後者は，1970年代後半に入ってから，
多様な研究が提示されている。例えば，①システムに発生したゆらぎの増幅を
通じて新秩序が形成される自己触媒作用 (散逸構造論やシナジェティクス
(synergetics：協同現象))，②自己メカニズムを通じて自己を再生産する自己回
帰の仕組み，③システムの要素が他の要素を生産し，さらに最終的には自己を
も生産するというオートポイエイシス (autopoiesis) 理論である (見田他編, 1988)。

第2節
社会心理学と組織変革

　社会心理学では，もともと個人の行動あるいは態度変容を扱っており，これ

を小集団や組織変革に応用していることが特徴である。なお，以下で提示する
以外にも，構造の変革の議論（古川，1990・2003）[5] などがある。

1　場の理論

　社会心理学者のレヴィン（Lewin, 1947b）は，「場の理論」に基づいて組織変
革を説明している。正確にいうと，場における力の理論である。

　レヴィンは，組織は，外部から刺激を得ると，その内部に推進力と制御力が
作用し，心理的緊張状態（＝均衡）が生じ，これを緩和するために新しい状態
を求めることによって，組織変革が開始されると主張している。

　その主張は，次のとおりである。人は何らかの不均衡な状態，つまり緊張状
態になると，それを解消して安定した平衡状態になるように心理的な状態が変
化する。これは，プレグナンツの法則[6] と呼ばれている。具体的には，人の
心理的な体制は，常に条件の許す限り，より良くなろうとする方向を支持し，
すべての体制がより単純で，安定し，規則・対称的で，緊密な構造化を目指す
のである。彼は，これを人の行動の説明に応用しているのである。具体的には，
生活空間（＝場）を提示し，その人自身が知覚した場からの影響，およびそれ
と本人自身（パーソナリティ）との関係によって変化が生起されることを指摘
しているのである。彼は，この指摘を個人の態度変容に関するケースとして，
食習慣の変更などに応用している。

　このレヴィンの指摘は，社会的空間も物理的空間と同様に実在的な経験的空
間のすべての基本的特性を備えており，よって，社会科学においても自然科学
的な実験ができることを提示したことにも貢献がある（三隅，1978）。

2　グループ・ダイナミックス

　レヴィン（1947a・b）は，集団における個人の行動変化には，物理学におけ
る力学（dynamics）の知見を社会科学に応用することによって説明できると指
摘し，グループ・ダイナミックスという研究分野を創始した。これがカートラ
イトとザンダー（Cartwright and Zander, 1960）他によって進展した。具体的には，
集団の基本的な性質，集団発達，集団と個人との関係，集団と集団との関係，
組織とより大きな組織との関係を対象として，実験や調査などの実証的な方法
によって明らかにしている。その特徴は，①理論的意味のある実証的研究の重
視，②研究対象として集団の力動性（＝成員間の相互依存性）への強い関心，

③社会科学全般への広範な関連性，④研究成果の社会的実践への応用可能性の重視（理論と実践の統合を図る）である。

　組織変革に関連して応用・援用される研究も多く，主には，集団凝集性（group cohesiveness），集団圧力と集団規範（group norm），集団目標，リーダーシップ，集団の構造的特性を対象とした研究が応用・援用され，リーダーシップ論や組織開発論の基礎になっている（下中編，1981；中島編，1999）。

3　態度変容

　人の態度について，原岡（1970）はオルポート（Allport, 1935）などに基づいて「態度とは，個人が関わりを持つあらゆる対象や状況に対するその個人の反応に指示的，あるいは力学的な影響を及ぼす経験によって体制化された，心的神経的な準備状態である」とし，よって「個人の社会的態度とは，社会的対照に対する反応の一貫性の微徴候群」であり，「刺激をうけて特定の対象に対して一定方法で反応する傾向である。感情，認知，行動に反映される」[7]としている。つまり，態度は，行動あるいは反応そのものではなく，刺激と反応を仲介する媒介変数であると指摘している。そこで，態度は，認知的成分，感情的成分，行為傾向成分という3つの成分から成っており，これらを測定することで個人の態度を理解することが可能になると指摘している。

　また，態度は，一定不変とは限らず，自分と関係のある外界の変化に何らかの形で反応せざるを得なくなる。そして，人は，この外界の変化を把握しようと努力するにつれて，自己の態度が変容することを自覚する。このように，社会変化や集団属性の変化などの外界の変化にともなう個人的な心理変化の現象が態度変容である。よって，それには，提示されている変化のメカニズムを下敷きにして組織変革やそのプロセスを説明するのに豊富なアイディアがある。

　例えば，ホヴランド他（Hovland et al., 1953）は，説得・参加・親和概念について，説得的コミュニケーションという概念を提示している。これは，人が説得しようとする相手に対して，主に言語的手段を用いて自己の意図する方向へ受け手の認知や態度を変化させ，行動まで変化させようと意図する試みを示している。また，フェスティンガー（Festinger, 1957）は，認知的不協和（cognitive dissonance）という概念を提示している。これは，認知的に不協和（非斉合・consistency）であることは人にとって不快であり，それによって生み出された心理的緊張は，その非斉合を低減させるように試みると指摘している。

第3節
経済学と組織変革

　経済学では，経済指標，例えば，諸財務指標や組織規模・組織形態・従業員数・子会社・事業部所数等の変化を追跡することによって組織変革と捉えていることに特徴がある。組織変革に関連する主要なトピックスとして，企業成長に関する議論，多角化行動に関する議論がある。なお，これら以外にも，組織デザインに関する議論[8]（Galbraith and Natahnson, 1978；Fouraker, et al., 1968）がある。

1　企業成長

　企業成長理論は，ボーモル（Baumol, 1959），カッペル（Kappel, 1960），マリス（Marris, 1964）他によって提示されている。これらに共通しているのは，企業の最適規模と成長の限界を論じていることである（熊谷他，1980）。

　それに対して，ペンローズ（Penrose, 1959・1995）は，従来の最適企業規模の概念に代わって最適企業成長率の概念を提唱している。彼女は，シュンペーター（Schumpeter, 1928）の企業者機能（経営者機能）を継承・進展させながら，次のような主張をしている。それは，「企業成長のためには経営資源が必要である。企業成長率が十分小なる範囲においては，企業は成長のために特別なコスト（＝成長コスト）なしに成長することができる。しかし，成長率がある限度を超えると成長コストは上昇し，企業成長に制約を加えることになる」[9]である。

　その際，企業は，その規模の増大とともに適応した管理機構の革新ないし再編成を行うことで同一水準の管理を維持することができる。これから考えれば，企業成長において量的限界も最適規模も原理的には存在しないことになる。そこで，ペンローズは，同一水準の管理を維持することができるならば，多角化による内部成長と企業合同による外部成長が可能であることを提示している。

　ただし，それには企業における企業者機能とそれをサポートするチームの重要性を指摘している。しかし，現実的には，人的資源が固定的であることに着目するならば，企業成長に振り向けられる管理者資源の余剰をどれだけ産出できるかが企業成長率を制約するといえる。これはペンローズ均衡（Penrose equilibrium）と呼ばれている。

2 多角化行動

　ハーバード・ビジネス・スクールの経営政策研究グループは，各国の巨大企業を対象にして，経営戦略と組織構造の研究を行っているが，その代表的なものにルメルト（Rumelt, 1974）がある。彼は，スコット（Scott, 1971）の研究（事業部制組織が多角化行動をとる場合にはもっとも効果的なマネジメントであると主張）をさらに進展させている。具体的には，1949年から1969年に至るアメリカの巨大企業500社（フォーチュン500社）の20年間の変化調査に基づいて，戦略，組織構造，および企業業績の分析を行っている。

　ルメルトは，第1に，個々の企業がとっている戦略について，多角化行動の程度と態様による分類法を考案し，9つの戦略タイプと組織タイプを関連づけている。具体的には，①単一事業型，②主力事業—垂直統合型，③主力事業—集約型，④主力事業—連動型，⑤主力事業—無関連型，⑥関連事業—集約型，⑦関連事業—連動型，⑧無関連事業—消極型，⑨取得型コングロマリット型である。

　また，第2に，多角化と組織構造との関連について，以下を指摘している。それは，①多角化の程度が高い戦略をとっている企業ほど製品別事業部制，あるいは持株会社の比率が大きいこと，②同一戦略であれば，時間経過とともに製品別事業部制，あるいは持株会社の比率が大きくなることである。

第4節
経営学と組織変革

　経営学では，組織変革について，マクロ組織論的視点から組織構造の変革，ミクロ組織論的視点から企業文化の変革，およびコンサルタント的視点からビジネス環境変化への対応などがある。これら以外にも，変革の定着に関する研究[10]もある。

1 組織構造の変革：チャンドラーの研究

(1) 目的と方法

　チャンドラー（Chandler, 1962）は，デュポン（DuPont），ジェネラル・モーターズ（General Mortars），スタンダード石油（Standard Oil New Jersey），シアー

ズ・ローバック（Sears Roebuck）の4社を対象にした組織変革に関するケース・スタディを行っている。この研究は，1920年代から1960年代までの40年間を対象とし，企業が行った組織構造の変革行動についての経営史研究である。この研究の目的は，アメリカの全般的な経済発展とマネジメント技法の発達が企業の成長と組織構造に対していかなる影響を与えたのかについて，明らかにすることである。

研究方法は，公表された文書，資料，および企業の内部記録等に基づく文献調査（史料分析）である。

(2) 概 要

この研究の概要は，次のとおりである。

デュポンは，同社の中核事業（無煙火薬製造）に傾注している間に，集権的な職能制の組織構造をつくりあげていた。しかし，第一次世界大戦後，新製品・事業を増やす多角化戦略を採用した結果，各組織の調整などにマネジメント上の問題を生じていた。これを解決するために，同社は製品別事業部制という組織構造に変革した。

ジェネラル・モーターズは，当初，数社の子会社を所有する大企業であった。その後も，次々に他の会社を合併，統合していった。しかし，組織の地理的な拡散にも起因して中央の管理機能が低下し，業績も悪化していった。これを解決するために，同社は，中央による管理機構を整備し，分権的事業部制という組織構造に変革した。

スタンダード石油は，垂直的な統合政策を採用していた。しかし，この統合政策は，製品の流れの調整について，マネジメント上の問題を生じさせていた。よって，同社はこの問題を解決するために職能制組織から事業部制組織という組織構造に変革した。ただし，これは，短期的な視点に基づいたものであり，その成果に問題が残った。

シアーズ・ローバックは，商社から小売業へ転換するという経営戦略を採用した際にマネジメント上の問題を生じていた。これは，組織内の人事・マーケティング・販売等の広範囲に及ぶ仕事や意思決定上の社内調整の問題であった。これを解決するために，同社は職能制組織から時間をかけながら次々に社内の各部署に権限を委譲していくという漸進的分権化政策を実施した。これは長期にわたる組織構造の変革であった。

(3)　**論 点**

　この研究は，結論として「組織は戦略に従う」という有名な命題を提示している。この命題は，組織の成長や分化にともなって生じるマネジメント上の問題を克服するために，4社の企業のそれぞれが実施した組織構造の変革施策を分析することによって提示されている。具体的には，どの4社とも職能制組織から事業部制組織へというように分権化を意図した組織構造へ変革している。その背景には，量的拡大，地理的拡散，垂直統合，事業の多角化という企業の基本的な経営戦略によって組織のマネジメント上に問題が生じたことにある。なお，この研究では提示された命題を明確にするために，さらに70社について追跡調査を行っている。

　チャンドラーの研究は，古典的な経営史研究として有名である。研究の対象は，組織構造そのものの変革であり，その長期にわたる経緯を検証していることに特徴がある。

　研究方法は，文献調査と事例分析であり，とくに以前に公表されていなかった企業内部の膨大な記録や資料を渉猟し，分析している点に特徴がある。しかも，単に事実を羅列する経験主義的な経営史記述ではなく，命題を提示するために一定の視点から一貫的な記述に終始している点にも特徴がある。ただし，この調査方法は，収集したデータが資料等に限定されており，組織内部の実情や心理的要因に接近することができておらず，導出した命題の説明についての限界がある。

2　企業文化の変革：コッターとヘスケットの研究

(1)　**目的と方法**

　コッターとヘスケット（Kotter and Heskett, 1992）は，組織変革は企業文化の変革行為であるという視点から，アメリカの民間企業を対象に実証研究を行っている。この研究の目的は，企業の組織文化と長期的な財務業績との関連[11]について，明らかにすることである。

　研究方法は，既存で公表されている文献・雑誌記事や資料に基づく渉猟調査，質問票を使用したアンケート調査と実務家や財務アナリストを対象としたインタビュー調査である。つまり，定量的方法と定性的方法を併用し，いわゆる方法論的複眼による調査を意図している。

　この研究は，4つの調査・研究から成っている。第1の研究は，アメリカの

22の産業分野から207社を選択し，企業の経営トップ６人に質問票によるアン
ケート調査を実施している。ここでは，企業文化の強度測定を目的に，５点尺
度の質問項目によって行われ，最終的に202社を対象に実施している。

　第２の研究は，公表数値より，1977年から1988年の間の企業業績を測定する
ことである。その測定指標は，純利益伸び率，投下資本利益率，株価伸び率の
３つである。この目的は，企業文化の強度と企業業績の関係を明らかにするこ
とである。調査対象は，上述した202社の中の22社である。また，調査結果を
補完するために75人の財務アナリストを対象にして，インタビュー調査を実施
している。その質問項目は，企業文化の内容，企業文化が業績に与える影響等
の８項目である。さらに，その22社中の13社の従業員や経営幹部を対象にして
インタビュー調査を実施している。その質問項目は，企業文化の変化の程度，
変化の内容などの10項目である。また，その中のヒューレット・パッカード
（Hewlett Packard）について，詳細なインタビュー調査を基にケース・スタディ
を行っている。

　第３の研究は，業績の低迷している企業の企業文化の実態を歴史的に調査す
ることである。調査の対象は，上述の第１の研究と同じ202社中の20社である。
調査方法は，文献渉猟である。

　第４の研究は，企業文化の変革に成功した企業10社を対象に，文献調査に
よってその原因を調査している。このうちのICI（Imperial Chemical Industries）
と日産自動車について，詳細なインタビュー調査を基にケース・スタディを
行っている。

(2)　概　要
　この研究の概要（調査の分析結果）は，次のとおりである。
　第１に，企業文化と長期的業績との関連を説明する好業績と強力な企業文化，
企業文化の動機づけ機能，企業文化の環境適応という従来の理論(12)による説
明は正確でないということである。ただし，両者に正の相関関係は存在する。
　第２に，業績を悪化させる企業文化も存在し，文化のもつ逆機能によって変
革がうまくいかない場合があるということである。
　第３に，企業文化を変革させ，業績を向上させるような変革にはリーダーの
役割とビジョン創造が重要であるということである。
　以上を基に，コッターとヘスケットは，次の４つの結論を提示している。

第1に，企業文化は，企業の長期的業績に経営戦略や経営システムよりも強い影響を及ぼす。

第2に，企業文化は，次の10年間において企業の成功，あるいは不成功を決める要件としてさらに重要性を増す。

第3に，企業文化の中には，企業の長期的業績の向上を妨げるような文化も存在する。

第4に，企業文化を変革することは容易ではないが，企業の長期的業績を向上させる方向へ変革していくことは可能である。

さらに，リーダーシップについて以下を指摘している。①業績のすぐれた企業の場合，リーダーたちが，永続する企業哲学，または企業を支援する人々のニーズと求めるリーダーシップに応えることを強調する価値観，さらに変革に向かう推進力をマネジャーにしっかりと定着させること，それによって②マネジャーとその後継者は，企業文化が環境に適応する部分，すなわち支援者とリーダーシップに関連する価値観や哲学の部分を永続化させることができると指摘している。

そして，（創業）経営者の事業観がいかにして次世代に伝承されるのかについては，①創業者がそのような企業文化を創った，②創業者等がそれを伝承してくれるような人々を見出した，③それが次々と行われていった，そして④この企業文化に共鳴し，理解し，伝承できるような人々をいかに幹部として登用するかが鍵である，ということについて，HP社他のケース・スタディから指摘している。

また，それについて，うまくいかなかったケース・スタディから，①新しいビジョンを実現するための戦略チームの組織化，②新しい方向へ向けるための説得，③推進するために関係者（従業員，顧客等）の多くにエネルギーを注入することが重要であると指摘している。さらにこれには，インサイダー的な要素（組織での経験が豊富で信頼がある）とアウトサイダー的視点（伝統から外れた視点，第三者的な視点）が重要であると指摘している。

(3)　**論　点**

コッターとヘスケットは，研究の関心を企業文化と長期的業績との関連に注いでいる。とくに業績との関連を明らかにしたという点において企業文化研究の中でも，功績ある実証研究である。しかし，組織変革とリーダーシップとの

関連に分析の焦点が当てられすぎており，組織変革を推進するに際して関連する他の要因が充分に考慮されていない結果になっている。

　研究方法としては，定量的方法と定性的方法という2つの異なる調査方法を複眼的に併用している点に特徴がある。つまり，大量サンプルを対象とするアンケート調査による分析と文書や資料に基づく渉猟調査による分析を行っている。そして，これらの分析結果から見い出された事実に，インタビュー調査による分析結果を補完している。すなわち，多様な調査方法を併用することによって，複雑な組織現象の実態により近い分析を可能にしている。

３　ビジネス環境変化への対応：バーク他の研究

(1)　目的と方法

　バーク他（Burke et al., 2000）は，不連続フェイズ・シフトに対応する方策を探求している。ここで，フェイズ・シフトとは，新技術の急速な導入，新たな競争相手の出現，E-ビジネスの台頭，規制緩和等に代表されるビジネス環境（とくに外部）の激変が不連続に出現する状況を指している。この研究の目的は，企業は，外部環境変化に対応してリーダーシップ，組織文化，ミッションや戦略などを軸にして多様な行動を行うのであるが，その中で，個人能力と組織成果の向上を意図していかに組織変革を行っているのかについて，明らかにすることである。換言すれば，企業はいかにして組織変革のマネジメントを実践しているのかについて，詳細な様相を明らかにすることである。

　研究方法は，主にアメリカの企業を対象とし，組織成果と組織変革の因果関係モデルを提示し，これを分析枠組みとしたケース・スタディである。主たるデータ源は，既存で公表されている文献・雑誌記事や資料に基づく渉猟調査，経営者等に対するインタビュー調査である。彼らは，この成果を変革の「物語集」と呼称している。

(2)　概　要

　この研究の概要は，次のとおりである。

　第1に，ロイヤル・ダッチシェル（Royal Dutch Shell）を対象として，グローバル企業の自己革新を明らかにしている。ここでは，あらゆるレベルでのリーダーの育成と従業員からの感情面でのサポートを指摘している。

　第2に，スミスクライン・ビーチャム（SmithKline Beecham）を対象として，

企業合併の成功を明らかにしている。ここでは，新しいミッションとビジョンの創造を徹底的に行う（両社が協力しない限り達成できない目標の設定）ことの重要性を指摘している。

第3に，プレミア銀行（Premier Bank）を対象として，リエンジニアリング（合理・効率化を目指す仕事のやり方変革）の成功を明らかにしている。ここでは，持続性を強調しており，従業員へのメッセージの発信や積極的な参加，高い目標設定，誠意のあるリーダー行動を指摘している。

第4に，ブリティッシュ・エアウェイズ（British Airways）を対象として，市場主導（顧客中心）への組織文化変革を明らかにしている。ここでは，リーダーが人をマネジメントするプログラムにすべて参加すること，とくにマネージャー層の行動様式の変革を指摘している。

第5に，アライドシグナル（Allied Signal）を対象として，従業員の能力や意識（知的資本）の向上を明らかにしている。ここでは，不断の従業員の能力開発活動（とくに行動学習），学習機能と事業目標や価値観との強固な結びつきを指摘している。

第6に，アメリカ郵政公社（U.S.Postal Service）を対象として，有能なリーダーを中心とする公的機関の組織変革を明らかにしている。ここでは，職員の誇りと忠誠心という観念に訴えること，そして彼・彼女らに自信を与えることを指摘している。

第7に，ブリティッシュ・エアロスペース（British Aerospace）を対象として，縮小市場における成功（組織文化変革，技術改善等）を明らかにしている。ここでは，変革の基盤づくり（従業員が指示する輪をつくる），決定した変革プランに従うことを指摘している。

第8に，戦略的変革のIT技術を活用し，顧客サービス向上に成功した3社（USSA, Mercedez-Benz USA, Sun Micro Systems）のケースを提示している。ここでは，テクノロジーに関する決定は，それによって引き起こされる人との密接な関係を考慮することの重要性を指摘している。

これら以外にも，Y2K問題をコミットメントとアカウンタビリティで克服したアメリカ連邦航空局（Federal Aviation Administration）のケース，カリスマ的リーダーシップを発揮したロジャー・ゴールドマン（Nat West Bancorp 前副社長）のインタビュー内容が提示されている。

これらに基づいて，バーク他は以下のことを指摘している。

　今後，フェイズ・シフトは加速化し，それへの企業の対応については，継続するであろうが，それは新たなビジネスチャンスの到来でもある。そこで，ビジネス・リーダーに求められるのは，組織変革を遂行するためにだけではなく，人々の能力開発や戦略的なパートナーシップや連携の構築を図り，そのためのリーダーシップのスキルを持つことである。

⑶　論　点

　バーク他の研究は，リーダーシップを軸にして，組織変革を有効に推進するためのマネジメント実践上の方法や留意点が提示されている。とくに，詳細な指摘や提案がなされていることが特徴である。ただし，議論の基礎となる理論への言及がとぼしく，ややハウツー的，あるいは主観的な提言に終始していると指摘できる。

　研究方法はケース・スタディであるが，主に，変革のリーダー（多くは，経営トップ）へのインタビュー調査に基づく議論が多い。よって，組織変革の全体像，およびその様相が正確に反映されているかどうかについては，やや疑問が残る。紙幅の関係であろうが，ケース企業の状況や財務データ等も提示されておらず，考察しにくい結果になっている。また，成功したケースを羅列的に提示しており，比較等によって一般化を志向する試みはそれほどなされておらず，議論として深まりにくい結果になっている。

表3－1　組織変革の主要研究のサーベイリスト

研究	目的・調査対象・方法・発見事実
Burns and Stalker (1961)	・技術と市場変化に適応するために企業がとる組織構造の特徴，およびマネジメント・システムの変動を明らかにする。 ・15社のイギリスのエレクトロニクス会社 ・現場の観察，インタビュー調査 ・変化適応への失敗企業と成功企業の比較より，機械的（mechanistic）経営システムと有機的（organic）経営システムを発見した。
Zald（1970）	・非営利組織の組織政策分析と経済分析を行う。 ・アメリカのYMCA組織 ・定性的方法 ・一般経済・社会環境の変化が，組織の政策形成体のパワー・シフトおよび資源配分過程を変化させ，組織変動をもたらすことを発見した。
Zand and Sorensen (1975)	・レヴィンのモデルを操作化して，マネジメント・サイエンス導入の成功・不成功の要因を明らかにする。 ・マネジメント・サイエンス協会391名のうち154名 ・64項目の質問票によるアンケート調査（事前の70項目からインタビューによるパイロット調査より絞る） ・組織変革のプロセス分析から，その成功と再凍結は溶解段階と移行段階の成功に依存することを発見した。
Kimbery and Nielsen (1975)	・組織変革による組織成果への影響を明らかにする。 ・複数事業部からなる企業の自動車事業部・大工場の監督者90名 ・特定項目（組織風土 9，監督行動10）によるアンケート調査を 2 年にわたって実施した。 ・組織変革によって組織風土は支持的になり，生産量と品質のバラツキは小さくなり，利益上昇がみられたことを発見した。
坂本（1985）	・企業の事業展開と組織構造変革について歴史的に明らかにする。 ・IBM社 ・公表されている文献・論文・記事・社内資料の渉猟 ・1950年代から1980年代までについて，同社の組織構造変革の変遷を明らかにした。
Tunstall（1985）	・企業分割を対象にして，組織変革プロセスを明らかにする。 ・ATT社 ・現場の観察，内部資料・文献・記事の渉猟，インタビュー調査 ・企業文化の変革プロセスをATTの分割を対象とした事例研究。この研究は，計画策定と実施のプロセス，組織再編成，および企業文化の変革に注力することによって良い成果が得られることを提示した。
加登（1993）	・組織変革が商品開発に与える影響，および商品開発が組織文化の変革にどのように関連するのかについて明らかにする。 ・日産自動車 ・文献・記事の渉猟，インタビュー調査 ・組織変革自体は成功したが，業績や市場占有率の向上には直接・即効的に結びつかないことを提示した。

注）　組織変革に関する研究には，組織構造の変化，組織変革の類型化や手法，従業員の意識・行動変革，業績との関連，あるいはそれを生起するための要因を対象とした研究がある。また，組織変革に関する研究方法としては，文献や公表された資料や内部資料等を渉猟する調査を，定量的方法としてのアンケート調査を，あるいは定性的方法としてインタビュー調査を実施するという方法を採用している研究が多い。なお，これらについては，例えば，日本労働研究機構・久保村編（1991）を参照のこと。また，近年の研究動向については，例えば，バーク（Burke, 2014a・b）を参照のこと。

◆ 注

（1）　帰納とは，個別の事実を普遍化して一般的結論を導出することである。ミル
（Mill, J.S.）が自然斉一性（uniformity of nature）原理によって4つの帰納法（一
致法，差異法，残余法，共変法）を定式化して以来，演繹とともに近代科学の主要
な方法となった。後に，デュルケム（Durkheim）以降，社会学では社会調査の領
域において個別に観察された経験的データ（記述命題）を相互に関連づけ，法則
（一般化命題）に定式化される際に用いられており，実証分析に基づく理論構築の
常套手段になっている。ただし，帰納理論によって直接的に一般化命題を導出する
ことはできず，それを導出するためには，概念・仮説そのものを抽象化することが
必要である。（森岡他編，1993，256頁）。これに対して，演繹とは，ある公理ない
し命題を前提にして，形式理論のみによって理論ないし命題を導出することである。
帰納とともに近代科学の主要な方法であり，とくに20世紀に登場した論理実証主義
によってその方法論的な意義が明確にされた。これが有効であるのは，第1に，あ
る公理から多様な理論（普遍言明）が導出される場合，第2に，普遍言明に基づい
て個別事象について単称言明が導出される場合である（森岡他編，1993，108頁）。

（2）　中範囲の理論とは，マートン（Merton, 1949・1957）が提唱した用語であり，
研究対象の規模と理論的一般化水準とにおいて中位性を保った社会学理論を示して
いる。彼は，社会に関する一般的統合理論の構築を試み，その一方では，微視的な
経験的記述に終始しがちである傾向を戒め，経験的に検証可能な一定範囲の社会的
事象の観察と，そこから得られた斉一的諸命題の理論的一般化をめざすべきと提唱
した（見田他編，1988，610頁）。また，加護野（1980）は，経験的な現象や問題に
その場限りの説明を与える理論と包括的で壮大的ではあるが，経験的には空疎な理
論とを媒介する中間の理論であるとしている。つまり，一般理論に対して特定の変
数とその関係についての明瞭で検証可能な命題から構成されており，断片的な事実
から得られた特殊理論を少しずつ統合していくことによってより一般的な概念図式
を生み出そうとして構築されるとしている（加護野，1980，3頁）。

（3）　機能主義（functionalism）理論とは，事物をその流動的で可変的な諸要素との
関連において捉える方法論上の立場で，19世紀末から20世紀前半にかけて科学や芸
術の諸領域で提唱された。今日の機能主義の考え方に影響を大きく与えたのは，
デュルケムの機能主義を受け継いだ文化人類学者のマリノフスキー（Malinowski,
B.）やラドクリフ＝ブラウン（Radcliffe-Brown）である。彼らは，生物有機体への
アナロジー（analogy）を強調し，全体存立に対する部分の貢献をもって機能とす
ることを主張した。その主張は，一定の社会現象をその中に組み込まれている構造
に対する関連の分析から捉えようとするマートンの機能主義や構造の存続に対する
機能的貢献を最重要視するパーソンズの構造－機能分析も彼らの延長上にあるとい
える。また，今日の機能主義の課題としては，社会システム理論と結びついて社会
システム構造の存続というよりも，その機能的必要性をよりよく充足しうる方向へ
の構造の再構成，あるいは構造の変動分析がある（森岡他編，1993，257頁）。

（4）　富永（1965），ⅲ～Ⅹ頁。

（5）　古川（1990）は，最初に，心理的抵抗の要因として，①変化が過去や現在につ
いての自己否定をともなうこと，②初めて経験することが大半であるために，見本

にできるモデルがないこと，③集団による個人の拘束があることを提示している。
次に，彼は，これらを克服し組織変革を推進していくために「構造こわし理論」として①環境把握，②組織変革ニーズの高揚，③組織変革の推進の決断とシナリオ策定，④組織変革の実践と定着の4フェイズによる進行プロセス理論を提示している。また，組織変革において個人の意識変化のメカニズムにも言及しており，①個人の興味・関心を引き起こす，②十分な知識・判断材料を提供する，③自覚（「自分のものとして考えなければ…」）させるような機会・材料を用意することの重要性を提示している。そして，そのために組織学習の重要性が意識・理解されるような集合研修の必要性を提示し，意識変化の安定と定着には，自己決定感や主体感を主体とする自己知覚の重要性を指摘している。

（6）　プレグナンツ（Prägnanztendenz）の傾向と呼ばれるものである。ウェルトハイマー（Wertheimer, M.：ゲシュタルト心理学の創始者）が最初に提示したものであり，体制化（独立した要素がばらばらではなく相互に関連しあって秩序ある統合的全体を構成する状態をいい，構造に近い概念）が簡潔，単純な方向に向って起こる傾向のあることを指摘している。この傾向は，強化される場合，競合する場合もあるが，それを決定するのは個々の要因ではなく，全体として最も簡潔で，最も秩序のあるまとまりをなそうとすることを示している（中島他編，1999，760頁）。

（7）　原岡（1970），5－9頁。

（8）　ガルブレイスとネザンソン（Galbraith and Natahnson, 1978）やフォレイカー（Fouraker, et al., 1968）は，組織デザインという考え方によって企業の規模拡大，およびその際の効率的なマネジメントについて提示している。とくに，ガルブレイス（Galbraith, 1973・1977）は代替的な組織形態とその差異を識別することが，織組デザインの課題であるとしたうえで，ある一定の組織を望ましい状態に移行させるための計画的介入が組織開発であり，いくつかの代替的組織形態を識別し評価するのが組織デザインであるとしている。課題は，多様な状況要因とそれのもたらす仕事の不確定性，および組織諸変数と整合・適合的な組合せを持ついくつかの代替的組織形態について，環境適応戦略の一環として識別評価することである（岸田，1985）。

（9）　ペンローズ（Penrose, 1995），Chap. 2.・3., 邦訳2・3章。

（10）　若林他（1989・1990・1991）は，中部電力の従業員約2,000名を対象に，同社のCI活動の浸透・定着について，広報室を窓口にした質問票によるアンケート調査を連続3年間，3回実施している。調査期間は，1988年11月中旬から同年12月上旬，1989年11月上旬から同年12月上旬，1990年11月中旬から同年12月上旬である。有効回答者数は，1,716名，1,856名，1,789名である。質問票の質問項目は，3回ともほぼ同一の項目を使用している。なお，回答者の年齢・性別・役職などの属性については，3回ともほぼ同一である。この調査における結論は，①CI活動が組織構造的な部分に意を注いで実施され，従業員の意識と行動という企業文化の構成要素について制度化することが充分に考慮されなかったために，意図したほど組織変革の成果はなかった，よって②従業員の意識と行動を変革するには，組織構造的な部分と企業文化の制度化について，相互関連させながら施策を実施することが必要であると結論づけている。なお，質問項目の大半が従業員の個人的認識および心理

　　面を対象に設定されているために，企業の経営方針や事業の実態との関連について
　　は，それほど言及されていない。
(11)　コッターとヘスケット（Kotter and Heskett, 1992）の調査期間は，1987年8
　　月から1991年1月である。調査先は，アメリカの民間企業で202社である。彼らは，
　　企業文化については，共有された価値観と行動に対する規範と考えている。また，
　　企業文化を①変化に対する可視性（visibility），②変化に対する抵抗（resistance）
　　という2つの視点から捉えることが便宜的であると指摘している。変化に対する可
　　視性とは，グループ内のほとんどのメンバーによって共有された重要な関心事や目
　　標である。変化に対する抵抗とは，グループ内で発見される共通的で，全員に浸透
　　した行動の方法である。グループのメンバーたちが，新しいメンバーに対してこの
　　方法や価値観を教えることで長い間持続することが可能になる。ただし，組織変革
　　に対してはこの抵抗が変革を妨げることになる。このコッター他の概念は，シャイ
　　ン（Schein, 1985）の共有された仮定という指摘に近いといえる。
(12)　コッターとヘスケット（Kotter and Heskett, 1992）は，従来の3つの理論に
　　ついて，第1に，すぐれた業績には強力な企業文化がともなっていること，第2に，
　　企業文化が企業業績を向上させるものであれば，それは人材を目標に向かって整列
　　させ，モティベートするものでなければならないこと，第3に，企業が環境変化を
　　予測し，それに適応していくことを支援することができる企業文化だけが長い間に
　　わたり卓越した業績を支え続けることを指摘している。

第 4 章

Leadership, Organization Development, Organizational culure

組織変革のマネジメント要因

本章のガイド

　本章では，組織変革に従来から強く関連してきたマネジメント要因について，紹介する。具体的には，組織変革の推進の鍵となるリーダーの行動，いわゆるリーダーシップ（論：いかにしてリーダーは組織変革を進めるのか）である。次に，個人の能力開発や向上によって組織変革を意図した組織開発（論：いかにして従業員の能力向上を図るのか）である。最後に，組織内の人々に共有される価値観や行動規範の変革を意図した組織文化（論：いかにして共有された価値観・行動規範を変えるのか）を紹介する。

　これら以外にも，マネジメント要因は想定できるが，多くの議論を検討するとこの3要因が鍵要因と考えらえる。

第1節
リーダーシップ

　組織変革のマネジメント実践において，組織のリーダーが果たす役割は重要である。これは，理論的にも組織変革における変革推進者，あるいは介入推進者としての役割を意味しているが，今日の議論としては，さらに新しい視点が登場し，さらに多様な役割が要請されている。

　リーダーシップに関する従来の主要研究には，いわゆる行動系理論の2元系（「人」と「仕事」の2つの軸）と呼ばれるオハイオ（Ohio）研究，ミシガン（Michigan）研究，および三隅の研究（PM理論）がある。これらに共通しているのは，メンバーのモティベーション向上等の操作を通じて組織成果の達成・向上を図れる（中間管理職的な）リーダーの（大量）養成・育成にある（坂下，2007）。その後，それらが志向する「one best way（唯一最善）」に代表されるHi-Hi型パラダイムから進展し，リーダーシップのコンティンジェンシー理論（Fiedler, 1967）が登場し，その後，変革型リーダーシップ，フォロワー（follower）との相互影響，信頼の蓄積，サーバント・リーダーシップ（servant leadership），育成行動（coarching）等との関連が新たな視点として登場している（淵上，2002；金井，2005）。

　また，リーダーシップは，社会科学の諸分野で研究が行われている。例えば，政治学，経営学，教育学，宗教学，社会学，文化人類学，社会心理学等である。経営学においては，古くからモティベーションと並んで着目されている概念であり，組織論においては個人属性，あるいは組織過程の次元で捉えられることが多い（野中他，1978）。なお，バス（Bass, 1990）によれば，リーダーシップの定義は，研究者の数だけあるという指摘もある[1]。

1　リーダーシップとは何か：「人と仕事」と「状況要因」

(1) 定　義
① 理論的定義：リーダーシップとは何か
　「リーダーシップとは何か」という問について，その実体，あるいは内容を答えているのが理論的定義である。

　その代表的なものとしては，「集団目標の達成に向けてなされる集団の諸活動に影響を与える過程（Bass, 1990）」，および「所与の課題を遂行するよう集団

を方向づける特定個人の影響過程（白樫，1985）」がある。

　これらに共通しているのは，リーダーは，リーダーシップという影響力（過程）によってフォロワーを動かしていることである。これが進展すると，「地位に基づいた階層構造における地位の点で差のあるリーダーとフォロワー間の関係（古川，1988）」というように，リーダーとフォロワーの関係を考えることになる。これが，1980年代以降，「リーダーとフォロワーとの相互影響過程」という考え方の登場によって，具体化することになる。つまり，従来，一方向影響と考えていたものを，双方向の（相互的）影響過程とみなすというパラダイム転換である。

② 　操作的定義：いかにしてリーダーシップを測定し，操作するのか

　企業の現場において，リーダーシップに関わるマネジメント上の課題は「いかにすればすごいリーダーになれるのか，あるいはそのような彼・彼女らを育てることができるのか」である。そのために，「リーダーシップ，それ自体をどのようにして測定するのか」について考えるのが操作的定義である。これには，資質アプローチと行動アプローチがある。近年，カリスマ（charisma）論によって資質アプローチの復活はあるが，以下では行動アプローチにおける主要な議論を紹介する。ここでの鍵要因は，「人」と「仕事」（2元系），およびリーダー行動と「状況要因」である。

⑵　行動アプローチの主要な議論
①　オハイオ研究

　主要研究者であるハルピンとウィナー（Halpin and Winer, 1957）は，多くの調査・研究から「配慮（＝リーダーによる良好な人間関係の形成と維持を図る行動）」と「構造創始（＝リーダーによる職務の構造と役割を規定する行動）」というリーダー行動の特性を測定するための2つの測定次元を提示している。この学派は，リーダー行動を測定できる信頼性の高い測定尺度を開発することに特徴がある（LBDQ：Leadership Behavior Description Questionaire）。結果として，抽出した2次元について，高度なリーダー行動をとることが最も有効なリーダーシップの行動スタイルであることを指摘している。これは，Hi–Hi型と呼ばれ，その後，経路―目標（path-goal）理論（House, 1971）や期待理論（Vroom, 1964）と関連づけて説明されるようになっている。しかし，他の次元，例えば，代表性，対立的要請の調整，不確実性への耐性，説得力，自由の許容，役割堅

持，業績強調，先見性，統合上方指向（上方影響力）等はほとんど使用されていない。

② ミシガン研究

　レヴィンのグループ・ダイナミックス研究の影響を受けたリッカート（Likert, 1961）を中心とする研究者たちは，「従業員の志向（＝部下の人間的な問題に気を配って効率的な集団を形成・維持しようとする行動）」と「生産（業績）志向（＝規定された標準時間で，一定の作業手順通りに部下に仕事をさせようとする行動）」というリーダー行動の特性を測定するための2つの測定次元を提示している。

　この学派は，業績との関連に重きをおき，高業績集団と低業績集団のリーダー行動や部下の支持や行動等の比較から有効なリーダーシップの行動スタイルを探究している。例えば，高業績集団のリーダーは，従業員志向の行動をとることが多いということを提示している。また，リッカートは，高業績をあげるためのリーダーの行動原則であるシステム4[2]を提示している。

③ 三隅の研究（PM理論）

　三隅は，リーダー行動と監督方式・集団の生産性・モラール（morale：勤労意欲）との関係を探究している。彼は，多様な職種の人々を対象にした質問票を使用するアンケート調査によって測定尺度を開発している。

　その成果として，三隅（1978）は，「課業遂行（P機能＝Performance：集団目標達成を促進し，強化する行動）」と「集団維持（M機能＝Maintenance：集団・組織の中の人間関係に配慮し，緊張解消，対立・抗争和解，激励，自主性の刺激によって成員相互依存性を増大する行動）」というリーダー行動の特性を測定するための2つの測定次元を提示している。

　また，発見事実として，その調査により判明したリーダー行動の特性に関する4つの類型（pm, Pm, pM, PM）の中で，PM型のリーダーシップの行動スタイルが最も有効であることを提示している。

④ フィードラーの研究：状況理論

　上述の3つの研究に対して，フィードラー（Fiedler, 1967）は，リーダーシップのコンティンジェンシー理論を提示している。彼は，1960年代後半に，LPC（least preferred co-worker：最も好ましくない協働者）尺度を開発し，リーダーにとっての状況好意性によって，組織成果に効果的なリーダー行動が異なることを指摘している。彼は，これについて3つ状況要因（仕事の不確実性，フォ

ロワーとの信頼度，リーダーのパワー）を提示し，これらの程度いかんによっては高業績を導くことのできるリーダー行動が，必ずしも一定である必要のないことを指摘している。つまり，必ずしもHi-Hi型パラダイムのリーダー行動を追求しなくても限定的なリーダー行動でも組織成果の向上を図ることが可能であるという理論である。例えば，仕事の不確実性が高く，部下との信頼関係が強く，リーダーのパワーが強ければ，「仕事（例：構造創始やP機能）」志向のリーダー行動が有効であることを提示している。この研究に対しては多くの批判があるが，これが進展して，フォロワーのリーダーへの認知や対応が，逆にリーダーの行動に影響を与えるという視点につながっていくことには貢献がある。

2 今日のリーダーシップ論：フォロワーシップの登場

　上述で紹介した議論は，程度の差異はあるが，リーダーからフォロワーへの一方向的な影響力を前提にして進展している。今日，リーダーシップ論においては，1970年代の状況論的アプローチから進展し，フォロワーとの相互・交換関係による議論が盛んである。この動向について，淵上（2002・2009）は次のように整理している。

(1) 1980年代以降の議論
① 認知理論に基づく議論

　人間の認知的な情報処理プロセスを重視する社会的認知理論の影響により，リーダーの働きかけがフォロワーに至るまでのプロセスが検討されるようになる。また，この視点は，フォロワーが認めて初めてリーダーシップは成立するという新しい着眼点を登場させ，フォロワー分析が進んでいる。リーダーシップの研究対象が，リーダーそのものからフォロワーの行動や認知にまで拡大したことに意味がある。つまり，1970年代の受動的フォロワー像から能動的なフォロワー像に変化しているのである。

② 変革に着目した議論

　フォロワーからの認知を対象とした議論，および大がかりな組織変革と関連した経営トップ層に近い人々を対象とした議論が登場する。例えば，変革型リーダー[3]，カリスマ的リーダーと呼ばれる人たちのリーダーシップである。

⑵　**1990年代以降の議論**

　リーダーとフォロワーの双方向からの接近による相互作用として捉える視点がより強くなってくる。よって，リーダーシップとは，リーダーが働きかけフォロワーが反応し，それにリーダーが反応するという時系列的な相互影響関係として捉えられるようになる。

③　組織変革とリーダーシップ：マネジメントの要点

　マネジメント実践では，リーダーが先頭で行動すれば，あるいは強大なパワーをもって引っ張っていけば，即効・効果的に大規模な組織変革をしやすいという指摘は多く，研究やケースも多い。また，組織変革のあり方としてボトムアップ型もあるが，組織内の下位層の人々だけが行動しても限界のあることもある。

　今日，組織変革との関連で着目されている議論を以下に紹介しておこう。具体的には，ビジョン創造・伝承，変革型，サーバント・リーダーシップ，および育成・自己キャリア，持（自）論等がある。

⑴　**ビジョン創造：いかにして人々を奮い立たせるか**

　本章第3節を参照。

⑵　**変革型リーダーシップ：いかにして大規模な組織変革を推進するのか**

　1980年代以降，集団，あるいは組織の大規模な変革を対象とした研究が盛んになっている。これは，従来は通常の定型的な仕事における課題等の処理や対応を対象としてきたが，それよりもむしろ組織が抱える，あるいは直面している（するかもしれない）大規模な問題の把握（予測）や解決行動が対象となり，そのためにトップ経営者を対象とする研究も多い。具体的に，例えば，変革型リーダーシップの行動特性として，金井（1991）の12次元，バスとアボリオ（Bass and Avolio, 1994）の4つのI's（①idealized influence，②inspirational motivation，③intellectual stimulation，④individual considertion）がある。

⑶　**サーバント・リーダーシップ：いかにして働きやすい環境を創るのか**

　従来，リーダーの影響はフォロワーに均等・均質であると考えられていたが，それを否定する研究が登場してから，個人と集団に及ぼすリーダーシップの効

果が再検討されるようになった（淵上，2009）。そこで，登場したのがサーバント・リーダーシップである。グリーンリーフ（Greenleaf, 1977）は，リーダーはフォロワーに尽くすことが重要な役割であり，導くことと奉仕することは両立すると述べている。そして，彼は部下の働き方やその環境づくり等に配慮すべきであると指摘し，さらに，これが新たなリーダーシップ観として，倫理観（モデル行動とコンプライアンス）や人材育成と関連のあることをも指摘している。ここで，彼の後見であるスピアーズ（Spears, C. L.）は，その行動属性として，傾聴（listening），共感（empathy），癒し（healing），気づき（awareness），説得（pursuation），概念化（conceptualization），先見力・予見力（foresight），幹事役（stewardship），人々の成長に関わる（commitment to the growth of people），コミュニティづくり（building community）を提示している。

(4)　育成・自己キャリア・持論：いかにして次のリーダーを育てるのか

　近年，リーダーシップの効果，あるいは役割の側面として，人材育成（人を育てる，あるいはリーダーを育てる）が重視されている。企業の人的資源管理においても自主的，あるいは自律的行動や意思決定・判断ができる人材を育成することが重視されているが，これと異なるものではない。これは，リーダーに対して，フォロワーの課題解決能力や役割意識・自覚を向上させることが期待されることから開発的リーダーシップと呼ばれることもある（淵上，2009）。

　具体的には，ソーシャルサポート，メンタリング，コーチングなどの技法が開発されているが，リーダーがフォロワーに対して，成長に強い関心を抱くこと，彼・彼女らの自律的な意欲や態度，および判断力への強い信頼を持つことが共通的であり，それによって効果が向上すると指摘されている。また，内省（reflection）に基づく自己キャリア形成と持（自）論形成の議論も盛んである（金井，2005）。これら以外にも，リーダーとしての選抜・認知（Selznic, 1957），倫理観，複数人リーダーによるリーダーシップ等の議論が盛んになっている。

第 2 節
組織開発

1 組織開発とは何か

　組織変革のマネジメント実践の嚆矢であったのは，組織開発である（稲葉，1973・1975；梅澤，1974）。当初は，従業員の能力開発・向上を目的とし，教育・訓練に関連する施策や技法の開発が主であった。しかし，その後，組織変革の議論が進展するにつれて，その対象が個人から集団，そして組織へと拡大され，開発された施策や技法も多様になっている。なお，これに関する近年の動向については，例えば，カミングス編（Commings ed., 2008）を参照のこと。

(1) 定　義[(4)]
　組織開発の定義として，例えば，ベックハード（Beckhard, 1969）は，「行動科学の知識を用いて組織過程に計画的に介入することで組織の有効性や健全性を増すためのトップによって管理された組織全体の努力である」[(5)] を，フレンチとベル（French and Bell, 1973）は，「チェンジ・エージェント（change agent）もしくはカタリスト（catalyst：媒介者）の力，およびアクション・リサーチを含む行動科学（behavioral science）の理論と技法の援用を得て，より効果的で協働的な組織風土を－とくに職場チームのレベルでの文化を重点的に－形成せしめ，このことを通して組織の問題解決能力と再生活動能力を向上させる長期的努力である」[(6)] を提示している。
　上述からは，組織開発とは，組織能力の向上について，個人やチーム（小集団）の能力開発，あるいは個人の意識・行動変革によって行おうと意図していることが分かる。具体的には，教育や訓練に関する施策を通じて行うことが多い。なお，今日，組織開発は，従来ほど用語としては登場することはないが，企業の研修や教育の技法として定着している。また，応用・実践性を向上させ，対象を拡大し，臨床的な手法とはやや異なる手法として「対話型組織開発（Dialogic, Dialog（ue）Organization Development）」等に関心が集まっている（Bushe and Marshak, ed., 2015）。

(2)　登場の背景(7)

　米国において組織開発が登場した時代的背景には，企業が抱いていた社会存在観の変化（公害問題等），従業員に対する人間観の変化による施策の進展，および企業環境の変化への適応がある。当時，その方法論の基盤を提供したのは，レヴィンの流れをくむ社会心理学者であり，主なグループとして，ラボラトリートレーニングを重視するMITグループ（McGreger, Argyris他）とサーベイフィードバック（survey feedback）を重視するミシガングループ（Likert他）がある（北野，1977)(8)。

　組織開発は1940年代のアメリカで登場し，進展した理論であり，この背景には行動科学がある。これから登場したアクション・リサーチや計画的組織変革の始祖はレヴィンである。彼のリーダーシップ・スタイルに関する研究や消費行動を変えることに関する実験から，グループ・ダイナミックスや計画的組織変革が誕生している。

　その後も多様な理論や施策が開発され（Schein, 1980），1960年代には，チームの作り方，調査とフィードバック，目標管理（Management By Objectives）等の施策が多くの企業で取り入れられている(9)。

　1950年代の組織開発は，従業員の意識・行動変革によって，個人の能力向上を意図することが主流であり，とくに心理学を応用した施策や技法によるマネジメントが一般的である。1960年代前半になると，ESSOなどの企業がNTL（National Trainning Laboratory：全国訓練研究所）で実施した手法（Tグループ，感受性訓練）を従業員の意識・行動変革の一つの訓練技法として導入している。また，トリスト（Trist, E.L.）を中心とするタビストック（Tavistock）グループの社会－技術（Socio-technical）システム論の観点からも同様な訓練技法が定着している。

　1960年代後半も同様な傾向が見られるが，さらに施策や技法開発が顕著になり，組織変革の理論として体系化しようとする動きが顕著になっている。具体的には，Tグループの有効性の検討，および組織開発に関する施策や技法開発の再評価，オープン・システム観によるアプローチの定着化が進んでいる。1970年代前半は，その理論の有効性を明確にし，同時に，変革プロセスを分析・説明する枠組みを精緻化する傾向が強くなっている（小林，1973）。

(3) 日本企業における組織開発

　米国で始まった組織開発の理論や施策・技法は，1960年代に日本企業に導入されている。その後，大きな流れとして，階層別訓練から職場ぐるみ訓練への展開，目標管理の導入，小集団活動の定着化，組織の活性化という流れで進展している。

　幸田（1972）は，導入当初の組織開発の施策について，次のように述べている。それは，1945年から1955年頃までは管理技術の導入，組織の体質強化，およびその基本概念の習得時期であった。さらにその後，マネジメント・ブームによって諸理論の導入が盛んになり，1960年代に入ると，従来の施策・制度の見直し，およびその機能化ということが問題になっていった。さらにその後，企業は抜本的な体質強化の必要性から，具体的にトップマネジメントの改革，事業部制への内部資本金制の採用，課制廃止，PJチームの採用を導入している。

　また，彼は，組織開発に関する理論の導入と施策の実施については，マグレガー（McGreger, 1960），マズロー（Maslow, 1954），ハーズバーグ（Herzberg），リッカート（Likert），アージリス（Argyris），シャイン（Schein），ベニス（Bennis）他の理論が1959年から1968年にかけて導入され，感受性訓練は，マサリック（Massarik, 1954）等のセミナーによって，1965年ごろから一部の銀行等で実施されていることを指摘している。その後，1969年ごろから一部の企業では，ファミリー・トレーニングが職場で実施され，同時にマネジリアル・グリッドがブレークとムートン（Blake and Mouton, 1964）他のセミナーによって開始され，これも多くの企業で実施されるようになった。

　なお，1960〜70年代の様相について，森田（1984）に詳しい。

2　今日の組織開発論：マネジメント対象の拡大[10]

　森田（1984）は，組織開発の目的は計画的組織変革であり，また組織の有効性や健全性を高め，変化に適応できるように，全組織的で計画・継続的な活動手法の模索が重要であると指摘している。これに補足すれば，組織開発は，行動科学のアイディア援用・応用と媒介者やリーダーの推進によって計画的に組織変革を行うことであり，その際にその対象を個人から集団や組織全体に拡大する必要があるということがある。

　この点について，若林（1982）は「組織開発は，①初期は個人に対する教育的施策が大半であり，主に組織構成員の価値観，態度，対人間関係，組織風土

という人間関係が施策や技法開発の対象であった。よって，②組織構造や仕事のやり方の変革は，教育的であるとは考えられず，組織開発の範囲からは除外されていた。しかし，③組織開発の構成概念が多様になるにつれて，その対象も個人から集団・組織へと拡大していった」(11)と指摘している。

3　組織変革と組織開発：マネジメントの要点

　組織開発は，ベニス（Bennis, 1966）が指摘するように計画的組織変革のマネジメント施策，あるいは技法の体系である。ただし，今日では従来の個人対象の教育訓練だけではなく，集団や組織全体のレベルでの変革を指向し，職場を含めたやり方が課題になってきている。つまり，1940年代後半から始まった感受性訓練やラボラトリー訓練は，個人の自己変革を念頭においていたが，1950年代後半からは，その対象が個人から集団や組織に拡大している。そして，その後，組織開発は，その施策や応用技法の開発に関心の中心が注がれたこと，およびその最終目的は組織文化の変革によって組織の体質改善や活性化であること，という考え方が進展する。

(1)　組織変革との関連

　シャイン（Schein, 1980）は，組織変革には，計画的な変革を推進させるために有効な介入を行い，後，そのプロセス全体をマネジメントし，最後に望ましい変革の結果を安定させるという一連の流れを説明できる総合的な理論が必要であるとし，その1つが組織開発にあると指摘している。

　また，ベニスは，組織の計画的変革の具現化については，社会科学の技法（とくに行動科学）を応用し，理論と実際，知識と行動とが結びつくことが重要であり，それによって組織変革の概念は組織開発と近接性を帯びてくることになると指摘している。

　同様に，小林（1988）は，組織変革としての効果を向上させるためには，今後は，個人から組織全体のレベルでの計画・意図的変革を指向することが必要であり，それは，組織変革の概念と組織開発が統合していくことであると指摘している。

　以上から，組織開発は，環境適応的な組織，あるいは健全な組織状態を実現するためのプロセスであり，マネジメントであり，そのために組織変革と近接しながら進展していく必要性のあることが分かる。その後，組織開発と関連し

て，計画的で有効な介入を行うために変革プロセスをマネジメントし，目的とする組織変革の結果を定着させるための多くの理論が登場した（Schein, 1980）。

⑵ 組織開発における新しい視点

　組織開発の進展を回顧すれば，新たな視点の登場したことが分かる。それについて，馬場（1976）は，組織開発の根底には，経営者がみなす組織内で労働する人間についての価値観（＝人間観），および組織の中で存続し，進展しようとする有機的・システム的組織観（自己変革）の2つを指摘している。

① 人間観の変化

　組織論の研究は，一般的に，テイラー（Taylor, 1911）の科学的管理法の研究にその礎があり，ファヨール（Fayol, 1916）の経営管理論，ウェーバー（Weber, 1947）の官僚制，メーヨー（Mayo, 1933）の行動科学論を経て，バーナード（Barnard, 1938）の近代組織論へと進展している。また，ホーソン実験（Hawthown Research：進藤，1978）の知見を基に，組織開発においても，1950年代末から60年代前半にかけて，より人間的で，より機能的な組織のあり方が課題となった。よって，人の意識・行動変革に対する手法化も進展したのである（今西，1988）。

　つまり，経営管理者の従業員に対する人間観は，機械人モデル，経済人モデルから社会人モデルを経て，自己実現人モデル，そして複雑人モデルへと進展していくのであるが，これに対応する多様な施策が開発され，実施され，修正されてきたのである。よって，組織開発の施策は，その対人間観の変化によって施策や技法の多様性や領域を拡大し，マネジメントされてきた歴史がある。

　施策の発展の中で，対人間観の変化への対応について幸田（1972）は，「従来の組織構造中心の改革が真の改革をもたらさなかったのは，構造改善の中に，個人目標と経営目標の統合をはかるというマグレガーの主張する企業の人間的側面の重視，つまりY理論の立場に立つマネジメントを組み込むことができなかったからである。構造改善ではこうした意識変革がはかれなかったのである」[12]と指摘している。つまり，組織開発における施策の新たな進展には，人間観の変化に対応した施策の開発，実施，修正のあることが分かる。

② 自己変革

　組織は，その規模の拡大や成長にともなって新たな課題が生じてくる。それは，組織論におけるコンティンジェンシー理論の限界に対する課題であり，さらには組織開発における今日的で，マネジメント実践的な課題である。

　組織開発における今日的な課題として，岸田（1985）は「組織論における人間観の変化によって，組織開発においてもその施策は変化していかねばならないのが今日的課題である。以前から別な形でその指摘はあった。それは，組織デザインである。その課題は，計画的変化，あるいは組織開発の欠点を克服することである」[13] と述べている。

　また，ガルブレイス（Galbraith, 1977）は，その組織デザインについて，多様な状況要因と仕事の不確定性，およびそれらと組織諸変数とが整合・適合的である組織形態を提示しているが，そこでは，組織の環境適応の重要性を指摘している。

　ここで新たに問題になってくるのは，組織の環境適応ということであり，それへの能動的対応，つまり，組織の自己変革ということである。

　これについて野中（1990）は，組織が情報処理パラダイムに基づいて環境の多様性に対応するには，組織内に環境の多様性に相当する多様性（情報処理能力）を構築しなければならないと指摘している。これは，サイバネティックス（cybernetics）の最小有効多様性と同様である。さらに，「コンティンジェンシー理論に欠落していたのは，主体的な環境適応である。環境変動にダイナミックに適応する組織は，情報を創造しなければならない。つまり，これまでの組織論の1つである多様性の削減による均衡達成から主体的に多様性を増幅させ，既存の思考・行動様式を破壊し，新たな思考，行動様式を創造することによって進展するという考え方に転換する必要がある」[14] と指摘している。これは，企業の主体的な環境創造，換言すれば，組織が学習行動（Argyris and Schön, 1978；安藤，2001）により，能動的，積極的に環境に働きかける組織変革，いわゆる自己変革という視点である。

　ここで，組織開発の発展の新たな第2の視点として，環境適応のための自己変革という能力開発が要請される。それは組織変革をさらに今日的に進展させ，同時にコンティンジェンシー理論の限界にも答えることになる。

第 3 節
組織文化⁽¹⁵⁾

1 組織文化とは何か

(1) 定 義

　経営学における組織文化の概念は，文化人類学（cultural anthropology）にルーツがある。また，これにおいて文化の定義は多様にあり，例えばクローバーとクラックホーン（Kroeber and Kluckhohn, 1952：Kluckhohn, 1962）によれば，その定義は70以上あると指摘されている。むろん，経営学においても多様な定義がある⁽¹⁶⁾。

　例えば，加護野（1982a）は，「組織体の構成員に共有されている価値，規範，信念である。（中略）とくに重要なのは価値規範ならびにそれを体現する制度を正当化するための知識体系の共有という側面である」⁽¹⁷⁾を，デイビス（Davis, 1984）は，「組織の構成員に意味を与え，組織体の中での行動ルールを提供する，共有された理念や価値のパターンである」⁽¹⁸⁾を，シャイン（Schein, 1985）は，組織成員が共有している知覚や思考，感覚の枠組みを指摘し，「ある特定の集団が外部への適応や内部統合の問題に対処する際に学習した，集団自身によって創られ，発見され，又は発展させられた基本的仮定のパターン－それはよく機能して有効と認められ，したがって新しい成員にそうした問題に関しての知覚，思考感覚の正しい方法として教え込まれるもの」⁽¹⁹⁾を提示している。他にも多様⁽²⁰⁾にあるが，従来の議論においては，マネジメント実践的には，「従業員に共有された価値観・行動規範」と定義し，それを基にした議論が多い（飯田，1991・1993。本章末尾の表 4 - 1 を参照）⁽²¹⁾。

(2) 登場の背景

① 組織開発の限界

　ピーターズとウォーターマン（Peters and Waterman, 1982）は，彼らの著書で指摘した「ひとを通じての生産性向上」の中で，1960年代から1970年代にかけて，職務転換（job rotation），職務充実（job enrichment），および職務拡大（job enlargement）等の施策が着目され，それ以前には，組織開発が普及し，チームづくり，Ｔグループ，マネジリアル・グリッド等の施策が盛んに実施されたが，

こうした手法では根本的な変革が組織には生じないと，組織開発による限界を指摘している。ただし，その一方で，組織開発は組織文化の変革としてさらに進展すると指摘する研究者もいる（梅澤，1990；French and Bell, 1978；小林，1978・1988）。

②　組織変革との関連

シャイン（Schein, 1985）は，組織における3つの主要発達時期（誕生と初期成長，組織の中年期，組織の成熟時期）について，各々の時期における組織文化の機能と変革のメカニズムを指摘している。その中で，中年期の組織文化の機能として，新たな下位文化の大量出現による文化的統一性の低下，中核的目標や価値観喪失によるアイデンティティ（Erikson, 1968）の危機の発生，文化変革を志向するマネジメントの出現を指摘している。また，組織変革のメカニズムとして計画された変革と組織開発の有効性を指摘している。そこでは，治療的介入行為から進展し，各種の文化変革施策の必要性が指摘されている。さらに発達段階での組織問題の根源が組織内の下位文化にある場合には，組織文化の変革の必要性が指摘されている。

その後，組織文化への洞察が深まり，研究として接近するにつれて，組織変革のマネジメントが進展していくのである（Lessem, 1990）。

2　今日の組織文化論

今日，多くの企業は，組織文化に関心を注いでいくようになるが，その研究のアプローチには，機能主義的（組織文化論への）アプローチと解釈主義的（組織文化論への）アプローチがある。前者は，主に，組織文化と企業の業績との関連等を解明する場合のアプローチである。組織文化の機能を対象にしており，研究方法も定量的な方法が中心になる。後者は，優良な組織文化の創造や伝承を解明する場合のアプローチである。組織構成員による意味構成を対象にしており，研究方法も定性的な方法が中心になる（坂下，2007）。

(1)　機能主義的アプローチ

これは，第1に，組織構成員のシンボリック行為は，どのような機能を果たしているのか，第2に，特定の組織文化は維持・存続するのはなぜか，第3に，組織文化をマネジメントすることは可能か，という論点における議論が盛んである（Lessem, 1990）。とくに第2については，機能主義の基本的な論点を反映

したものであり，多くの議論は，この第2が基本になっている。よって，組織
文化の生成には論究がなく，あくまで有効（組織成果に影響のあるよう）な組
織文化のあることが前提になっている。よって，それがどのような効果，ある
いは役割を果たしているのか（機能）という因果関係や法則性の追究が多い。
さらに，第3についても，組織文化をマネジメントすることは可能であるとい
う議論が多い。

(2) 解釈主義的アプローチ

　機能主儀パラダイムが社会的世界は構成員の意識の外にある客観的実在物だ
と仮定するのに対して，この解釈主義パラダイムでは，社会的世界は構成員の
意識作用の産物である意味世界（社会的構成物）であると仮定するところに大
きな差異がある。よって，観察者は，自らがその社会的世界に入って内部者
（構成員）の視点から内部者の意識作用を再構成しなければならないと主張し
ている（坂下，2002）。議論としては，組織文化の生成，つまり組織文化はどの
ようにして生成するのか，が重要になる。よって，組織の中で共有された意味
体系（組織文化）は，どのようにして生成するのか，換言すれば，組織構成員
は，間主観的に意味体系をどのようにして構成するのかということが重要にな
る。この議論の基礎には，組織シンボリズム論がある。

(3) 組織シンボリズム論[22]

　今日，新しい組織観として関心を集めている議論に，組織シンボリズム論
（symbolism）がある。これは，組織の中の人々の行動は，彼・彼女らが意味解
釈している日常のシンボリックなものや人々の言葉・行動によって説明するこ
とができるというものである。

　坂下（2002）は，経営学の組織論のメタファーにおいて，機械観（古典的管
理論，官僚制組織論），有機体観（人間関係論，近代組織論，コンティンジェ
ンシー理論）に次ぐ第3の組織論メタファーとして組織シンボリズム論を指摘
している。そして，文化という複雑なシステムをメタファーにした社会学的組
織論であると指摘している。

　ここでシンボリズムとは，人間が意味をシンボルとして象徴する行為である。
また，シンボルとは，意味が付与された行為，発話，制作物である。このよう
にシンボリズムとは，シンボルを通じた意味の表現や象徴の行為であり，シン

ボリック行為（船津，1976）とも呼ばれる。

　また，坂下（2002）は，「シンボリズムは，通常，組織のような社会集団の中の他者同士間で間主観的に行われる。このとき，意味やシンボルは共有されていく可能性がある。このように共有された意味やシンボルの体系がその社会集団の文化である。さらに，組織シンボリズム論には，機能主義的組織シンボリズム論と解釈主義的組織シンボリズム論がある。これらは，社会学における機能主義と解釈主義という対照的な認識論的パラダイムに依拠するために，理論的論点や方法論が異なっている」と指摘している[23]。

3　組織変革と組織文化：マネジメントの要点

(1)　リーダーのビジョン創造と伝承

　今日，組織変革において，後述するが組織変革の契機，促進，および変革プロセスにおいては，リーダーのビジョン創造が重要であると指摘されている。また，その組織内への普及と伝承においてリーダーのシンボリックな行動に関心が注がれている。

　また，企業の組織文化論においては，リーダーの言葉や行動，エピソード，伝説や残した遺物等を対象にし，企業の事業創造や存続に関するリーダーの事業観の伝承のプロセスについて研究が行われている（松田，2009）。

　シャイン（Schein, 1985）も，企業の組織文化の変革において，リーダーが自らの事業観を伝承していくことの重要性を指摘している。その伝承メカニズムは，あるときは意識・計画的行為であり，あるときは無意識的で，意図的でない行為であると指摘している。よって，矛盾するメッセージを送ることもあるが，そうであっても，伝承がいかに重要であるかということを指摘している。

　具体的に，シャインは，企業における事業観を創り，それを従業員に伝承し，浸透させることについて，リーダーの役割の大きいこと，および彼・彼女らの行動が鍵になることを指摘している。シャインは，それらを浸透させるメカニズムを「1次的植付けメカニズム」と「2次的明確化と強化のメカニズム」とに分けて説明している[24]。

(2)　ビジョン・リーダー論

　ビジョン・リーダー（vision leader）論においては，リーダーのビジョン創造行動に関する研究が行われている。具体的には，ビジョン・リーダーと呼ばれ

る創業者や経営トップ層の言葉や行動を対象に，彼・彼女らのそれらにおける特徴と企業組織の成果や永続性に関する多くの研究が行われている。

① コリンズとポラスの議論

コリンズとポラス（Collins and Porras, 1994）は，ビジョナリー・カンパニーとは，未来志向で先見的な企業であり，業界で卓越した企業，同業他社の間で広く尊敬を集め，大きなインパクトを世界に与え続けてきた企業であるとし，自己変革力とずば抜けた回復力があるとしている。そして，その永続性の強い企業の根底には，ビジョン創造とその伝承があると指摘している。

また，そこでは組織に基本理念があること，基本理念と進歩への意欲は相互に影響していることを指摘している。そして，ビジョナリー・カンパニーと比較対象企業との決定的な差異は，基本理念を維持し，進歩を促すための具体的な方法として，社運を賭けた大胆な目標，カルトのような文化，大量のものを試してうまくいったものを残す，生え抜きの経営陣，決して満足しないといった点に差異があることを指摘している。

さらに，それらを実現可能にしている組織内にある仕組みについても，日々の行動に一本筋を通す習慣として組織のすみずみに染み込んでおり，現実をいつも不十分と感じるようにすることによってそれを強化している，とその構築と不断の注視の重要性を指摘している。

② ナヌスの議論

ナヌス（Nanus, 1992）は，ビジョン・リーダー[25]の役割として，ディレクション・セッター，チェンジ・エージェント，スポークスマン，ビジョン実現者という4つの役割を指摘している。また，その根底には，ビジョン[26]には人々を動かす力があること，それを創造し，率先垂範することが従業員の活力的な行動に結びつくこと，および前の2つの行為が企業の存続にとって非常に重要であることを指摘している。従来のリーダーシップ論との相違は，対象となるリーダーを限定はしているが，ビジョン創造とそれにともなう特徴的な行動の重要性とそれに基づく企業の永続性との関連を強調していることである。

また，ナヌスは，ビジョンの役割とそれに期待される効果については，次のように説明している。ビジョンの役割とは，組織が目指していくべき目的地を明瞭に表現したものである。よって，ビジョンには，組織内外の人々の関心を得る力，それを共通の夢—それ自体納得性があって，進むべき方向が見えるような指向感—に絞り込んで行く力があると説明している。そして，ビジョンに

期待される効果とは，適切なビジョンは人々を魅了し，力を与え，働く人々の
人生に意義をもたらし，超一流の規範をつくりあげ，現在と未来の掛け橋にな
ることであると説明している(27)。

♦ 注
（１）　バス（Bass, 1990）は，多様にある定義を以下の11に分類・整理している。
　①集団過程（諸活動の調整とコントロール），②パーソナリティが及ぼす効果，③
　服従を引き出す技術（忠誠心，協同意識），④影響力の行使（コントロールよりも
　目標達成に向ける），⑤特定の行為や行動（諸活動を方向づける際の行動全般），⑥
　説得の一形態，⑦パワー関係，⑧目標達成の手段（集団目標の達成のための道具的
　手段），⑨相互作用の影響（集団活動が生み出す成員間の相互作用による影響），⑩
　分化した役割，⑪構造づくり（問題解決における成員間の役割関係づくり）
（２）　リッカート（Likert, 1961）のシステム４の前提として，①支持的関係の原則
　（リーダーが部下に対して支持的である），②監督の集団方式ないし多元的重複集団
　構造における集団的意思決定（リーダーが部下に集団参加をさせる），③高い業績
　目標（①と②を満たし，リーダーが業績目標を高く掲げる）がある。これらに基づ
　いて，リーダーシップの行動スタイルとして，システム４（集団参加型のリーダー
　シップパターン）を提示している。具体的には，システム１（独善的専制型），シ
　ステム２（温情的専制型），システム３（相談型），システム４（集団参加型）であ
　り，この中でシステム４が最も業績に影響が強いことを提示している。
（３）　金井（1991）は，変革型リーダーシップについて，経営環境の不確実な状況下
　で変革をうまく導くことを可能にするリーダーの行動と捉え，その特性として以下
　のことを指摘している。
　①　戦略的ビジョンの浸透：将来ビジョンを描き，自らが手本となる行動を示す
　②　環境探査・理由づけ：環境動向を探査し，変化理由を意味づける（深い思考，
　　洞察力，ネットワークからの情報が必要になる）
　③　実験的試行の促進：人々がチャレンジしていくことを促進，奨励する（新しい
　　考え方に心を開く，いろいろなことに頭を突っ込める，リスクを引き受ける）
　④　実施時の極限追求・持続：執拗かつ忍耐強く実現に向けての努力を要求する
　⑤　部下の成長・育成：人々の育成や配慮をする（人々がきびしいリーダーについ
　　ていくためには，リーダーは普段からの配慮が必要）
　⑥　コミュニケーションとネットワークづくり：仕事を実現するために情報入手の
　　可能なネットワークを構築し，その人々とのコミュニケーションを可能にする
　⑦　感情に機敏：変化を起こしている人々が抱く不安や恐怖，あるいは喜びや興奮
　　に対して機敏である
（４）　組織開発についての定義には，以下もあるが，本文と大きな差異はない。「組
　織開発は特定の訓練技法や特定領域に限られた活動を意味するものではない。組織
　全体にかかわるものであるから，経営の諸制度の改変，教育訓練，組織改革，仕事
　内容の修正といった広範な領域での働きかけを基本的には意味している」（山本，

1976，418-419頁の要約）。「行動科学の理論や技能を活用して，組織文化を計画的
に変革する協働的努力であり，現行の組織体系全体の計画的変革である」（小林，
1973，72頁の要約）。「組織の活性化を組織の文化や風土に働きかけて行うために，
組織に働く人たちが，できる限り対等に組織の管理運営に参画するようにしていく
ことである」（稲葉，1979，267-268頁の要約）。

（5）　ベックハード（Beckhard, 1969），p.9.，邦訳，14-15頁。

（6）　フレンチとベル（French and Bell, 1973），p.xiii.

（7）　アメリカにおける組織開発の登場や進展過程については，例えば，カミングス
とウォーレイ（Cummings and Worley, 2001・2005）やカミングス編（Cummings
ed. 2008）に詳しい。

（8）　組織開発の施策や技法における①ラボラトリートレーニング系列と②サーベイ
フィードバック系列については，フレンチとベル（French and Bell, 1973）を基に
梅澤（1977）は，以下のように指摘している。①は，目標管理の登場にともなって，
経営管理者は新しい人間観や新しい組織観を実践することのできる人間へと変容す
ることが必要であるとされている。そのための教育がラボラトリー方式のレーニン
グであり，Ｔグループのワークショップである。もう一方，②は，組織の諸側面に
ついて現状を調査し，その結果を組織構成員にフィードバックし，診断と評価を加
え，そこから組織改善のターゲットを定め，改善案を策定し，その実現に向かって
諸々の施策を始動させるという進め方が中心である（梅澤，1977，28-32頁の要
約）。

（9）　派生した理論について，シャイン（Schein, 1980）は次のように述べている。
①レヴィンの後継者が進展させたグループ・ダイナミックス，②ロール・プレイン
グ，および社会的介入方法のソシオメトリ，③社会的システム観察と内的力動性を
生んだ文化人類学，④1950年代と1960年代に全国訓練研究所（NTL）で開発され
たリーダーシップ訓練と共感性訓練，⑤主に組織コンサルタントによって開発され
た臨床・相談心理学，⑥WE・ATT・EXON・ユニオンカーバイト・GE・P＆G
などが創始した独自研究，⑦組織過程に関する理論的基礎，および古典的社会学や
文化人類学理論の応用に役立った組織構造と設計の理論，⑧グループ間の葛藤・競
争のシェリフ（Sherif）とその共同者の初期の研究，⑨前⑧と集団間の交渉や力関
係を調べる政治科学の伝統から生まれた集団間・組織間の関係についての理論，で
あるとされている（Schein, 1980, pp.239-240.，邦訳 263-264頁）。なお，感受性
訓練は，Ｔグループ，あるいはラボラトリー・トレーニングとも呼ばれている。こ
れについては，ブラッドフォード他（Bradford, et al., 1964），あるいはシャインと
ベニス（Schein and Bennis, 1965）を参照のこと。

（10）　森田（1984），197頁に組織開発における主要概念と施策の関連が紹介してある。
多くの組織開発のマネジメント施策には，例えば，チームづくり，グループ間の葛
藤の処理，データーのフィードバック，マネジリアルグリッドセッション，Ｔグ
ループ，達成動機訓練，パワー動機訓練などの管理者訓練技法，チームづくり，コ
ンフロンテーションミーティング，葛藤処理や人間関係改善の手法，業績評価システ
ムの設計のための方法，プロセスコンサルテーションやサーベイフィードバック
のようなプロセス促進や働きかけの広いアプローチ等がある（Kotter, 1978, pp.1

－2.；若林，1982，309頁）。また，日本企業における組織開発のマネジメント施策には，例えば，①組織開発の技法：職責分析，対決会議，生涯計画，センシティビティトレーニング，グリッド開発組織，②直接的な補助的技法：役割演技，ケース研究，小グループ討議，支援に有効な補助的技法：面接，フィードバック等がある（山本，1976，420－421頁）。また，当時の企業ケースとしては，日本電気（体質改善，KJ），大洋漁業（組織力・職場開発会議），東京電力（ラボラトリートレーニング，職場の小集団開発），ニチイ（教育，職場開発方式），大日本塗料（PM理論方式のリーダーシップ開発）等がある（梅澤，1977，12－16頁の要約）。

(11)　若林（1982），308－318頁の要約。

(12)　幸田（1972），28頁。

(13)　岸田（1985），114頁。

(14)　野中（1990），40頁。

(15)　組織文化と類似概念として，あるいは混同されて使用されている概念に組織風土（organizational climate）がある。これらの異同については，2つの立場がある。異なるとする立場の論者として，例えば，リットビンとストリンガー（Litwin and Stringer, 1968）は，「組織風土とは，仕事環境で生活し活動する人が直接的に，あるいは間接的に知覚し，彼らのモティベーション，および行動に影響を及ぼすと考えられる一連の仕事環境の測定可能な特性である」として，組織文化とは異なることを指摘している。同様な立場として，デービス（Davis, 1984）は，組織風土は一時的・戦術的で，かつ比較的短期間にコントロールしやすいのに対して，組織文化は長期的・戦略的であると指摘している。また，ローセルー（Rousseau, 1988）は，ａ）組織風土論は記述的理論を志向するが，組織文化論は規範的な理論志向が強い，ｂ）組織風土はすべての組織に存在するが，組織文化はすべての組織に存在するとは限らない，ｃ）組織風土論は個人レベルを分析対象とするのに対して，組織文化論は組織全般，集団レベルを分析対象とする，と指摘している。また，デニソン（Denison, 1990）は，組織風土論は主として計量心理学的な実証分析を採用するのに対して，組織文化論は定性的，人類学的分析アプローチを試みる傾向が強いと指摘している。その一方で，同じであるとする立場の論者として，例えば，アシュフォース（Ashforth, 1985）は，1980年代に入ってからの組織文化論の隆盛と裏腹に，組織風土論に対する興味が薄れていったという事実は，むしろ両者の親近性を物語っているように思われるという指摘をしている。藤田（1991）は，組織風土と組織文化は，類似性の高い概念にもかかわらず，組織論において，互いに独自の展開を示してきたが，大勢としては組織風土論が1960年代から70年代にかけて集中的な研究蓄積がみられた後，1970年代後半以降今日にいたるまで組織文化論が盛んに論じられるようになってきたと歴史的な相違を指摘している。組織風土，および組織文化の研究の系譜について概略的にまとめられているものにシュナイダー編（Schneider ed., 1990）pp.10－13.，pp.15－17.がある。

(16)　組織（企業）文化の多様な定義と分類については，飯田（1991・1993）を参照。

(17)　加護野（1982a），67頁。

(18)　デイビス（Davis, 1984），p.2.，邦訳，4頁。

(19)　シャイン（Schein, 1985），p.10.，邦訳，12頁。

(20) 本章で紹介した以外の組織文化の定義には，以下の**表4－1**がある。

表4－1 組織文化の定義に関するサーベイリスト

研究者等	組織文化の定義
Jacques（1951）	思考や行動の慣習的，伝統的な様式で，成員によって多かれ少なかれ共有され，成員が組織の中で雇用されるためには，学習し，少なくとも部分的に受容すべきものである。
Kroeber and Parsons（1958）	文化とは，人間行動の形成における諸要因としての，伝達され，かつ創造された，価値，観念，および他の有意味なシンボル体系の内容とパターンであり，さらに，行動を通して産出された加工物である。（中略）社会体系は個人，および集合体における相互作用の関係的な体系である。
Kluckhorn（1962）	文化は明示的かつ黙示的な，行動の，かつ行動のためのパターンから成立し，それはシンボルによって獲得され，伝達される。それは，加工物への具現化を含めて，人間集団の顕著な業績を構成する。文化の本質的中核は，伝統的（すなわち歴史的に発生，選択された）諸観念，およびとくに，それらに帰属した価値である。文化は一方では行為の諸産でもあり，他方では，行為に対する条件づけの影響でもある。
Margulies and Wallace（1973）	組織内に存在する，学習された信念，価値，および特徴的な行動パターンであり，フォーマルとインフォーマルの側面がある。
Pettigrew（1979）	文化は類似の概念のソースと見ることができ，シンボル，言語，イデオロギー，信念，儀式，神話である。（中略）組織生活のより合理的，可触的な局面（構造，技術）だけでなく，より文化的，表現的構成要素（シンボル，イデオロギー，言語，信念，儀式，神話）にも注目すべきである。
Schwartz and Davis（1981）	組織文化は組織成員に共有された信念と期待のパターンである。これらの信念と期待が諸規範を産み出し，それらの規範が組織内の個人集団の行動を強力に形成する。（中略）文化は風土（climate）ではない。風土は人々の期待が充足されているかどうかの測定であるが，文化は期待それ自体の性質に関係する。
Deal and Kennedy（1982）	活動，相互作用，規範，感情，信念，態度，価値，および所産の大多数に普及されたパターンである。それはインフォーマルな体系（感情，インフォーマルな行為，集団規範，価値を含む）の観念を含み，組織生活の隠された，秘密の領域を含む。
Schein（1984）	企業文化とは，制度としての組織の成員に意味を与え，行動のルールを提供する共有された信念，および価値のパターンである。
伊丹・加護野（2003）	組織文化は，共有された価値観，共有されたパラダイム，共有された行動規範，の3つからなる。組織文化は抽象的レベルでは，価値観とパラダイムの2つから構成されているが，具体的レベルでは行動規範に表現されていると考えることができる。
梅澤（1990）	企業が培養し定着させている価値と規範の総称である。経営理念や企業哲学など企業体としての価値観・伝統・儀式・慣習・慣行を含む企業の組織規範・従業員に共有された思考・行為様式から構成される。
境（1990）	特定の企業メンバーに共有された考え方や行動を基盤としたその企業特有の環境知覚様式（情報処理様式）やそれらを生み出している組織の構造や制度などを抱合した企業全体の環境適応スタイルとする。

(21) 組織文化論の研究については，これら以外にも，例えば，シュナイダー編（Schneider ed., 1990），マーティン（Martin, 2002）等を参照。

(22) 組織シンボリズム論については，これ以外に，例えば，ポンディ（Pondy ed.,

1983），アルベッソンとベルグ（Alvesson and Berg, 1992），ジョーンズ（Jones, 1996），高橋（1998）などを参照。

(23) 具体的には，次のとおりである。機能主義的組織シンボリズム論は，組織構成員のシンボリック行為や組織文化の果している機能に着目し，その方法論については，機能主義的パースペクティブの問題と概念定義の問題が重要である。その一方で，解釈主義的組織シンボリズム論は，シンボルの意味解釈と意味構成，および組織文化の生成等に着目し，その方法論については，主観的解釈の公準と適合性の公準に基づくことが重要であるという指摘である（坂下，2002，219-223頁）。

(24) 具体的には，「1次的植付けメカニズム」を構成する要因には①リーダーが着目し，測定し，統制するもの，②危機的事件または組織の危機に瀕するリーダーの反応，③リーダーによる慎重な役割モデリング，教育，指導，④報奨や地位を与える基準，⑤募集，選抜，昇進，退職，免職の基準，があるとしている。ここでの要点は，①リーダーが関心を持っていることを伝える（強制的であっても），②それに対する従業員の理解は，リーダーの反応（従業員がどのように感じているのかというリーダーの認知）によって強化されるということである。次に，「2次的植付けメカニズム」を構成する要因には，①組織のデザインと機構，②組織のシステムと手続き，③物理的空間や建物の正面や建築物，④重要なイベントや人物に関する物語，伝説，神話，寓話，⑤組織の哲学，信条，憲章についての公式表明，があるとしている。ここでの要点は，①このメカニズムが効果を果たすのは，上述した「1次的植付けメカニズム」と整合性を保つ場合に限られること，②それが首尾一貫していると，組織のイデオロギーを構築しはじめ，当初は非公式であったことが公式化しはじめることである（Schein, 1985, chap.10., 邦訳，第10章）。

(25) ナヌス（Nanus, 1992）は，リーダーとマネジャーの差異（pp.10-12., 邦訳，28-31頁）を提示したうえで，価値について，「何についてやりがいがあり，望ましいかを人々が判断する際の原則であり，基準である。価値とは抽象概念であり，組織が業績を上げるために本当に重要なものは何か，あるいは組織に関係する人々（従業員，顧客，投資家，その他社会一般）に対して組織が責任を果たす方法として，本当に重要なものは何かという概念を体現したものである」（p.34., 邦訳，61頁）と説明している。また，ベニスとナヌス（Bennis and Nanus, 1985）は「リーダーとは，ビジョンを明言し，正当性を与える人を指す。そして，リーダーは，人々の想像力と感情を揺さぶるような魅力的な方法でビジョンを表現し，ビジョンを通して目的実現のための意思決定を促進させるように人々に権限を与える。しかし，成功するためには，組織全体のニーズからイメージが誕生してくるはずで，重要人物たちがそのイメージを求め，容認するようでなければならない」（Bennis and Nanus, 1985, p.109）と述べている。

(26) ナヌス（Nanus, 1992）は，ビジョンについて，「ビジョンとはあなたの組織にとって現実的で信頼性のある魅力的な未来像である。現状よりもさまざまな点で好ましい結果が期待できる組織の未来像であり，組織が目指していくべき目的地を明瞭に表現したものである」（p.7., 邦訳，25頁）とし，「ビジョンは，組織の創成期だけでなく，組織のライフ・サイクル全体を通して重要な役割を果たす」（p.9., 邦訳，27頁）と述べている。

(27)　ナヌス（Nanus, 1992）は，ビジョン・リーダーの育成については，権限委譲を行い，独創性と勇気に対する報酬（業績評価に匹敵する）を与えることが重要であると指摘している。また，人材の採用については，リーダーとしての過去の成功体験の記録を思い出させ，採用した後は，重要な立場になるにつれて必要になってくるコミュニケーションのネットワーク確立ができるように多様な体験をさせることが重要であると指摘している（pp.184 - 185., 邦訳, 262 - 263頁）。

第 5 章

Research Methodology

組織変革の研究方法

本章のガイド

　本章では，組織変革を研究する方法，換言すれば，組織変革という組織現象を測定する方法について，紹介する。具体的には，研究方法の鍵概念，モデル分析，ケース・スタディ，および研究方法の諸議論について，紹介する。

　なお，本書では，組織変革の測定については，実証主義に基づく方法論的複眼による研究方法によって，より良い分析や組織現象への接近が可能になると考えている。

　一般的に，組織現象を対象として科学化（普遍・一般性を念頭にした理論化，モデル化）をはかる際には，例えば，データベースや文献等の渉猟，質問票によるアンケート調査，あるいは面談によるインタビュー調査などをとおして，データを収集することが多い。これは，科学化するに際して，経験的な知見・情報（データ）に基づいて論証することが今日，一般化しているからである。この考え方は，分析哲学において実証主義と呼ばれ，方法論上の大きな思想的な拠り所になっている。

　この実証主義に基づくと，科学の方法論上の手続きの流れは，簡単にいえば，①問題設定→②データの収集・分析→③結論であろう。この③結論が，多くの第三者に認められれば，科学的な理論やモデルとしての地位を得ることができる。

第1節
研究方法の鍵概念

1 分析哲学の基本仮定

　科学における分析哲学の基本仮定とは，研究・調査者が，組織現象，および社会現象という研究対象に対して自らが措定している前提や仮定のことである。これについて，バレルとモーガン（Burrell and Morgan, 1979）は，社会学における主観主義社会学（解釈主義）と客観主義社会学（機能主義）という2つのパラダイムを提示し，**表5−1**のような対照を提示している。

　これについて，坂下（2004）は，以下のように説明している。

　A：存在論（ontology）とは，社会的世界の存在に関する研究・調査者の基本仮定であり，①唯名論（Nominalism：主観主義社会学の立場。社会的世界は実在する構造ではなく，人々の認識を通じて社会的に構成されたものである），および②実在論（Realism：客観主義社会学の立場：社会的世界は人々の認識とは独立して客観的実在として存在する構造である），の立場がある。

　B：認識論（epistemology）とは，社会的世界の認識に関する研究・調査者の基本仮定であり，③反実証主義（Anti-positivism：主観主義社会学の立場：研究・調査者は社会的世界を構成する人々の認識を通してのみ認識できる），および④実証主義（Positivism：客観主義社会学の立場：研究・調査者が社会的世界を外部から直接認識できる），の立場がある。

　C：人間論（human nature）とは，人間の見方（どのように人間を見ているのか）に関する研究・調査者の基本仮定であり，⑤主意論（Voluntarism：主観主義社会学の立場：人間は自由意志をもって行為しているとする），および⑥決定論（Determinism：客観主義社会学の立場：人間の行為は状況や環境によって決定されるとする），の立場がある。

　D：方法論（methodology）とは，社会的世界の研究方法に関する研究・調査者の基本仮定であり，⑦個性記述主義（Ideograhic：主観主義社会学の立場：社会的世界は歴史現象のように1回限りの特定事象と見なされるので非変数として記述され，社会的世界の内側に入ることでその意味世界にまで踏み込んだ洞察を得ようとする），および⑧法則定立主義（Nomothetic：客観主義社会学の立場：社会的世界は自然現象のように反復的に生じる事象と見なされるので変数として記述され，諸変数間の因果関係が説明され

表5－1　主観主義社会学と客観主義社会学の対照

主観主義社会学（解釈主義）		客観主義社会学（機能主義）
①唯名論	←Ａ：存在論→	②実在論
③反実証主義	←Ｂ：認識論→	④実証主義
⑤主意論	←Ｃ：人間論→	⑥決定論
⑦個性記述主義	←Ｄ：方法論→	⑧法則定立主義

出所：Burrell and Morgan（1979），p.4.，邦訳，6頁を基に加筆。

るとする。主には，定量的調査を重視し，定量的データを統計分析して法則を発見しようとする），の立場がある。

　従来の組織変革に関する研究方法の多くは，実証主義に基づくものが多く，解釈主義に基づくものはそれほど多くはない（稲垣，2002）。しかし，今後は，あくまで設定した問題への対応という前提はあるが，解釈主義的な研究方法の開発，測定次元の開発，および演繹的な研究方法を可能にする中範囲の理論の開発をも志向する必要はある。

2　実証主義

⑴　実証主義とは何か

　これは，論理実証主義（logical positivism）[1] が進展したものである。具体的には，①科学的な仮説や理論は経験的事実に基づいて構成されるべきであり，②提示された仮説や理論は観察され経験的に確認された事実に照らしてその真偽が検証（実験）されうるものでなければならず，③その検証を通じて真なることを実際に確証することが必然であるとする科学方法論上の立場である。サン・シモン（Saint-Simon, 1813）が提唱し，コント（Comte, 1844）によって進展している。

　サン・シモンは，観察され，検証された事実に基づいて形成された知識や理論を実証的と呼んでいる。彼は，人間の知識の発展は，曖昧で推測的な神学的なもの，あるいは超経験的な仮説から出発する近代自然法の社会論から，形而上学的なもの，さらに実証的なものへと歴史的に進んでいると主張している。よって，認識対象が単純なものから複雑なものになるにつれて，漸次，実証的になることは避けられず，あくまで観察された事実から経験的世界を説明すべきだと主張し，自然科学的実証主義の方法を文化・社会的現象に適用しようとしたのである。

それを受けてコントは，実証的という概念に現実的，有用，確定的，正確，積極的，相対的といった意味を付与している。これが，デュルケム (Durkheim, 1904) によって科学方法論的に洗練され，社会学的方法論へと結実している (森岡他編，1993)。

前頁の表5-1によれば，実証主義は，客観主義社会学の立場にあるから存在論的には「実在論」の立場に立ち，社会現象や組織現象は，社会構成員や組織構成員の意識の外側に独立して存在する「もの」または「事物」と仮定している。よって，その上で，実証主義は認識論的には，そうした社会現象や組織現象を社会構成員や組織構成員の意識作用まで還元することなく，自然現象と同様に「もの」または「事物」として，観察者がそれらを直接「観察」したり「認識」したりすることが可能であると仮定しているのである (坂下，2004)。

(2) 分析哲学と実証主義

上述からすると，実証主義は，方法論的には「法則定立主義」であり，因果法則の発見やそれの実証を目的とすることになる。例えば，具体的な方法がサーベイ・リサーチ (Survey Research。例えば，質問票によるアンケート調査) である。そして，研究・調査者は，社会現象や組織現象を「変数 (variables)」と呼ばれる「概念 (concept)」で捉え (＝測定)，それらの現象がなぜ生じるのかについて，明らかにすることが目的となる。つまり，この社会現象や組織現象の生じる原因を明らかにすることが「社会現象や組織現象を説明する」ことになる。よって，「説明する (＝科学的説明)」とは現象の原因を明らかにすることになる (坂下，2004)。

組織変革の研究においては，サーベイ・リサーチを中心としてこの志向による研究・調査の多いことが特徴であるが，その一方で，経営コンサルタントを中心に，仕事上の経験知から帰納的に応用施策・技法等を提示している研究も多い。

3 反証可能性（反証主義）

反証可能性 (falsifiability) とは，ある言明，仮説，理論などに対してその主張が誤っていること，あるいは妥当でないことについて，反対証拠を提示して反駁できる可能性があることを意味している。ポパー (Popper, 1959) が，経験科学の理論に備える不可欠の要件として提示したもので，経験科学とそうでな

いものとの境界であると指摘している。さらに，彼は，いかなる科学理論も反証可能性をもった経験命題の形式で提示するべきであると指摘している。

また，反証主義（falsifinism）とは，上述を概念化したものであり，実証主義に対立する立場を示す用語である。ポパー（Popper, 1963）は，上述と同様に，科学の進歩において，実証ではなくて反証こそが中核をなすと指摘している。例えば，彼は，マルクス主義（Marxism）などの歴史主義を反証不可能な理論であると批判している。具体的には，①観察は個々の事実についての特殊個別的な報告にすぎず，それらをいくら集めても「すべての〇〇は□□である」という理論を導出することはできない，②すべての科学理論は反証可能なものでなければならず，反証を通じて新しい理論を創造することができると指摘している。例えば，「すべての惑星は円運動をする」という理論は「円運動をしない惑星はない」という指摘を含んでいる。よって，円運動をしない惑星を発見することによって，理論を修正することができるという指摘である[2]。

第2節
モデル分析

　以下では，客観主義社会学に立脚し，認識論の実証主義，および方法論の法則定立主義に基づいた仮説検証型アプローチによるモデル分析（分析に関する具体的な作業）について，紹介する。

1　モデル分析とは何か：因果関係の測定

　モデル分析とは，主に因子分析によってモデル構成要素を抽出し，それらが統計学的にどの程度相関するかを探究し，設定した仮説の真偽の検証によって立論する手法である。社会（組織）現象の場合，それに影響を及ぼす要素を多様に考慮することができるが，最終の成果変数と最もよく相関する要素（独立変数，あるいは説明変数）が，現実を説明可能にする要素である。設計したモデルは，分析に必要な理論命題や操作的仮説を演繹する基礎となる。また，命題や仮説はモデルから理論的に演繹されてつくられるだけでなく，多くの場合，因果命題や因果仮説の体系である（野中，1974。次頁の図5−1参照）。

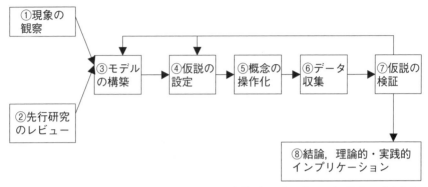

出所：坂下（2003），2頁に基づいて筆者作成。

図5−1 モデル分析の流れ

2 モデルの設計（図5−1の③・④）

(1) 「非変数概念」から「変数概念」への変換

　非変数（Non-variable）概念を変数概念に変換することである。変数概念の探索とも呼称されるが，これは，ある非変数概念に対して対応する変数概念（＝変数値あるいはカテゴリー）が位置する連続体（＝軸，次元）を探索することである。換言すれば，1つの概念を構成している構成概念について，（量的な）分析を可能にする変数を探すことである。次に，この構成概念は，多くの場合，複数の変数概念の集合である。したがって，1つの構成概念については，複数の変数概念（＝次元）を探索することが必要になる。

(2) 因果仮説の構築

　次に，因果仮説（causality hypothesis）を設定する。例えば，仮説として「組織構造の集権化，公式化，専門化の程度が高くなるほど組織成果はより低くなる」を設定すれば，集権化，公式化，専門化といった変数は原因変数（独立変数，説明変数）であり，組織成果は結果変数（従属変数，被説明変数）である。

3 概念の操作化（図5−1の⑤・⑥）

　社会科学において研究対象とする現象は，われわれの身近に自然な状況で生起するので日常用語で記述されるのが一般的である。しかし，日常用語は現象の性質をあいまいにし，主観的にしか表現することができない可能性がある。

とくに用語は人によって多様な意味をもつ場合もある。よって，組織現象を社会科学に依拠し，科学化しようとすれば用語の意味，つまり概念を客観的に正確に測定する方法論を確立することが必要になる。また，上述からすれば用語は人によって付与する意味が異なり，異なるという意味において変数である。例えば，サーベイ・リサーチの本質は，変数としての用語にすべての固有の意味可能性を探究することであるといえる。

　また，ラザースフェルドとローゼンベルグ（Lazarsfeld and Rosenberg, 1955）が指摘する変数形成の問題は，いかにして用語を測定可能な概念に翻訳するかということであり，換言すればいかにして概念を変数にするのかを取り扱う（操作化する）ことである。よって，組織現象を測定する場合，用語に対する概念の操作化を行う必要がある。

　ここで，概念の操作化とは，用語に関する理論的定義と操作定義を考えることから始まる。最初に，理論的定義は，概念の意味を定義するが，操作的定義は概念の測定方法を定義することである。よって，理論的定義は概念に「意味」を与え，操作的定義は概念に「測度」を与えるともいえる。この概念に操作的定義を与えることを「概念を操作化する」または「概念の操作化」という（坂下，2004）。

　ここで反復するが，概念の操作化とは，命題や仮説に含まれる概念を操作可能（＝測定可能）な変数に直す作業である。ラザースフェルドとローゼンベルグは，その手順について，⑤－1・2：概念・次元の選択，⑤－3：次元を構成するインディケータ（indeicator）の選択，⑤－4：インディケータの尺度（スケール：scale）の選択，という3段階があるとしている。詳しくは，**図5－2**を参照のこと。

(1)　概念・次元の選択（図5－2の⑤－1・2）

　これは，その概念がもっている操作可能な独立次元を意味している。これが単次元であるか多次元であるかの識別が重要である。多次元であるならそれに対応する現象は複数の直行軸からなる幾何学空間の中で記述することができる。次元は，仮説の中の変数に相当している。次に，その次元を構成すると考えられる複数のインディケータを考慮することが必要になる（例：リーダーシップにおける人と仕事の2次元，あるいは組織官僚制における集権化，公式化，複雑性：Hall, 1972）。

⑵　インディケータの選択（図5−2の⑤−3）

　これは，上述した次元を測定するための「ものさし」，つまり次元の測定用具を開発することである。通常，社会調査の質問票の各質問項目はインディケータに相当する。一般に質問票を用いる場合には，回答者のバイアスを少なくするために一つの次元に対して複数のインディケータを用いることが多い。これは，概念とインディケータとの関係は絶対的なものではなく，確率的なことによる。

⑶　尺度の選択（図5−2の⑤−4）

　尺度とは，インディケータの目盛である。「名目尺度（nominal scale）」，「序数尺度（ordinal scale）」，「区間尺度（interval scale）」，および「比率尺度（ratio scale）」がある[3]。基本的には，1つのインディケータに対して1つ以上の尺度を選ぶことになる。

⑷　データ収集（図5−2の⑥−1〜4）

　次には，多くのインディケータによって得られたデータ情報を圧縮し，1つのインデックス（index：索引，指標）にまとめる。具体的には，因子分析等によってインディケータの選別を行い，1次元が1変数になるように変数の再定義を行うことになる。ただし，すべての場合に複数のインディケータの値を1つのインデックスに集約できるとは限らない。それは，測定された対象はインデックスの形成が困難なように分布しているかもしれないからである。この場合には，類型が存在することを示唆している。

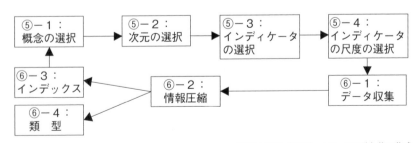

出所：野中（1974），147−150頁を基に作成。

図5−2　概念の操作化の流れ

第 3 節
ケース・スタディ

1　ケース・スタディとは何か

　企業に見い出されるケースを対象として，濃密に調査・研究することは，経営学においては，一般的にケース・スタディ（case study）や事例分析，あるいは事例研究と呼ばれている。経営学以外にも，社会学，工学，心理学，文化人類学，医学，法学などにおいても，教育のメソッド（method）の 1 つとして使用されることが多い（村本，1982）。

　経営学においては，教育以外にも研究方法の 1 メソッドとして使用されることも多い。具体的には，ある限定された，あるいは少数の企業組織で実際に見聞きされた（特徴のある）現象や事象について，詳細な記述や多様な資料を基に検討し，考察するものである。個人の行動に照射したものもあれば，小集団，組織全体に照射したもの，商品開発の過程やそれに関する成功・失敗物語等に照射したものもある。

　この点について，イン（Yin, 1994）は，ケース・スタディという研究方法が法律，経営，医療，公共政策の分野でよく使用され，自然科学を含むあらゆる学問分野で普及していることを指摘している。また，ケース・スタディは，研究や調査の探索段階に適し，サーベイや歴史は記述段階に適し，そして実験は説明や因果を探求する唯一の方法であると信じるように教えられてきたが，こうした捉え方は，ケース・スタディが探索用具にすぎず，命題の記述やテストには利用できないという考えを強めるものであったと，研究方法における妥当性を主張している。

2　研究方法としての妥当性

　ケース・スタディについて，研究方法，および調査戦略（research strategy）における妥当性を検討してみよう。基本的に，ケース・スタディは，その調査時点での現象や事象を説明するには望ましいが，それに関連する行動を操作（再現）できない場合に限られることに留意しなければならない。

　この点について，イン（Yin, 1994）は，とくに実証主義に基づく科学的手続きにおいて，「社会科学の調査を行う上での方法（＝課題と調査方法の妥当性）

には，(1)実験，(2)サーベイ，(3)資料分析，(4)歴史分析，(5)ケース・スタディなどの方法がある。これらは，それぞれ，調査戦略の条件によってその長所短所が分かれる。その条件とは，①調査問題のタイプ，②実際の行動事象に対して研究者が制御できる範囲，③歴史現象ではなく現在の現象に焦点を当てる程度，である。これらから，ケース・スタディが望ましい調査戦略とは，①：「どのように」あるいは「なぜ」という問題が設定されている場合，②：研究者が事象をほとんど制御できない場合，および③：現在の現象に焦点を当てる場合，である。これらは，それぞれ「説明的」，「探索的」，および「記述的」ケース・スタディと呼ばれる（Yin, 1994, chap. 1・5参照）」ということを主張している。

　これをまとめたのが，**表5－2**である。

　なお，ケース・スタディは，エスノグラフィー（ethnography）や参与観察（participant observation）など特殊なデータ収集の方法と混同するという誤りがある。エスノグラフィーは，通常，フィールドで長い時間を費やさねばならず，詳細かつ観察による証拠に重点をおく。ケース・スタディはこのようなデータにだけ依存することのない探究形態である。また，ケース・スタディは，歴史学の方法と同じようなデータ収集法を使用するにもかかわらず，定量的データ（quantitative data）と定性的データ（qualitative deta）との混合や多様なデータ源をもつことに特徴がある（Yin, 1994）。よって，観察や面接という歴史分析にはない資料源をもつことも可能である。

　表5－2　調査戦略と行動制御可能範囲・焦点の程度

調査戦略＼項目	①調査問題のタイプ	②制御できる範囲	③焦点を当てる程度
(1)実験	どのように，なぜ	あり	あり
(2)サーベイ	誰が，何が，どこで，どれほど	なし	あり
(3)資料分析	誰が，何が，どこで，どれほど	なし	あり／なし
(4)歴史分析	どのように，なぜ	なし	なし
(5)ケース・スタディ	どのように，なぜ	なし	あり

出所：イン（Yin, 1994），p.5.，邦訳，7頁より修正を加えて作成。

第4節
研究方法の諸議論

　以下では，研究方法，具体的には，研究の課題を明らかにするために行うデータ取得の方法（一般的に社会調査の類）に関する諸議論を紹介する。

1　仮説検証型と事実探索型：研究アプローチの差異

⑴　**仮説検証型アプローチ**（hypothesi confirmatory approch）

　これは，すべて調査は仮説を立て，その仮説が検証されるか，否定されるかという形で設計され，分析・考察されるべきという基本的な立場である。実証主義における定番的研究アプローチである。これへの支持者は，仮説を持たずにただ単に事実を測定しても，データが選択されてから解釈せざるを得ないことになり，それは事後解釈にすぎないと主張することが多い。また，いかようにでも解釈できるという批判に対して否定できないと主張することも多い。

⑵　**事実探索型アプローチ**（exploratory approch）

　これは，調査において仮説を設定することにはどうしても研究・調査者の個人的な偏見が混入する可能性が高いので仮説など持ち込まず，事実をそのまま測定することを心がけるべきであるという基本的な立場である。これへの支持者は，仮説検証型による研究アプローチは，結果的に主張できる範囲が正確・厳密的であるがゆえに逆に限定されることになり，企業行動のような組織現象を豊富に説明する場合にはある程度の限界を覚悟せざるを得ないところに欠点があると主張している。

2　定量的方法と定性的方法：データタイプの差異

⑴　**定量的方法**（quantitative method）

　定量的方法とは，調査課題の量的把握をめざす方法である。よって，①多数のケースについて濃密に，②少数の側面を全体の中から切り取って，③客観的に計数または計量して，④主に統計学を応用した分析によって一般・普遍化をめざすものである（安田他, 1982）。具体的には，量的なデータを対象とするサーベイ・リサーチなどが一般的である。この場合，調査単位の全集合である母集団（population）から調査対象とする部分集合，つまり標本（sample）を抽出して

調査するために，母集団を定義することが重要になる。

　また，近年では，内容分析（content analysis；Krippendorf, 1980）やテキスト・マイニング（text mining：松村・三浦，2009）等の方法がある。

⑵　定性的方法（qualitative method）

　定性的方法とは，調査課題の質的構造を明らかにするために質的把握をめざす方法である。よって，①少数の事例について，②多数の側面を全体関連的に，③主観・洞察的に把握し，④主に社会学，現象学，歴史社会学[4]等を応用して主観・洞察的に普遍化するものである（安田他，1982）。具体的には，質的なデータを対象として収集するフィールド・ワーク（field work：エスノメソドロジー（ethnomethodology）[5]，ケース・スタディ），観察法[6]（非参与的観察，参与的観察），面接法（インタビュー調査：Terkel, 1974；鎌田，1986，ルポルタージュ：柳田，1986；本多，1980）等がある。また，標本は有意抽出されたものが多く，質問・選択肢が厳密には共通化されにくい。また，全体（母集団）の傾向を推計することはできず，あくまで普遍的傾向の推論になる。このようなフィールド・ワークの調査法については，例えば，佐藤（2002）を参照。

3　ケース・スタディとサーベイ・リサーチ：分析スタイルの差異

　坂下（2004）は，方法論において単一ケース・スタディと複数ケース・スタディでは異なることを指摘している。前者は，記述的ケース・スタディとなり，後者は説明的ケース・スタディになる（変数＋1のケースの数が必要）。複数ケース・スタディの目的は，主要な諸現象間の因果関係の説明であるが，これは法則定立主義の立場である。

　それに対して，サーベイ・リサーチは，客観主義社会学を代表する調査方法である。存在論上の実在論，認識論上の実証主義，方法論上の法則定立主義の立場に立つ。これは一見すると複数ケース・スタディと差異がないように見えるが，両者はその分析スタイルに差異がある。同じ法則定立の立場でありながら，具体的には以下の差異がある。

⑴　分析的一般化と統計的一般化および仮説発見と仮説検証

　複数ケース・スタディが分析的一般化と仮説発見を志向しているのに対して，サーベイ・リサーチは，統計的一般化と仮説検証を志向しているということで

ある。また，複数ケース・スタディは，最低1つの変数と2つ以上（変数＋1）の原因変数が必要である。これは，多次元空間上の複数の点で構成する多次元平面上，または多次元局面上で方程式を発見しようとすることである。よって，複数ケース・スタディにおける法則定立とは，因果仮説の発見を目的とすることになる。また，イン（Yin, 1994）が強調しているように，この因果仮説は分析的一般化になりえても，統計的一般化にはなりえないことに留意しなければならない。

　ここで，分析的一般化とは理論命題への一般化である。また，統計的一般化とは，統計学に基づいてサンプルのパラメータ（＝parameter：標本推定値，媒介変数，引数）から背後母集団のパラメータ（＝理論値）を推定したり，そうした理論値がゼロでないことを検定したりすること（＝帰無仮説の有意性の検定）である。要するに，複数ケース・スタディによる説明的ケース・スタディによって発見した因果仮説は，理論上の一般化とはなりえても，推測統計学の原理を用いた仮説検証という意味での一般化となりえないということである。

　その一方で，サーベイ・リサーチの法則定立とは，因果法則の推測統計学的な検証である。よってこれらから得られる結論は，単にサンプルについてではなく，サンプルから統計的に推測されるその背後にある母集団についての結論になる。その意味で，イン（Yin, 1994）は統計的一般化であると主張しているのである。

(2)　分析対象の抽出方法

　分析対象の抽出方法である。複数ケース・スタディは，ランダム・サンプリングによって抽出されたものではなく，もう一方，サーベイ・リサーチは，ランダム・サンプリングによって抽出され，代表性を獲得したサンプルである。これによって，背後にある母集団の統計処理（パラメータ推定や検定）を可能にしているのである。複数ケース・スタディは，ランダム・サンプリングによって抽出されたものではなく，むしろ研究・調査者の調査デザインに基づいて選択的に抽出されることが多い。ここで，イン（Yin, 1994）は単にサンプルを増やしても，発見した因果仮説と相違がなければ，確証度は高まるが，統計的一般化にはならず，仮説の検証にはならないことを指摘している。

　よって，複数ケース・スタディにおけるケース群とサーベイ・リサーチにおけるサンプルは明確に異なる。インは，これをとらえてケース群は小規模のサ

ンプルではないと指摘している。要は，仮説検証型の検証はサーベイ・リサーチによってしか行えないということである。

4　エスノグラフィーとケース・スタディ：分析哲学の差異

　フィールド・ワークと呼ばれる方法の中に，エスノグラフィーとケース・スタディがある。この２つについて，坂下（2004）は，エスノグラフィーと単一のケース・スタディとは類似しているが，その分析哲学の基本仮定において差異があると，以下のように指摘している。

(1)　存在論上の差異

　エスノグラフィーは，研究対象である文化をその成員が社会的に構成した意味世界であると仮定している（構成物）。その一方で，単一ケース・スタディは，文化を研究対象にしているが，文化を成員の認識とは独立した彼・彼女らの意識の外にある実在物だと仮定している。つまり，文化を自然現象と同様な事物だと見なしているのである。

(2)　認識論上の差異

　エスノグラフィーは，文化をその成員が社会的に構成した意味世界であると仮定しているので，成員の１次構成物を２次的に再構成することによって文化を認識できるとしている（成員の認識を通じてのみ文化を認識できる。反実証主義）。その一方で，単一ケース・スタディは，文化を成員の認識とは独立した実在物と仮定しているので，成員の意識作用まで還元することはなく，研究・調査者が直接認識できるとしている。

(3)　方法論上の差異

　エスノグラフィーと単一ケース・スタディはともに方法論上は個性記述主義であるが，その意味が異なっている。エスノグラフィーは，成員が共有している意味世界の個性把握的記述になるが，これは文化を非変数とみなしている。その一方で，単一ケース・スタディは，研究・観察者が直接認識した事物としての文化現象の記述であるが，これは文化を変数とみなし，その特定値を記述しているといえる。

注

（1） 論理実証主義（logical positivism）は，ウィーン（Wiener）大学において，マッハ（Mach, E.）やボルツマン（Boltzmann, L.）から始まり，1920年代にシュリック（Schlick, M.）他を中心に展開された科学哲学（当時は思想運動）である。これは，知識の真理性の基準を経験に求め，形而上学を無意味な問題提起を行っているものとして排除し，実証主義の立場に立つとともに，論理学を言語の文法規則として捉え，経験内容を取り扱う科学と厳密に区別し，哲学の主要課題を論理分析，あるいは言語分析に求めたことに特徴がある。よって，現象の因果関係を仮説によって説明し，その仮説の真偽を経験的データによって検証することを通じて，法則定立を進めていく分析哲学である。本来は自然科学の研究方法であったが，存在論上の実在論，認識論上の実証主義，方法論上の法則定立主義の立場に立つ社会科学によって使用されるようになった（神戸大学大学院経営学研究室編，1999，969頁；見田他編，1988，948頁；森岡他編，1993，1535頁）。

（2） 見田他編（1988），728頁，，森岡他編（1993），1204頁。

（3） 尺度については，以下のとおりである。

① 名目尺度：識別やコーディングのための変数の尺度であり，量的意味を持たない尺度である。例えば，性別の男性と女性。

② 序数尺度：量的意味を持つが，等間隔ではなく，順序のみに意味があるような尺度である。例えば，学年，席次。

③ 区間尺度：量的意味を持つ，等間隔の尺度である。しかし，原点のゼロが物理的な「無」に対応しないような変数の尺度。したがって，この尺度は等間隔でありさえすれば，どのような目盛を付与してもよい。例えば，リカート・スケールの7ポイント。

④ 比率尺度：区間尺度と同様に，量的意味をもつ，等間隔の尺度。しかも，原点のゼロが物理的な「無」に対応する。通常，自然科学で扱われるのはこの尺度である。

通常，区間尺度以上の尺度では，相関分析や回帰分析が可能である。あるインディケータをどの尺度にするのかは，本来の次元ないし概念がどのような属性を持っているかに依存する。例えば，組織構造の3変数（集権化，公式化，専門化）は原点のゼロが物理的な「無」に対応しないので，区間尺度として扱うことになる。

（4） 研究方法には，多様な学問がその基礎，あるいは応用として関連している。

① 社会学

a） 社会的事実

デュルケム（Durkheim, 1904）は，「事実」について，個人意識に対する外在性，拘束性という特徴を示す独特の実在であると規定した。よって，研究に際しての観察の規準は，社会的諸事実を物のように考察することになる。また，それには証明の実施手続きが必要である。しかし，彼の主張は，自然科学的な，かつ単純化された因果関係観（ある結果について原因から説明すること）を表現しており，人間行為の意味やその内的理解というものを重視する視点からは不適切との批判も寄せられている。

　ｂ） シンボリック相互作用論（symbolic interactionism）

　プラグマティスト（pragmatist：実用主義者）であるミード（Mead, 1934）に始まり，ブルーマー（Blumer, 1969）他によって進展されたこの理論は，行為を鍵概念として，行為世界とは社会的相互作用を通じてたえず構成－再構成されていく意味世界であり，この意味世界における個体の解釈過程が行為の進展を基礎づけているというものである。1950年代～60年代米国で登場したのであるが，プラグマティズム（pragmatism：実用主義）の登場後，ブルーマー，シブタニ（Shibutani, 1970），ターナーとキリアン（Turner and Killian, 1957），ダンカン（Duncan, 1968）他によって進展され，ゴウフマン（Goffman, 1959）他の研究者が登場した。静態・構造的な諸因子の探究が目的ではなく，進展する行為形成の過程の探究が目的となる。よって，行為者の視点に立って社会的意味構成の過程を跡づけることが求められるために質的データを用いる方法の基礎・応用になる。換言すると，シンボルを通じての人間の相互作用に焦点をおき，人間の解釈過程に着目し，そこから人間の主体的なあり方を明らかにする理論である。機能主義，あるいは自然科学的方法論とは異なって，行為者の立場に立って現実に接近することが特徴である。

　ｃ） ドラマトゥルギー（dramaturgy）

　社会的状況における人々の行動を演劇論的メタファーを基に記述・分析する。ゴウフマン他によって研究が進展している。現象記述の主要対象は，社会組織における共在状況のパフォーマンス，つまり特定の時間－空間的枠内での人々の相互的営みである。また，人々はある社会領域（例えば，学校，会社）に入るとき，その領域が求めるように自己を装うとし，本当の自分と装われた自己を問題にする，という立場である。その，一連のパフォーマンスの編成－組織化が，あたかもドラマであるかのようにして記述－再構成しようとすることに特徴がある（例えば，吉見, 1987）。

② 現象学（phenomenology）

　事象そのものを研究する態度ないし方法の意味を研究する。フッサール（Husserl, 1913）は，意識体験の背後に想定される物理的，生理的過程に関する仮定を一切排除し，現象つまり意識体験の場面に踏みとどまってその内的構造を記述しようとする自己の試みを現象学と呼んだ。個人の偏見，思惑，潜在的にある思考を極力排除することが必要であるとする。

　後のシュッツ（Schütz, 1932）は，人間存在の行為や意味の契機を分析の戦略点として選び，社会的世界の意味生成と構造化を論じる。その際に，2つの体験に着目した。第1に，自己体験内部に経過中の体験作用において相互に移行しあっている体験（内的持続現象）であり，第2に，流れ去った・生成し去った体験（反省）である。そして，人間が行う行為を自己の体験を通じて意味づけしようとするところに特徴がある。これらの特徴は，分析の視座が自我理論的であり，その方法が反省（自己内省）的であることである。

③ 歴史社会学（historical sociology）

　歴史社会学は，歴史の動態（経時的様相の変化）を経験科学的に説明するという立場である。主に，偉大な個人の活動に焦点を当てた政治的出来事の個性的記述が多い（増田, 1966；掘米, 1964）。普遍合理化を目的に，比較史的な分析として，

単なる歴史上の個別現象の記述を行うことに特徴があるが，ウェーバーの著作に見られるように，今日では，歴史の動態を広く社会・経済・文化視角から説明的に把握し，社会史，歴史人類学，科学史との接近をはかった研究が増えている（見田他編，1988）。具体的には，文献・論文，新聞・雑誌記事，文書・記録，史料などの文字，写真，映像等，およびそれらのデータベース等からデータを収集し，分析をすることが多い（例えば，井上，1997，ホブズボウム（Hobsbawm, 1983）を参照）。

（5）　エスノメソドロジーは，意味・相互作用を重視する社会学領域であり，方法である（Leiter, 1980）。人々の日常生活の行動に着目し，人々が暗黙的に共有しているやり方までをも記述し，考察することに特徴がある（Garfinkel, 1968）。この研究成果物等は，エスノグラフィー（民族誌）と呼ばれている（例えば，佐藤，1984）。レヴィ・ストロース（Levi-Strauss, 1955）は，未開部族にも当時西洋社会にある社会，制度，慣習のあることを提示したエスノグラフィーで有名である。見田他編（1988）は，方法論においては自然科学的方法とは異なり，行為者の立場に立って人間の内面を明らかにすることを主眼におき，操作概念よりも感受概念を重視し，量的資料よりも質的資料を利用するために参与観察を行うことが特徴的であると指摘している。これにおける方法論は，行為者の視点（内的過程の解釈）である。これは，現実に柔軟に接近することを意味しており，よって，壮大な理論による演繹的な理論構築や社会的・経験的一般化にはやや困難がともなうことになる。その一方で，定性的研究として，人間の経験的世界の解明には有用であり，参与観察，インタビュー，事例分析，生活史，手紙・日記・記録等による資料・史料分析，行為アプローチの方法がある。ただし，あくまで行為者の立場・視点であるので，自然科学的方法として採用し，対象に深くかかわることには困難がともなうことになる。よって，操作概念より感受概念に基づくデータ収集・分析が先行する。

（6）　観察法は，調査対象をありのままに見極めることによってデータを収集する方法である。問題によっては，調査対象に自ら入り込んでデータを収集する参与観察もある。これは，観察法に統制が加えられない非統制的観察法の一つである。調査者自身が調査対象集団の一員となり，生活し，観察する。インフォーマント（情報提供者）とのコラボレーションが重要である。有名なホワイト（Whyte, 1993）の研究は，スラム街にコミュニティのあること，流動的でありながら組織化されていることを指摘した。彼の小集団研究は，その後，集団療法へと進展していく基礎となっている。

第 6 章

Process Model

組織変革のプロセスモデル

本章のガイド

　本章では，組織変革のプロセスモデルに関する議論について，紹介する。

　最初に，プロセスモデルの基本として，プロセスとモデルの意義，およびその役割を紹介する。次に，具体的な組織変革を説明するプロセスモデルとして，古典的な社会心理学のモデルを紹介する。これらが今日の多くのモデルの基本となっている。次に，組織開発モデル，企業文化変革モデル，およびマネジメント実践的モデルを紹介する。これらについては，どのモデルもレヴィンのモデルを基本に説明できること，モデルの進展は下位段階が設計されたこと，およびその実践性を向上させることが共通している。最後に，プロセスモデルにおけるマネジメントの課題について，提示する。なお，本章末尾の表6-1に，組織変革のプロセスモデルに関するサーベイリストを掲げてある。また，この議論における近年の動向については，例えば，プール他（Poole et al., 2000）を参照のこと。

第1節
プロセスモデルの基本

1 プロセスとモデルの意義

プロセスとは，手順や過程であり，変革が進行している途上を意味している。次に，モデル（model）とは，問題，あるいは対象とする事象や現象を模倣し，単純化したもの，または理論の一部，あるいは全部を単純化したものである。よって，事象や現象の分析・説明，あるいは将来的な予測，新事実の発見に有効である。科学的には，実証の結果，そのモデルの妥当性が認められるか，修正されるか，棄却されるか，ということになる。

それでは，組織変革は企業の諸行動（活動）の中で，どのようなプロセスを経て進行しているのであろうか。換言すれば，多様な施策を行うことによって，組織にはどのような変化が，どのような部分に，どのような経過で生じ，どのような様相を呈しているのであろうか，ということである。

ここで組織変革のプロセスモデルとは，組織変革という組織現象について，その進行のプロセスを明らかにする，あるいは説明することを可能にするモデルである。よって，現実の組織変革のプロセスを分析するには，それについての理論的なモデルを設計することが必要になる。マネジメント実践においても，例えば，鉄鉱石から鉄のできるプロセスを解明できたことによって品質や生産性が向上したというケースがある（それ以前は，鉄の品質や生産量については職人達の勘にかなり依存していた）。この意味において，プロセスやメカニズム（mechanism：体系的な仕組み）の解明は重要である。

2 プロセスモデルの役割

(1) 様相を明らかにできること

組織内では具体的にどこが，時間経過にともなってどのように変化しているのかに関して明らかにすることができる。よって，プロセスの様相を明らかにすることが可能になり，変化が始まる直前，および変化が終了した直後だけを対象にするよりも，組織現象を豊富に説明することが可能になる。

⑵　メカニズムを明らかにできること

　なぜ，そのような仕組み，あるいは手順で組織内の諸要素が関連し，生起から終了までの間に経時的に変革が進行していくのかという様相を明らかにすることができる。よって，組織変革のどの段階で，どのような諸要素が，どのように関連しあっているのかというメカニズムを明らかにすることが可能になる。

⑶　操作性を向上させることができること

　組織変革のマネジメントにおける操作性の向上とは，どのような施策を，いつ，どこに，どのように行えば組織変革の成果が向上するのか，ということである。上述を含め，プロセスやメカニズムの解明による操作性や成果の向上については，企業の現場においても非常に関心の高いものがある。

第2節
従来のプロセスモデル

1　古典的な社会心理学モデル

　組織変革の変革プロセスを分析するモデルとして，多くの研究者が基本にしているモデルに，レヴィン（Lewin, 1947b）のモデルがある。これは，組織変革における古典的なモデルである。また，これは，社会心理学に基礎があり，個人の態度変容の研究から進展し，組織変革の変革プロセスを説明するモデルである。また，個人や小集団を対象とした多くの実験・研究から提示されたモデルでもある。以下では，レヴィンとリピット他のモデルを紹介する。

⑴　レヴィンのモデル

　レヴィンは，「場における力（field force）」[1]という概念に基づいてモデルを提示している。彼は，人の態度変容について，人は個人的な説得によって彼・彼女の意識や行動を変えるのではなく，集団討議による集団決定を経て変えるように仕向けた方がその効果の大きいことを発見している。よって，集団は一つの力学的全体（＝場）であることと，集団を形成している成員間には相互依存性が存在していることを指摘している。このことは，集団のどこかの下位部分に変化が生ずれば他の下位部分にも影響を与えることを意味している。そし

て，新しい均衡を創出するには，その背後にある個人の行動，意識，および規範を変革する必要があることを指摘している。

　レヴィンは，この発見に基づいて個人の態度変容から組織変革へと研究を進めている。そして，組織変革が進行する過程，いわゆるそのプロセスについて，次のように説明している。つまり，組織が外部からの刺激を知覚すると，その変化を支持し，推進しようとする推進力（driving force）と変化に抵抗しようとする制御力（restraining force）とが作用し，組織は均衡状態になる。彼は，これを，準定常的均衡（quasi-stationary equilibrium）状態と呼んでいる。そして，この2つの力は，同時に組織に心理的緊張状態をもたらし，組織は，それを緩和するために新しい均衡点を求めて変革に着手する。その進行上の過程，つまり，組織変革のプロセスについて，彼は「解凍（unfreezing）」段階→「移行（moving）」段階→「再凍結（refreezing）」段階という3段階のプロセスモデルを提示している。

　具体的に，第1段階の「解凍」は，現在の行動を支持している均衡状態を流動的にする段階である。よって，現在の均衡している心理的緊張状態のレベルを変革させる初動段階である[2]。

　第2段階の「移行」は，心理的緊張を解くための情報探索が始まる段階である。新しい知覚や行動を達成するために情報を探索し，処理し，利用する過程がこの段階である。よって，変革しつつある均衡状態を新しい状態に進行させる動的な段階である。

　第3段階の「再凍結」は，この新しい変革を既に組み込まれている組織の仕組みや心理関係の中に統合する段階である。よって，変革後の新しい状態を組織の中に定着させることが重要になってくる[3]。

(2)　リピット他のモデル[4]

　リピット他（Lippitt, et al., 1958）のモデルは，レヴィンのモデルを5つの段階に細分化したモデルである。具体的には，レヴィンのモデルの「解凍」段階と「再凍結」段階とについて，それぞれ2つの下位段階に分けている。また，このモデルは，長年の研究の蓄積から提示された実践的なモデルでもある。とくに，組織という変革対象（client system）に対して実際の変革を推進していく変革推進者という存在を鍵概念にして，モデルを設計している点に特徴がある[5]。

　具体的に，第1段階は，「①変革への要求の発展」である。これは，組織変

革が開始される以前に，組織が問題を認識し，把握する段階である。よって，組織変革を生起しようとする要求と組織外へ援助を求めようとする要求という2つの要求が明確になる段階である。

第2段階は，「②変革関係の確立」である。これは，組織と変革推進者とで共同的な作業体制を築くことが要請される段階である。よって，組織変革に関する組織の課題と次の段階で実施する具体的なマネジメント施策を設計する段階である。ここまでの2つの段階が，レヴィンのモデルの「解凍」段階に相当する。

第3段階は，「③変革への活動」である。これは，実際に組織変革を推進する段階である。よって，変革のためのマネジメント施策を実施する段階である。リピット他は，この段階をさらに，「③−1：問題の明確化と診断」，「③−2：変革に関する意図と目標の設計」，「③−3：実際の変革活動への転換（新しい組織構造・人事制度の設計）」の3つの下位段階に分けている。この段階が，レヴィンのモデルの「移行」段階に相当する。

第4段階は，「④変革の一般化と安定化」である。これは，組織変革を推進した後，組織に安定的で継続的な制度として，それを定着させる段階である[6]。ここでは，組織内に組織変革の浸透している程度が重要な指標になる。

最後の第5段階は，「⑤終結関係の達成」である。これは，組織と変革推進者の最終的な関係を確立する段階である。この段階は，組織変革の継続性を考慮すると，現状の変革推進者と組織の関係を再度続けるか，新たに組織内に変革推進者の役割を果たす存在を探索することが重要になる。この2つの段階が，レヴィンのモデルの「再凍結」段階に相当する。

検討：リピット他のモデルは，レヴィンのモデルを5段階に分けていること，およびマネジメント実践性を付加したことに特徴がある。また，組織変革に関する組織内の問題とその定着について，意を注ぐこと，および組織変革の推進に際して，変革推進者の存在を鍵概念にしていることに特徴がある。ただし，このモデルの問題は，組織変革にとって変革推進者が万能ではないという加護野（1993）の指摘があてはまる。つまり，変革推進者と変革対象の関係が強調されすぎているのである。実際の組織変革では，変革推進者と変革対象の関係がこのモデルで強調されているほど強くない場合もあり，また，組織の中間や下位階層を中心に自己変革的に推進されている場合もある（竹内他編，1986）。

2 組織開発モデル

　組織変革のマネジメントについて，研究，とくに実践に関して長い歴史があるものに組織開発がある。例えば，そのマネジメント施策の一つとして，アクション・リサーチ（action research）[7] は有名である。バーク（Burke, 1982）は，その提唱者はレヴィン（Lewin, 1946）[8] であり，代表的な研究にコッチとフレンチ（Coch and French, 1948）[9] があると指摘している。以下では，これに影響を受けているフレンチと幸田のモデルを紹介する。

(1)　フレンチのモデル[10]

　フレンチ（French, 1969）は，従来の議論を踏まえ，より具体的なモデルを提示している。そのモデルは，変革推進者という外部の援助者の協力，データ収集，アクション，フィードバックという要素に基づいて設計されており，14段階に分かれている。また，社会心理学の多くの実証的な研究を基礎にした演繹的なモデルでもある。

　具体的に，第1段階は「①主要幹部による問題点の認識」である。第2段階は「②行動科学者やコンサルタントによるコンサルテーション」である。第3段階は「③コンサルタントによるデータ収集と診断」である。この段階までに，組織は自らが抱える組織変革の課題を認識する。第4段階は「④再度のデータ収集」である。第5段階は「⑤主要な変革対象または変革対象グループへのフィードバック」である。第6段階は「⑥ジョイント・アクション・プランニング」である。この段階までに，組織変革の対象を特定し，行う施策を模索する。第7段階は「⑦データ収集」である。第8段階は「⑧変革対象グループへのフィードバック」である。第9段階は「⑨変革対象グループによるデータの討議と対応」である。第10段階は「⑩アクション・プランニング」である。この段階までに，データ収集とそのフィードバックを行い，組織変革の新しい行動や展望が生まれ，その目標と行う施策を決定する。ここまでの10の段階がレヴィンのモデルの「解凍」段階に相当する。

　次の第11段階は「⑪アクション」である。これは，実際に組織変革のために新しい行動を起こす段階である。この段階が，レヴィンのモデルの「移行」段階に相当する。

　次の第12段階は「⑫データ収集」である。第13段階は「⑬フィードバック」

である。最後の第14段階は「⑭新しく表れるデータ，およびフィードバックに関する討議と対応」である。これらの段階では，組織変革を推進した後，組織の状態を再度把握し，次の組織変革に備えることが重要になる。この3つの段階が，レヴィンのモデルの「再凍結」段階に相当する。彼は，この後に第10段階の「⑩アクション・プランニング」と第11段階の「⑪アクション」の段階を繰り返し継続することが重要であると指摘している。

　検討：フレンチのモデルは，レヴィンのモデルを実態に即して再設計したモデルである。とくに，実際の組織変革に着手する前に組織の実態を把握することが重要であること，および組織変革を次に継続させるために同一のサイクルを反復することを強調していることにこのモデルの特徴がある。変革プロセスの各段階の設計については，リピット他のモデルよりも細かい。しかし，逆に細かすぎることとデータ収集とその後のフィードバックが強調されすぎている。よって，現実的には，組織変革を実際に起こすことよりも組織の実態と反応を把握することに意を注ぎすぎる結果になりかねない。また，組織変革のための施策をどのように行うのかについて，充分には提示がなされていない。さらに，外部の変革推進者の存在が強調されすぎており，変革推進者は万能ではないことと，組織内部にも変革推進者は存在することについて充分に検討はなされていない。

(2)　**幸田のモデル**(11)

　組織開発に詳しい幸田（1972）は，一般的なモデルとして，4段階のモデルを提示している。

　具体的に，第1段階は「①問題の認識と意思決定」である。これを「①－1：問題の発生」，「①－2：問題の認知」，「①－3：トップの意思決定」，および「①－4：変革促進者の選択」の4つの下位段階に分けている。

　第2段階は「②実態の把握」である。これを「②－1：診断」，「②－2：フィード・バック」，および「②－3：変革意思の確認」の3つの下位段階に分けている。

　第3段階は「③目標の設計と計画化」である。これを「③－1：戦略目標の決定」，「③－2：戦術（とるべき手段）の選択」，および「③－3：プログラムの作成」の3つの下位段階に分けている。この段階までに，問題を認知し，変革意思を確認し，実践的な手段を決定する。ここまでの3つの段階がレヴィ

ンのモデルの「解凍」段階に相当する。

　最後の第4段階は「④実施と定着化」である。これを「④－1：実施の開始」,「④－2：波及・浸透」,および「④－3：安定・定着化」の3つの下位段階に分けている。この段階までに,変革に着手し,組織変革の定着化を図る。この段階がレヴィンのモデルの「移行」と「再凍結」段階に相当する。

　検討：幸田のモデルも,組織開発における一般的なモデルとして,レヴィンのモデルを実態に合わせてアレンジしたモデルである。フレンチのモデルと同様に,実際の組織変革に着手する前にいかに組織の実態を把握するのかということ,およびそのための目標やプログラムの決定を強調している点にこのモデルの特徴がある。変革プロセスの各段階の設計については,リピット他のモデルよりも細かい。しかし,フレンチのモデルと同様に,前の3つの段階が細分化されすぎて,現実的には,組織変革を実際に起こすことよりも組織の実態と反応を把握することに意を注ぎすぎる結果になりかねない。また,「移行」と「再凍結」段階について,具体的にどのような施策をどのように行うのかについて,フレンチと同様に充分には提示がなされていない。

3 企業文化の変革モデル

　人の意識・行動変革を対象としたモデルに企業文化の変革モデルがある。以下では,コッターとシャインのモデルを紹介する。

(1) コッターのモデル[12]

　コッター（Kotter, 1996）のモデルは,数多い実証研究の蓄積から提示された8段階に分けた企業文化の変革モデルである。

　具体的に,第1段階は「①危機意識を高める」である。これは,市場と競合相手の状況を吟味し,危機,あるいは絶好の成長機会を見つけて検討する段階である。

　第2段階は「②変革推進のための連帯チームを築く」である。これは,組織変革をリードするために充分なパワーを備えたグループを結成し,このグループを支持し,連帯するチームや人々を増やす活動を促す段階である。

　第3段階は「③ビジョンと戦略を生みだす」である。これは,組織変革を導くためのビジョンを掲げ,このビジョンを実現するための経営戦略を創り出す段階である。

　第4段階は「④変革のためのビジョンを広くコミュニケートする」である。これは，あらゆる手段を活用して継続的に新しいビジョンと経営戦略をコミュニケートし，連帯したチームのメンバーが，さらに他の従業員に期待される行動を自らがモデルになって示す段階である。ここまでの4つの段階が，レヴィンのモデルの「解凍」段階に相当する。

　第5段階は「⑤広範囲の人材をエンパワーする」である。これは，組織変革の行く手をはばむ抵抗の要因を取り除き，組織変革に抵抗する既存のシステムや組織構造を変革する段階である。同時に，リスク回避や以前には遂行されたことのないアイディアや行動を実施する段階でもある。

　第6段階は「⑥短期的成果を実現する」である。これは，業績上で眼に見える改善，すなわち短期的成果を生む計画を立て，実際に短期的成果を生みだす段階である。そして，これらの成果に貢献した人たちを明確に認知し，報酬を与える段階でもある。

　第7段階は「⑦成果を統合し，さらなる変革を推進する」である。これは，短期的成果を一つにまとめ，また組織変革のビジョンに合致せず，この変革になじまないシステム，組織構造，多様な制度に対して多くの人々が抱いている不安や不満をまとめ，逆に推進力として組織変革をさらに推進する段階である。よって，組織変革のビジョンを推進することに貢献した人材を採用し，昇進させ，新しいプロジェクトや変革テーマを開発し，変革推進者を通じて変革プロセスを強化する段階である。ここまでの3つの段階が，レヴィンのモデルの「移行」段階に相当する。

　最後の第8段階は「⑧新しい企業文化を定着させる」である。これは，新しい企業文化に基づく行動を定着させるためにすぐれたリーダーシップを発揮し，マネジメント機能を通じて業績向上を実現する段階である。また，新しい方法と組織変革の成功との関係を明確に示し，新しいリーダーや後継者の育成を促す手段を生みだす段階である。この段階が，レヴィンのモデルの「再凍結」段階に相当する。

　検討：コッターのモデルは，実践的な組織変革モデルである。とくにレヴィンのモデル「移行」段階について，第5段階から第7段階まで，細かく具体的に提示している。また，短期的に成果を出すことによって組織変革の定着と成功につながることを強調している。さらに，このモデルは，すぐれたマネジメント機能と同時にリーダーシップを発揮することの重要性を強調している。た

だし，組織変革の推進の中心として，リーダーの存在が強調されすぎている。これは，リピット他のモデルと同様に変革推進者に関して偏重しすぎるという問題を抱えている。

(2)　シャインのモデル[13]

　シャイン（Schein, 1999）のモデルは，数多いケース・スタディと豊富なコンサルテーション経験に基づいて提示されてはいるが，実践的というよりもやや理念的なモデルである。彼は，心理学や社会学のトピックスである主に学習という概念に基づいて，3段階に分けたモデルを提示している。

　具体的に，第1段階は「①解凍－変化の動機づけを行う」である。さらに，これを「①－1：現状否認」，「①－2：生き残りの不安あるいは罪悪感を作り出す」，および「①－3：学習することへの不安を克服するために心的安心感を作り出す」の3つの下位段階に分けている。これは，新しいことを学習する前にそれまでのことを棄却する必要があり，それには，何らかの脅威，危機感，不満のあることを示している。この段階が，レヴィンのモデルの「解凍」段階に相当する。

　第2段階は「②古い概念に取って代わる新しい概念と新たな意味を学習する」である。さらに，これを「②－1：役割モデルの模倣とモデルとの同一化」，および「②－2：解決法の探査と試行錯誤による学習」の2つの下位段階に分けている。これは，組織変革への必要性を受け入れる学習をしなければならないという心理的な不安を経験し始め，それを解消し，新しい安心感を作り出すための行動として，認知的再定義，模倣・同一化や探査・試行錯誤が行われることを示している。この段階が，レヴィンのモデルの「移行」段階に相当する。

　最後の第3段階は「③新しい概念と意味の内面化」である。さらに，これを「③－1：自己の概念およびアイデンティティへの取り込み」，および「③－2：継続している関係への取り込み」の2つの下位段階に分けている。これは，変革プロセスの最終段階として，組織は，新しい概念を内面化し，新しい行動をとっていくが，その行動が個人の仕事や組織の目標と調和していることが重要であることを示している。この段階が，レヴィンのモデルの「再凍結」段階に相当する。

　検討：シャインのモデルは，レヴィンのモデルに基づく，どちらかといえば

理念的なモデルである。とくに，変革プロセスのすべての段階において，学習という概念から要点が指摘され，さらに実践的な対応や処方箋へのヒントが提示されていることが特徴である。例えば，「解凍」段階で，変革への動機づけとしての心理的不安が学習という行動の負荷から説明されていること，「移行」段階で，具体的な学習行動（認知的再定義，同一化，模倣等）が提示されていること，である。また，このモデルは，変革推進の鍵として，変革チームや変革推進者の役割と具体的な作業の重要性を指摘している。ただし，説明力は高いのであるが，やや具体性に欠け，組織内の諸構成要素との関連が充分には明確になされておらず，また，マネジメント実践的にもやや不充分であると考えられる。

4 　マネジメント実践的モデル

　上述の理論色の強いモデルとはやや趣きを異にして，コンサルタント等が非常にマネジメント実践的なモデルを提示している。以下では，ウォルトンとベニスのモデルを紹介する。

(1)　ウォルトンのモデル(14)

　マネジメントの実践的なモデルとして，ウォルトン（Walton, 1995）が提示したモデルがある。このモデルは，彼女の経営コンサルタントの経験に基づいて提示された5段階に分けたモデルである。

　具体的に，第1段階は「①診断」である。これは，現状の組織の強みと弱み，そして組織構成員の中に埋もれたままの願望の有無を見極める段階である。この際の診断領域は，リーダーシップ，コーポレート・アイデンティティ，組織の基本構成（組織構造，組織の非公式要素，人材の選抜と開発）の3領域である。この診断によって，組織変革を現実問題として認識すること，および従業員にやる気を起こさせるような説得力のある組織変革の課題を提示することが可能になる。

　第2段階は「②ビジョンの明確化と連携の構築」である。これは，将来のビジョンを設計し，変革の推進役と同調者をつのり，組織変革と介入するための適切な計画をつくる段階である。ここでは，組織変革を推進するために推進チームの設立や介入施策を立案することが重要になる。また，組織と従業員の間で連携が構築される段階でもある。この段階について，ウォルトンは特定の

経営上層部が動くことが多いと指摘している。ここまでの2つの段階が，レヴィンのモデルの「解凍」段階に相当する。

　第3段階は「③行動」である。これは，組織全体が最も活発に動く段階である。ここでは，大規模な組織変革がスタートし，組織のアイデンティティと基本構成が従業員に伝えられる。そして，組織変革の動機づけをすることで組織変革に同調する従業員も増えてくる。その一方で，組織が，組織変革に対する抵抗の要因に直面することがピークに達する段階でもある。よって，組織変革の抵抗の要因となる過剰な負担，ストレスを除去することが重要な課題となる。具体的には，従業員が新しい計画に対して抱く不安と混乱を解消するエネルギーを保ちながら，迅速に多くの施策を実施することでそれらを除去することが鍵になる。この段階が，レヴィンのモデルの「移行」段階に相当する。

　第4段階は「④整理統合と仕上げ」である。これは，組織変革のまとめを行い，教訓を学びとることが必要な段階である。そして推進した組織変革に関して検証し，チェックをしなければならない。これによって，組織変革の抵抗の要因を除去することなど，いくつかの変革プロセス上の課題が判明する。ただし，この課題を解決するためには，このモデルではリーダーの役割が強調されており，その任務の一つは，人々の言葉に耳を傾け，判断をすることである。よって，リーダーは，組織が実施した組織変革の要求に応えているかどうかを見極める必要がある。つまり，組織変革を推進した後，その成果について検証することが重要なのである。もう一つ，リーダーの重要な任務は，組織変革の支持をつなぎとめるだけでなく，さらなる組織変革を行うための姿勢をとることが重要である。

　最後の第5段階は「⑤変革の維持」である。これは，当初の組織変革の目的を達成し，それを定着させるための最終段階としてこの他に必要なものがないかということを考慮する段階である。よって，具体的なデータを収集しそれに基づいて新しい組織の強みと弱みに関して検証することが必要になる。その際に重要な点は，組織変革の方向づけと変革プロセスがアイデンティティと経営戦略を中心に制度化されることである。また，新しい情報と学習を基に，さらなる組織変革を考慮することが必要になる。つまり，定着した状態で組織構成員に対して興味やチャレンジ精神をつなぎとめ，あるいはその精神を高揚させるような施策を実施することが必要になる。この2つの段階が，レヴィンのモデルの「再凍結」段階に相当する。

　検討：ウォルトンのモデルは，マネジメント実践の志向性の高いモデルである。組織変革のために組織の実態と課題を把握し，ビジョン創造を核にして組織変革を推進している点に特徴がある。また，組織変革のプロセス上で組織が直面する抵抗の要因を除去することと，組織変革を定着させるために迅速に多様な施策を実施することの重要性を強調している点にも特徴がある。ただし，現実的な施策を具体的にどう実施するのかということについて，詳細な提示はなされていない。

(2)　ベニス他のモデル(15)

　ベニス他（Bennis and Mische,1996）のモデルも，経営コンサルタントの経験の蓄積から提示された5段階に分けた実践的なモデルである。それぞれの段階について，さらに下位段階を設計し，それらを含め，全部で21段階からなるモデルである。

　具体的に，第1段階は「①ビジョンと目標の設計」である。これは，ビジョン策定とそのビジョンを実現するために，短期的目標と長期的目標を策定する段階である。これには「①-1：ビジョンと目標の創造」，「①-2：対象の決定」，「①-3：リエンジニアリングチームの結成」，「①-4：ビジョンの徹底」，「①-5：インフラの構築」の5つの下位段階がある。

　第2段階は「②指標と定義」である。これは，組織の内外から特定の実践に関する情報を集めたうえで，その情報を吟味し，価値ある行動を定義し，選定する段階である。これには「②-1：ビジネス実践の指標」，「②-2：最前の実践の選定，模倣，修正」，「②-3：情報技術の評価」，「②-4：対象の設計」の4つの下位段階がある。

　第3段階は「③プロセス・イノベーション」である。これは，このモデルの中核をなす段階である。この段階は，マネジメント実践から組織構造，情報技術にまで及ぶ体系的な組織変革の実現を志向する段階である。これには「③-1：プロセスの概念化」，「③-2：新プロセスの設計」，「③-3：新プロセスの原型の検証」，「③-4：新プロセスの原型の手直し」，「③-5：情報技術のリエンジニアリング」，「③-6：古いプロセスから新しいプロセスへの移行」の6つの下位段階がある。ここまでが，レヴィンのモデルの「解凍」段階に相当する。ただし，次の「移行」段階と重複する部分もある。例えば，「③-5」・「③-6」段階は，次段階に重複している部分もある。

　第4段階は「④組織の変革」である。これは，現状の組織を新しく創生しようとする段階である。これには「④－1：仕事のやり方の変革」，「④－2：組織構造の変革」，「④－3：リエンジニアリングされたプロセスの導入」の3つの下位段階がある。この段階が，レヴィンのモデルの「移行」段階に相当する。

　最後の第5段階は「⑤変革後の成果の検証」である。これは，既にリエンジニアリングされたプロセスとそれを支える組織構造を監視し，調整していく継続的な方法を構築していく段階である。これには「⑤－1：プロセスの改良」，「⑤－2：改善の成果の検証」，「⑤－3：学習内容の移転」の3つの下位段階がある。この段階が，レヴィンのモデルの「再凍結」段階に相当する。

　検討：ベニス他のモデルは，5つの段階をさらに細かく21の下位段階に分け，現実の手法と関連して具体的なマネジメント施策を提示している点に特徴がある。組織変革を円滑に推進させるために明確なビジョンを創造すること，仕事のやり方と組織構造の変革を徹底すること，および組織変革の継続性を考慮するために変革施策を実施した後の成果の検証を充実することを強調している。このモデルは，理論的な意味合いよりもマネジメント実践的な意味合いの強いモデルである。ただし，このモデルは，組織変革の操作要素を組織構造，情報技術，経営戦略，仕事のやり方等まで広範囲に考慮している。よって，逆に組織変革を意図して操作する範囲が広くなるために体系的に，あるいは総合的に実践しにくいことが予想できる。

第3節
プロセスモデルの課題

　以下では，前節の紹介内容から判明したマネジメント実践における課題について，提示する。これは，組織変革を円滑に進めるために，また，その成果を向上させるために鍵となる課題である。

1　実態把握と施策プログラム設計：いかにしてスタートするのか

　組織変革に着手する前に，組織の状態を把握し，それに対する有効な施策とそれを実施する際にガイドとなる施策プグラムを設計することが課題となる。これは，組織変革を推進するには，その準備がいかに重要であるかを示している。これについては，前節のリピット他，フレンチ，幸田，シャイン，ウォル

トンのモデルで指摘されている。要点は次のとおりである。

(1)　実態把握の施策

　組織の状態を把握するには，どのような方法で，どのような情報を，どこから，どのようにして収集するのかということである。例えば，企業は，アンケート調査やインタビュー調査，それ以外の方法による調査を，経営トップ，従業員，顧客，取引先，株主，第三者（コンサル，専門家等）を対象に実施することが多い。また，その際に何を測定すれば良いのか。企業評価，財務状況，顧客・他関係者評価，従業員評価等多様にあるが，どのデータを対象とすれば，組織の状態が明確になると考えるのかである。これが正確に把握できれば，施策プログラム設計の精度を向上させることが可能になる。

(2)　経営戦略との関連とビジョンの創造

　組織変革を円滑に推進するには，その核として何が重要なのかということである。前節のモデルからは，その一つに，企業全体の経営戦略に強く関連づけて，明確な組織変革のビジョンを創造することの重要性が判明している[16]。これは，組織変革のマネジメント施策を実施していく際に，行動や思考の核になる部分である。この点については，前節のコッター，ウォルトン，ベニス他のモデルでも指摘されている。

(3)　施策プログラム設計

　実際に施策を行う際にガイドとなるプログラム設計には，何が重要なのかということである。基本的には，誰を対象に，誰が，いつ，どこで，どの施策を，どのように行い，どのように追跡し，どのように成果を測り，どのように定着させるのか等について，明確にすることが重要である。これが充実しなければ，施策の有効性が向上しないことが判明している（松田，2011）。

　組織変革は，理論の応用が盛んであり，よって，マネジメント実践が重要である（Burke, 1987）。具体的には，施策をいかに行うのか，また，いかに変革を組織に定着させるのか，ということをプログラム設計に反映させることが課題になる。また，施策は多様にあるが，それらが組織の中のどこに，どのような効果を及ぼすのかについて考慮することも重要である。さらに，同一施策でも，組織の特性，実施時期，実施内容によっても異なることにも留意することが必

要である。

2 施策の実施：いかにして推進していくのか

これについて，前節で紹介したモデルからは，次のことが判明している。

(1) 細かな施策の設計と実施

組織変革を生起し，推進するための細かな施策を設計し，体系的に実施することである。これは，前節のフレンチ，コッター，ベニス他のモデルで指摘されている。実際の組織変革では，企業が実施する施策に関して具体的にどのような施策を，どのように実施するのかが重要な課題になる。

(2) 定着施策の実施と継続性

組織変革を推進した後，その定着をはかるための施策を実施することである。これは，前節のリピット他，幸田，シャイン，コッター，ウォルトンのモデルで指摘されている。実際の組織変革では，それをいかに定着させるのかが課題になる。また，組織変革の継続性をどのように考えるのか，つまり，その終了後，次の組織変革をどのように考えるのかが重要な課題になる。

(3) 成果検証の実施

組織変革の継続性を意図すれば変革施策を実施した後，その成果を検証することである。これは，前節のフレンチ，シャイン，ウォルトン，ベニス他のモデルで指摘されている。実際の組織変革では，それを継続的に行うためにその成果を検証することが重要な課題になる。

(4) 具体的な施策と組織変革
① 組織構造施策

組織構造施策については，組織変革を定着（推進）させるために，とくに組織改編施策を行うことが多い。これは，後述するが部・課を対象にした組織内の小単位について改編施策を行うことが多い。ナドラー他（Nadler, et al., 1995）は，組織の基本的な構造をやり直すことは変革行動の強力な手段になること，および多くの人々の行動に対して強い影響を与える手法であることを指摘している。これは，組織構造は眼に見える部分が多く，人々は有形な変化に敏感な

ことによる。つまり，人々の役割，関係，仕事を改正することによって従来から
らある相互作用や仕事遂行のパターンが変化することになり，既存の枠組みを
壊すことになるからである。

② 　人事施策

　人事施策については，組織変革を定着させるために，評価・処遇・自己啓発
に関する施策を行うことが多い。また，施策を新設するよりも改定・見直しを
することが多く，組織内の上位階層よりも下位階層を対象に行うことが多い。

③ 　その他の施策

　前節のモデルからは，例えば，ナドラー他は，組織変革を支援・定着する仕
組みの必要性とそれと一致させる報奨制度の制定が必要なことを指摘している。
また，コッターとヘスケット（Kotter and Heskett, 1992）は，行動を重視したリー
ダーの率先行動の重要性，階層の簡素化，組織の再編成の推進，および採用や
昇進の選考基準の変更を指摘している。

3 　抵抗の除去：いかにして除去するのか

　組織変革が進行していくと，そのプロセスの途上において抵抗が発生するこ
とは容易に予想することができる。ここで，抵抗とは，企業が組織変革を推進
するにしたがって，従業員が実施する施策に抵抗を示し，組織変革が円滑に進
まないという現象である。よって，その抵抗の要因そのもの，およびその発生
メカニズムについて明らかにし，さらに，それをうまく除去すれば円滑に進む
と考えることができる。

　また，あくまで理論的な議論ではあろうが，抵抗の要因とは別に，組織変革
の推進の要因はないのだろうか。従来の議論からは，抵抗の要因の指摘は多く
あるが，推進の要因についてはそれほど議論されてはいない。両要因について
の独立性あるいは相互関連性を含めて，その議論はまだ少ないのが現状である。

　以上，多様に議論はあるが，詳しくは，本書第7章を参照のこと。

表6-1　組織変革のプロセスモデルに関するサーベイリスト

研　　究	プロセスモデルの概略・特徴
Litwin and Stringer (1968)	・第1段階：どのような組織状態がもっとも適切であるか決定する，第2段階：現在の組織状態を評価する，第3段階：組織ギャップを分析し，理想的な組織に達するための計画を立案する，第4段階：その組織を改善するために，具体的手段をとる，第5段階：行動計画の効率を評価し，修正する。 ・組織風土（organizational climate）管理を軸にした応用的なモデルである。
Blake and Mouton (1969)	・第1段階：ラボラトリー・セミナー訓練，第2段階：チームづくり，第3段階：グループ間（部門間）関係改善，第4段階：組織改善の目標設定，第5段階：改善目標の達成，第6段階：変革の安定化 ・これらの段階を経て人間の相互作用や組織風土が9・9型になる組織を指向する理論的モデルである。
Weick（1969）	・環境変化により，変異（variation），淘汰（selection），保持（retention）のサイクルが循環する。 ・組織化のプロセスを説明するための基本的な進化論モデルである。イナクトメント（enactment）の概念を提示した。
Zaltman and Holbek (1973)	・第1段階：評価，第2段階：導入，第3段階：実行，第4段階：ルーティン化 ・とくに継続とフィードバックのサイクルを重視した理論的モデルである。
森田（1984）	・第1段階：現状の的確な把握（診断）と問題意識の醸成，第2段階：計画的組織づくりと計画の決定，第3段階：組織づくりの実践 ・各々の段階がさらに3つの下位段階からなる理論的モデルである。
野中（1985）	・環境の変化にはじまり，①変革の契機，②新たな価値の創造，③人材の導入還流・普及啓蒙運動・構造システムの改革・新市場製品の開拓，④変化の制度化 ・ATTのケース・スタディを基に情報プロセシングパラダイムを枠組みとする進化論モデルである。さらに，発展型として，①環境の変化，②変革の契機，③ビジョンの創造，④ビジョンの具体化（普及・啓蒙活動，新製品の開発・新市場の開拓，組織構造の変革），⑤変革の制度化を提示している。そして，変革の促進のためには，①既成の枠を破る，②職場の自律性を高める，③共通の目標を与え集団効果を高めるなどによって定着化をはかる，としている。
竹内他編（1986）	・フェーズⅠ：戦略的なゆさぶり，フェーズⅡ：戦略的突出，フェーズⅢ：変化の拡散・増幅・制度化，フェーズⅣ：戦略ビジョンの具体化 ・数社のケース・スタディから導出されたトップとミドルの相互作用による誘発型自己組織化理論に基づくモデルである。
加護野（1988a）	・第1ステップ：変化の土壌づくり，第2ステップ：突出と見本例の提示，第3ステップ：変化の増幅と制度化 ・2社のケース・スタディから導出されたパラダイム変革を基にした実践的モデルである。
河野（1988）	・(1)解凍：①現在の戦略や企業文化の診断，②危機感の認識，(2)移行：①文化変革の代替案の探索の実行，②部分的変革の伝播，(3)再凍結：①企業文化の変化の確認，②たえざる革新を行う，③自己変革を継続する組織と人事制度を設定する ・企業文化の変革を対象にした理論的モデルである。

小林（1988）	・(a)環境変化の認識からはじまり，(b)組織戦略の形成，(c)組織構造の変化，(d)組織文化の変革過程フェーズが相互に関連しながらサイクルをつくる ・重工業企業S社のケース・スタディより導出された帰納的モデルである。
古川（1990）	・フェイズ1：環境把握，フェイズ2：組織変革ニーズの高揚，フェイズ3：組織変革推進の決断とシナリオ策定，フェイズ4：組織変革の実践と定着 ・4つのフェイズの循環によって進んでいくという理論的モデル
坂下（2007） ※初出は1992年	・第1ステップ：トップによる戦略的ゆさぶりまたはカオスの演出，第2ステップ：ミドル・レベルによる戦略的突出，第3ステップ：ミドル・レベルによる変革の連鎖反応，第4ステップ：トップによる新パラダイムの確立 ・竹内他編（1986）と伊丹・加護野（1989）のモデルを参考に，パラダイム変革の視点から導出された理論的モデルである。
若林（1995）	・第1段階：環境変化の知覚と改革の決断，第2段階：新しい価値の創造，第3段階：シンボルの形成と組織コミュニケーション，第4段階：組織構造の変革，第5段階：組織成員の意識と行動の変化 ・4社のケース・スタディから導出された帰納的モデルである。とくに，企業文化形成プロセスに焦点を当てている。

◆　注
（1）　場の力（field force）については，レヴィン（Lewin, 1951）あるいは本書第3章第2節を参照のこと。
（2）　レヴィン（Lewin, 1951）は，解凍の方法として，①推進力を増強する，②制御力を削減する，③その両者を組み合わす，という3つの方法を提示している。
（3）　この3段階について，シャイン（Schein, 1980）は，さらに次のように説明している。
　①　解凍（unfreezing）段階
　　現状の水準を溶解し，変化へのモティベーションを創ることである。具体的には，次のとおりである。a）確認の欠如や崩壊が必要である。現在の行動や態度がある期間，実際に弱められ，強められないことが必要である。b）罪障不安の誘発が必要である。変化を動機づけるために充分な罪の意識または不安な気持ちの生じることが必要である。c）脅威を解消し，変化への抵抗の要因を除去することによって心理的安心を創造することが必要である。つまり，過去の失敗を認めることによって心の中に内在する脅威を減らす，あるいはその抵抗の要因を除去する等の方法を考慮することで心理的に安心感を作り出すことが必要である。
　②　移行（moving）段階
　　新しい水準に移動することであり，新しい情報と新しい見方に基づく新しい行動を発展させることである。具体的には，次のとおりである。a）モデルと同一視することが必要である。ロール・モデル，信頼をおける顧問や友人などの立場から物事をみる姿勢を学ぶことが重要である。b）対人環境の点検する，および精査をすることが必要である。具体的には，その人自身が抱えている問題と関連性のある情報を得るために環境を詳しく調査することである。

③　再凍結（refreezing）段階

　　新しい水準へ集団生活を凍結することであり，変化を定着させることである。具体的には，次のとおりである。ａ）個人のパーソナリティ，および態度の中に新しい反応を統合することが必要である。人は，新しい態度や行動が本当に自分自身の自己像に合っているかどうか，自分のパーソナリティと矛盾していないかどうか，またそれらを心地よく統合できるかどうかを試す機会を持つことが必要である。ｂ）進行しつつある重要な対人関係の中に新しい反応を統合することが必要である。よって，自分が重要だと考えている他の人たちがその新しい態度や行動を受け入れ，是認してくれるかどうかを試す機会を持つことが必要である。

（4）　リピット他（Lippitt, et al., 1958），pp.129－143.，邦訳，143－159頁。

（5）　リピット他（Lippitt, et al., 1958）は，変革推進者に関して次の3つを指摘している。第1に，変革推進者が深刻な問題の提示をして，変革のニーズを明らかにすることである。第2に，第三者が変革のニーズを感じ，変革推進者と変革対象を引き合わせることである。第3に，変革対象自身が自己のニーズに気づき，コンサルタントの援助を求めるように仕向けることである。

（6）　この段階は，組織全体へ変革行動を普及し，その行動を確立することが意図される。よって，制度化の段階とも呼ばれている。ホーンスタイン他（Hornstein, et al., 1971）は，この制度化について，次の2つを指摘している。第1に，変革に対する規範的な支持の必要なことである。これは，組織のメンバーが新しい規範に準拠している状態を示している。第2に，変革に対する構造的な支持の必要なことである。これは，新しい配属関係や責任関係を設計することを示している。

（7）　アクション・リサーチの起源と概要については，例えば，バーク（Burke, 1982），pp.44－48.，邦訳，64－69頁を参照のこと。

（8）　レヴィン（Lewin, 1946），pp.34－46. なお，この翻訳は，末永俊郎訳（1954），『社会的葛藤の解決』創元新社，269－290頁に所収してある。

（9）　コッチとフレンチ（Coch and French, 1948）の研究は，1940年代の後半にアメリカのバージニア州にあるハーウッド製造会社の縫製工場で実施された。この研究は，従業員の組織変革に対する抵抗の要因を除去するために参加型マネジメントによってその効果が向上することを結論として指摘している。また，この研究は，アクション・リサーチを説明するケースとして取りあげられることも多い。なお，この翻訳は，三隅他訳（1969），『グループ・ダイナミックス　第2版』誠信書房，383－407頁に所収してある。

（10）　フレンチ（French, 1969），pp.23－34.

（11）　幸田（1972），64－98頁。

（12）　コッター（Kotter, 1996），p.21.，邦訳，39頁。

（13）　シャイン（Schein, 1999），pp.115－139.，邦訳，117－142頁。

（14）　ナドラー他（Nadler, et al., 1995）所収，pp.82－96.，邦訳，102－121頁より作成。

（15）　ベニス他（Bennis and Mische, 1996），pp.60－125.，邦訳，77－146頁。

（16）　ビジョン創造の重要性については，多くの研究者が指摘している。例えば，コリンズとポラス（Collins, and Porras, 1994）やナヌス（Nanus, 1992）を参照のこと。

第 7 章

Resistance

組織変革の抵抗

本章のガイド

　本章では，組織変革における大きな課題である「抵抗（resistance）」[1]に関する議論について，紹介する。

　企業が組織変革を推進していく際に，多くの研究者や実務家が指摘していることに，必然的に直面する抵抗がある。抵抗とは，外力に対して張り合い逆らうこと（社会学），治療に対して感情的に逆らうことや抑圧・葛藤（心理学），運動方向と逆向きに受ける力（物理学）のように多様な学問領域において使用されている。これらに共通しているのは一方向に進む物体・行動を妨げている様相が生起・発現していることである。現実の組織のケースでいえば，新規事業を展開するために部署の新設・改廃・統合や人事規程等の変更を図る際に見受けられる，人々の「認めない」，「反抗する」，「無視する」，および「従わない」等の心理状態の生起やそれにともなう言・行動の発露・現である。

　本章では具体的に，抵抗の要因，メカニズム，および除去について，紹介する。また，その各々において，アカデミック的な議論の視点からマクロ・ミクロ組織論的な議論（二村編，2004）と社会心理学的な議論，およびマネジメント実践的な議論から整理した内容を提示する。

　なお，この抵抗については，組織変革においては「阻害（hindrance）」として扱われることも多い。しかし，本章（書）では，この2つの抵抗と阻害という用語については，通常の使用においてはほぼ同義で使用されていること，およびマネジメント実践においては，阻害よりも社会科学における組織現象としてのイメージを喚起させやすいという観点から抵抗を主に使用する。

　また，本章における抵抗の定義は，操作的な定義として，「企業の施策や活動の推進が，従業員の反対，拒否，無関心等の発言および行動によって阻害・反抗・手向かいされる組織現象，あるいはその力」（松田他，2014）であるとして議論を進めることにする。

　なお，本章の内容の詳細については，松田（2012・2013・2019a）を参照のこと。

第1節
抵抗の要因

　一般的に，組織変革が進行していくと，そのプロセスにおいて抵抗が生起，あるいは発生することは容易に予想できることである（松田，2011）。よって，その抵抗の主要因（何が抵抗するのか），およびその発生（生起）するメカニズム（なぜ，どのようにして発生するのか）を明らかにし，さらにそれをうまく除去すれば，それ以前より組織変革を円滑に推進させることができると予想されるのである。よって，これに関するマネジメント上の対応は，抵抗の要因を特定し，そのメカニズムを把握し，その除去方法を確立することになる。

1　従来の議論

　松田（2000・2011）の諸調査から判明している主な抵抗の要因は，以下のとおりである。
　① 組織変革やその定着に関する施策が未構築であること
　② 施策の実施プログラム設計が充分に考慮されていないこと
　③ 保守・消極的な態度や社内・職場の雰囲気（組織風土）があること
　④ 社内普及・認知が不足し，経営上層部や一部の人だけが動いていること
　⑤ リーダーが不在であること，あるいは彼・彼女のリーダーシップが不充分であること
　⑥ 別のもっと重要な要件が企業内で発生したこと
　以下では，既存研究等から判明した抵抗の要因について，紹介する。なお，マネジメント実践的には，①抵抗の要因と組織変革の失敗の要因にはどのような関連があるのか（論者によるが両者が混在している），②（あるとすれば）促進要因との関連に関しての検討が必要になる。

2　アカデミック的な議論

⑴　マクロ組織論的な議論

　組織内に諸制度を構築・修正することや組織構造を変動させることが，人の意識・行動パターンに影響を与えるという視点からすれば，それらが組織変革の抵抗を生起する要因としても考えることは可能である（松田，2011）。現実的には，諸制度や組織構造の変動に対して，逆機能的な現象という様相で露出し，

それが抵抗現象に相当するということである。従来の議論であるのは,これら
を総称して物理学メタファーの慣性（inertia）による説明である。しかし,こ
れらは,やや抽象的すぎ,具体性に欠ける面がある。同様な指摘を,学習,
（経営）資源,環境（適応）,および技術にも適用することができる。

例えば,加護野（1988b）は,抵抗の要因について,組織変革をパラダイム変
革の視点（新たなパラダイムを作り出す,あるいは変革するむずかしさ）から
捉え,それが生起される要因として,①企業の成功にともなう規模の拡大その
ものが旧来のパラダイムの有効性を失わせること（例えば,リーダーシップの
危機,自律性の危機,コントロールの危機,管理組織の形式化の危機）,②新
たな事業分野への進出にともなって既存の事業分野で培われたパラダイムの有
効性が失われてしまうこと,③事業環境の構造的変化によってこれまでのパラ
ダイムの有効性が失われてしまうこと,④強力なパラダイムの出現によってこ
れまでのパラダイムの有効性が失われることを提示している（190頁）。

これらは,どちらかといえば,上述が生起される際の前提条件ともいえる。
なお,この議論は,定義にもよるが,組織文化の変革議論にかなり近似したも
のがある。

これら以外にも,高橋（2010）は,協働行為の調整,意思決定情報の流れ,
客観的な認識の差異,田中（1994）は,経験的学習,コンフリクト,官僚制
（例：権限委譲や規則の厳守）,失敗ではなく成功であること,および権限委譲
による問題の解決が利害の分岐といった新たな問題を引き起こすこと,吉田
（1991）は,学習と慣性を提示している。

(2)　ミクロ組織論的な議論

後述する社会心理学と類似した議論が多いが,人の意識や行動を対象とした
具体的な要因の議論が見いだされる。

例えば,バーク（Burke, 1982）は抵抗の要因について,損失の可能性を提示
している。彼は,マリス（Marris, 1974）を基に,人が示す抵抗の程度は変革に
対する理解度の差異であり,また,人は変化そのものに抵抗を示すのではなく,
損失の可能性に抵抗を示すことを提示している。つまり,人はどのような変化
にでも抵抗するのではなく,変化を好意・意欲的に受容すると抵抗は少ないの
である。変化への人の抵抗の程度は,その変化の種類,およびそれがどの程度
人々に理解されているかによって異なる。また,人が抵抗を示すのは変化その

ものではなく，それによって受ける損失または損失の可能性にある。具体的には次のとおりである。①既知あるいは試行済みの損失：既知のものから未知のものへ，明確なものから不明確なものへ，および安定したパターンから不安定なパターンへ移行する際，それらへ対応するために人にはストレスが生じる。膨大な心理的エネルギーを使い，多くの努力を払ってその新しい状況を把握し，さらに新しい仕事や新しい生活様式が軌道にのるまでフラストレーションに耐え，これに対応していくことを要求されるので苦痛を感じることを提示している（pp.51-53，邦訳75-77頁）。しかし，人は変化に対応するために必要とされる努力をする価値が十分にあると予測・期待することが可能な場合には，喜んで変化に対応する。

　②個人的な選択の損失：人は単純に抵抗するわけではない。変化を強制されることに対して抵抗するのである。人は，自らがある程度，自由に行動できると信じている場合，その自由が脅かされたり，減少したりすると感じる場合には，心理的な抵抗を感じるのである。逆に，人はその変化を決定するに際して，自らにまかされていると感じることができる選択の余地があればあるほど変化への抵抗は少なくなる（pp.513-54，邦訳75-77頁）(2)。

　こられ以外にも，タッシュマンとオライリー（Tushman and O'Reilly, 1997）は失敗要因としての5要因，ナドラー（Nadler, 1998）は不安定・不確実性・ストレス・パワーと統制，宮入（2007）は信頼感・マネジメントスタイル・活性度・自己自立度に関する要因，十川（1998）はビジョン創造と共有化，松尾（1998）は政治権力闘争・信頼欠如・状況認識の差異・恐れを提示している。

(3)　社会心理学的な議論

　社会心理学では，心理療法の分野で，主に個人や被治療者が示す抵抗から議論されている。例えば，レヴィン（Lewin, 1947a）は，モティベーションの惹起と苦痛を提示している。これは，いかなる変革プロセスにも，イ）既に存在し，しかも個人のパーソナリティや個人間の社会的関係と既によく一体化している何らかの要素を破棄することが含まれている。よって，ロ）本人に変わろうというモティベーションがなければいかなる変化も起きず，それを惹起させることが最大の抵抗の要因になる。また，ハ）大半の人の変化には行動，意識，自我像の変化が含まれており，これらを変革させることは，本人にとって本質的な苦痛であり，脅威でもある，ということである。

　また，コッチとフレンチ（Coch and French, 1948）は，組織変革の抵抗を心理
的な抵抗行動（言動）と捉え，抵抗の要因について，①個人の欲求不満という
反応，および②所属集団が引き起こす強い力を仮定している。そして3つの集
団に分けた心理学実験からは，抵抗の要因＝生産性を下げる主な要因（力と表
現）として，①仕事のむずかしさ，②緊張回避から生じる力，③生産を一定の
水準に抑えようとする集団標準から生じる力，を提示している（pp.512-532,
邦訳383-407頁・400頁）。

　これら以外にも，東他編（1978）は自我の不安・抑圧・防衛，中島他編（1999）
の感情転移，小此木他編（2002）は自我防衛，小林司編（2004）は5つの（自
我・無意識）抵抗，氏原他編（2004）は10の抵抗，上野（2012）は説得への抵抗
とノーレスとリン（Knowles and Linn, 2004）に基づくリアクタンス・不信・吟
味・慣性，海保・楠見監修（2006）は自我防衛機能を提示している。

3　マネジメント実践的な議論

　調査や実践的な対応経験から，かなり具体的な要因の議論が多い。ただし，
それらについては，やや感覚・情緒的な議論も多く，人の言動に関連するもの
が多いことが特徴的である。

　例えば，コッター（Kotter, 1996）は，抵抗の要因（組織変革の失敗原因と言
動）について，①従業員の現状満足を容認すること，②変革推進のための連帯
を築くことを怠ること，③ビジョンの重要性を過少評価すること，④従業員に
ビジョンを周知徹底しないこと，⑤新しいビジョンに立ちはだかる障害の発生
を許してしまうこと，⑥短期的な成果をあげることを怠ること，⑦早急に勝利
を宣言すること，⑧変革を企業文化に定着させることを怠ること，を提示して
いる。また，組織変革の推進に重要なエンパワーメントを抵抗する下位（構
成）要因として，①公式の組織構造，②ボスの抵抗行動，③人事・情報システ
ム，④人材の能力不足を提示している（pp.4-16, 邦訳16-37頁）。

　また，コッター（Kotter, 2010）は，100を超えるケース分析からコッター
（Kotter, 1996）を進展させ，具体的な8つの要因として，①「変革は緊急課題で
ある」ことが全社に徹底されないこと，②変革推進チームのリーダーシップが
不十分であること，③ビジョンが見えないこと，④社内コミュニケーションが
絶対的に不足していること，⑤ビジョンの障害を放置すること，⑥計画的な短
期的成果の欠陥があること，⑦早すぎる勝利宣言をすること，⑧（再び）変革

推進チームのリーダーシップが不十分であることを提示している。（chap.2，邦訳第2章）。

これら以外にも，ボイエットとボイエット（Boyett and Boyett, 1998）は8つの理由と36の言動，センゲ他（Senge, et al., 1999）は平衡的な制限作用による10の課題，マーカム（Markham, 1999）は無意識プロセス下の7つの要因，コンノール（Connor, et al., 2003）は3つの障壁を提示している。

第2節
抵抗のメカニズム

1 従来の議論

松田（2000・2011）では，抵抗の生起する時期について，ザンドとソレンセン（Zand and Sorensen, 1975）を紹介している。

彼らは，レヴィンのモデルの解凍段階から移行段階へ移行する過程，あるいは移行段階を指摘している。よって，彼らは，組織変革の成否は解凍段階が非常に重要であり，ここで準備が充分にできていれば，組織変革は円滑に推進できると指摘している。

以下では，既存研究等から判明した抵抗のメカニズムについて提示する。なお，マネジメント実践的には，①抵抗がいつの段階でどのように発生，あるいは生起するのか，②抵抗をどのようにして認知するのか，③抵抗が発生する，あるいは生起する理由・原因は何か，に関しての検討が必要である。

2 アカデミック的な議論

(1) マクロ組織論的な議論

物理学メタファー（metaphor）による組織慣性力（inertia），および統合的コンティンジェンシー・モデルが議論されている。

例えば，加護野（1988b）は，抵抗のメカニズムについて，組織慣性力の議論から説明している。最初に，組織認識論において「組織変革を検討する際の議論は環境適応であった。つまり，客観的に存在する環境の変化に対応して，組織の内部の変化が起こるという議論であった。しかし，現実の変動過程を眺めてみると客観的な環境が厳然として存在するという議論が，必ずしも適切でな

いことが明らかになり始めた。組織変革の難しさや複雑さを理解するためには組織内部の人々が環境をいかに見ているかを知らなければならない。環境の見方が違えば，組織変革の必要性の認識やその方向性も異なる。また，組織内部での「ものの見方」の違いは，ときには組織変革を促し，またある時には組織変革を妨げる。組織変革は人々の認識と深く関わっているのである（まえがき，1－2頁）」，よって「安定と変化は組織の必須の側面である。両者の共存こそが組織的な協働の特徴である（93頁）」ことを提示している。

そして，パラダイムと組織動学等の議論から，組織の慣性として，「…環境あるいは条件が変化したにもかかわらず企業の行動が変わらず，不適応を起こすという現象である。これは，組織の慣性と呼ばれ，明らかに物理学のメタファーを使った説明（132頁）」である。「なぜ日常の理論の発展は，パラダイムという目に見えない枠組みにとらわれるのだろうか。なぜ組織における認識進歩はパラダイムに拘束されるのか。そのメカニズムを明らかにすることによってパラダイムの頑強性と組織の慣性の原因が理解できるはずである（135頁）」そして，抵抗（パラダイムの頑強性の源泉）として「パラダイムの持つ有用性そのものが，パラダイムの頑強性の源泉になる。3つの源泉があり，具体的には，①情報のフィルター，②共約不可能性，③パラダイムの発展性である」ことを提示している[3]。

また，慣性の源泉＝抵抗の説明＝既存パラダイムへの固執として，「なぜ人々は，パラダイムに固執するのだろうか。パラダイムは，人々をしばりつける拘束力をもっている。その拘束力は，パラダイムの機能に必然的にともなう宿命とも言うべきものである（192頁）」とし，具体的な変数として，「①意味の固定化，②内面化，③代替パラダイムの必要性，④共約不可能性，⑤集団圧力，⑥政治的プロセス（192－195頁）」[4]を提示している。

そして「パラダイム転換の困難さは企業によって違う。上述の議論に基づけば，①過去の成功体験が大きいほど，②成功期間が長いほど，③企業の同質性が高いほど，企業のパラダイム転換は難しいといえるであろう（195頁）」ことを提示している。

なお，加護野（1988b）は，組織慣性力に言及しているものとして，チャイルド（Child, 1977），マイルズとスノー（Miles and Snow, 1978），ヘドバーグ（Hedberg, 1981）を提示している（237頁）。

これら以外にも，奥村（1978）は統合的コンティンジェンシー・モデルの情

報レベルにおける不適合による説明，松田（2011）は組織構造の緊張処理・逆機能論，制度疲労，組織文化論の議論を提示している（第2・4・6章）。

⑵ ミクロ組織論的な議論

損失と強制が議論されている。

例えば，バーク（Burke, 1982）は，損失（の可能性）ともう一つ「強制への抵抗」という視点から以下を提示している。具体的には，「変革することの利点も大きく，変化の転換に必要とされる努力をする価値があると十分に期待がもてて，はじめて人々は喜んで変化に対応するようになるのである。②個人的な損失。人間はただ単純に，当然のこととして変化に抵抗するわけではない。これは，人間行動の普遍的事実ともいえることであるが，変化を強制されることに人間は抵抗するのである。ヴルーム（Vroom, 1964）の研究・調査と心理的リアクタンス（誘導抵抗・感応抵抗）に関する理論は，この人間現象を説明するのに役立つ。人間は自由を奪われるという危機感を感じるとき，これをとりもどそうという即時的な反応に出ると考えられる。…ヴルームの理論は，人間が自分たちに特定の方法で行動する自由があると信じている場合，その自由が脅かされたり，減少したりすると，心理的リアクタンス（つまり抵抗する）を経験するとしている。したがって，組織変革を導入して成功させる度合は，人々がその変革の決定を実施する際に，自分たちにまかされていると感じている選択の余地の度合と直接比例するものなのである。…人間が直接自分に影響する意思決定の場に多くインヴォルブすればするほど，それだけその決定の実施に対するコミットメントも高くなる（pp.54-55, 邦訳76-77頁）」ことを提示している。

これ以外にも，松尾（1998）は認知プロセスにおける帰属理論・組織スキーマ・組織内コンフリクト，マウラー（Maurer, 2006）は組織開発論の抵抗発生の3段階，キャメロンとクィーン（Cameron and Quinn, 2006）は組織文化変革上の抵抗，アルベッソンとスベニングッソン（Alvesson and Sveningsson, 2008）は5つの抵抗要因・理由による説明を提示している。

⑶ 社会心理学的な議論

変革力（change force）と抵抗力（resistance force）が議論されている。

例えば，リピット他（Lippitt, et al., 1958）は，抵抗のメカニズムについて，レ

ヴィンのグループ・ダイナミックスの知見を基に，変革力と抵抗力という議論
から，次のように説明している。ここでの要点は，変革力と抵抗力は，お互い
に反対の立場になる可能性を含んでいることである。

　具体的には，「組織変革が進んでいくにつれて，変革力の内容が少しずつ変
化していく。初期段階が完了すると，最終目標が達成されるまで作用しつづけ
る力が新たに加わる。このように中途で加わる変革力にはいくつかの種別があ
る。…a）個人や集団は一連の活動を開始することに，ある点までは抵抗を示
すが，一度この臨界点を越え，システムが変革の過程でなんらかの得るところ
があったりすると，ドラマチックな展開が起こる。かつては変革に反対してい
た力が支持にまわり，全エネルギーは変革過程を完了させ，最終的な利益を獲
得する方向に向けられる。b）クライエント・システムは変革過程をあまりに
も早急に進めることを許されてはならないということである（中途半端，理解
が不十分な状態はさける）。…チェンジ・エージェントは未熟な解決法の機先
を制し，クライエント・システムを長い期間にわたって，不確実さの排除，探
求，変革に耐えるよう援助するという責任を負っていかなければならない
（pp.74-76，邦訳81-84頁）」[5]ことを提示している。

　また，シャイン（Schein, 1980）は，抵抗のメカニズムについて，次のように
説明している。具体的には，「変化への必要性の認識不足と変化への根強い抵
抗から，変換または生産システムに必要な変化を起こさせることでの失敗が生
じる。企画担当者や最高経営層は，変化の必要性を伝え命令しさえすれば，望
んでいるとおりになると単純に考えやすい。だが，現実には変化への抵抗は普
遍的な組織的現象である。…その変化が強制されるとその影響を直接受ける労
働者や管理者は変化に抵抗したりサボタージュをしたりするであろう。変化へ
の抵抗が生まれる主要な理由は，いかなる組織の生産部門もそれ自体がシステ
ムであり，仕事の仕方，安定した対人関係，それ自身の対処と存続のための共
通の規範，価値観，技術を生み出しているという点にある。換言すれば，1つ
の組織の中の下位システムは全組織と同様な対処の原理に従って動いている。
その下位システムが変化するには，その下位システムが経営政策の変化を感じ
とり，その情報を自らの中に輸入し，自分の変化を管理し，それを定着させ，
経営者の望んでいる結果を輸出し，変化がうまくいっているかどうかのフィー
ドバックを得なければならない。…変化させる最良の方法の1つは，直接影響
を受けるシステムを意思決定過程に参加させることだという証拠がある。変化

をどう管理するかを決める過程への参加度が高いほど，抵抗が少なく，かつ変化は定着しやすい（Lewin, 1951；Coch and French, 1948；Bennis, Benne and Chin, 1969）（pp.236–238，邦訳260–263頁）」ことを提示している（同様な記述をLewinもしている。それは，古谷他訳（1969）『Tグループの理論－人間と組織の変革Ⅱ－』の第4・5・7章にその詳説がある）。

　これら以外にも，コッチとフレンチ（Coch and French, 1948）は推進・抑制力と欲求不満，ニューカム（Newcomb, 1950）は影響と均衡，ベネ他（Benne, et al., 1964）は学習による抵抗，古川（1990・2003）の集団・個人変動における抵抗発生，ハリゴパル（Harigopal, 2006）の不一致・不調和による説明を提示している。

3　マネジメント実践的な議論

　損失あるいは損害が議論されている。

　例えば，ナドラー他（Nadler, et al., 1995）は，抵抗のメカニズムについて，損失，あるいは損害という議論から次のように述べている。「変革にいつも抵抗したがるのは人間の本性であり，例外はない。強制された変革は，個人にとっては自分の自治性と自立性を損なうものと受け取られる。加えて，人々はつねに現状との戦いのパターンをつくりだす。変革とは，自分たちの環境を管理する新しい—おそらく成功の可能性も薄い—方法を見つけなければならないことなのである。したがって，変革による直接あるいはいまだ見えてはいない何らかの影響のために，自身が損害をこうむる（地位や権限，賃金の低下）と，多くの人々は受け取るのである。また，人々は自分の経験からも変革に抵抗する。自分たちが得た最上の情報と積み重ねてきた経験をもとにすると，望ましいとされる未来の方向は間違いであり，現状もしくは別の方向のほうが良いと信じるからである。あるいは，変革そのものや変革による思わぬ結果により，組織は何か貴重なものを失うのではないかと思う場合もある。イデオロギー的な理由から変革に抵抗する場合もある。変革が組織のよってたつ重要な原理または信念を侵害するのではないかと思うからである（pp.47–65，邦訳58–81頁）」ことを提示している。

　また，「変革期に注目すべき反応のパターン（抵抗の露出プロセス例）は，変革と論理性との戦い→責任の所在を探す→「井戸端会議」が増えて，生産性に支障をきたす→派閥が形成される→非公式のリーダーが出現する→政策決定者と見なされた者がテストされる→個人が新たな権力構造と目されるものに与

するようになる→絶対的な安全策として，人々は諸々の関係者に訴えるようになる（pp.47-65，邦訳58-81頁）」であることを提示している。

　ただし，当初，心理的抵抗というのは認識不足によるものであり，討議や学習，情報の提供の機会をつくることでかなり克服できるが，大多数の人々が納得してから後も執拗に抵抗を続ける者がいる（p.50，邦訳62頁）ことをも提示している。

　これら以外にも，コッター（Kotter, 2010）は利己主義・誤解と不信感・受容性の低さ，タフィンダー（Taffinder, 1998）は危機と固執，ヘイズ（Hayes, 2002）は4つの抵抗理由，コンノール他（Connor, et al., 2003）は労働条件の変更によって生じる優越性の低下による説明を提示している。

第3節
抵抗の除去

1　従来の議論

　松田（2000・2011）は，抵抗の除去について，戦略，参加，心理的安心の創造，および短期的な成果を紹介している。

① 戦　略

　抵抗の要因に対抗するために，人々に建設的な行動を起こさせる戦略が必要なこと，組織変革の立案と実施に参加させること，将来にわたって望ましい行為を奨励する報奨制度を組み込むこと，人々に現状から離脱するための時間と機会を与えること，である（Nadler, et., al, 1995）。

② 参　加

　従業員の参加的意思決定と参加的なコミュニケーションを図ることである。組織変革への参加が感動を誘い，変革に対する抵抗をやわらげる。そして，自分たちのものだという使命感を醸成させることによって人々を組織変革に仕向ける（Burke, 1982）。参加による行為が抵抗を減少させることは，リッカート（Likert, 1961）をはじめ，多くの研究者が指摘している。

③ 心理的安心の創造

　人の脅威を解消し，心理的安心を創造することである。つまり，過去の失敗を認めることによって心に内在する脅威を減らし，心理的に安心感を作り出す

ことである（Schein, 1980）。

④　短期的な成果

　短期的で，かつ眼に見える具体的な成果を提示することである。具体的には，短期的な業績向上，顧客の評価の向上，社内風土の改善等である（Kotter, 1996）。

　以下では，既存研究等から判明した抵抗の除去について諸議論を紹介する。なお，マネジメント実践的には，①具体的な方法（どのようにして取り除くのか），②除去の判断指標（どのような状況によって，あるいは根拠によって除去したと判断できるのか）に関しての検討が必要である。

2　アカデミック的な議論

(1)　マクロ組織論的な議論

　生態学の議論から適応，慣性が議論され，組織認識論の議論から行為の調整，意思決定への影響，意味形成による事実認識，および主観性を基にした議論がある。

　例えば，桑田・田尾（1998）は，個体群生態学（Population Ecology. cf. Hannan and Freeman, 1977・1989；高瀬，1991・1994）モデルにおける強い慣性の議論から抵抗の除去について次を提示している。彼らは，組織とその外部環境との関係において，組織均衡状況下では，多くの利害関係者は影響力を行使せず，均衡がくずれると，逆に均衡を構成していた要素が抵抗要因に変わり，組織と外部環境との整合性も抵抗要因に変わることを提示している（307-314頁）。そして，彼らは，組織には強い慣性が作用していることを前提に，変化できないということは，環境適応のために自身を変化させる組織能力が低いことを提示している。ここで慣性が強いということは組織内部，および外部環境から組織の変化に対して制約（内的制約：埋没コスト，利用情報の制約，政治的制約，歴史伝統の制約。外的制約：参入・退出に伴う法的・財務的制約，外部からの正当性要求の制約）が課されることを指している。これらの組織を組織群と捉え，その個体群の変化を自然淘汰モデル（natural selection model）によって説明しており，そこでは，①変異（variation）→②選択・淘汰（selection）→保持（retention）の３段階が提示されている。そして，その変化を促進するには，①変異段階におけるルース（loose）な結合，人の異動，エージェントによる学習，②選択・淘汰段階におけるニッチ（niche）を見出すこと，競争と政治的権力の存在，③保持段階における官僚制の低減，社会化とコミットメントの強化を提示してい

る（104-117頁）。

　これ以外にも，高橋（2010）は協働行為の調整・管理の遂行・2つの主観性・事実操作化による説明を提示している。

(2)　ミクロ組織論的な議論

　後述する社会心理学のアイディアを応用した参加と仕組みづくりに基づいた議論がある。

　例えば，ナドラー他（Nadler, et al., 1995）は，抵抗の除去について，「変革への抵抗に対処するうえで最も重要なことは，抵抗のタイプを明らかにして，これに適正な対処をすることである。当初，心理的抵抗というのは認識不足によるものであり，討議や学習，情報の提供の機会をつくることでかなり克服できる。しかし，大多数の人々が納得してからも，執拗に抵抗を続ける者もいる（p.50, 邦訳62頁）」ことを提示している。

　そして具体的に次のような4つの除去方法を提示している。

　①変革への動機づけをはかることである。そして，抵抗勢力に対抗するために，人々に建設的な行動を起こさせる戦略構築が必要である。人々は組織変革から連想される不安に直面している。よって，上級管理者は，そうした人々の不安を軽減させ，人々に建設的な行動をとらせるように動機づけをすることが重要になる。例えば，多くの人々が求めている情報を提供すること，当事者意識を築くこと，必要とされる行動をとった場合の報奨を明確にすること，人々が不安を抱くのは当然のことと認めてそれに対する措置をとることである。そして，最初にとるべき措置は，現状への不満を表に出させて明らかにすることであり，次には，変革への可能性を探る意欲をかきたてることである。

　②組織変革の立案と実施に参加させることである。この参加に関して多くの議論に共通していることは，変革への参加が感動を誘い，抵抗を和らげ，自分たちのものだという使命感を醸成させ，人々を変革に向ける要因になる，ということである（cf. Coch and French, 1948 ; Vroom, 1964 ; Kotter and Schlesinger, 1979）。また，参加させることによって，どのような変化がもたらされ，なぜ変化が必要かといったことも人々に伝わりやすくなるのである（p.51, 邦訳63頁）。

　③変革期から将来にわたって望ましい行為を奨励する報奨制度を組み込むことである。人は誰でも報奨を受けたいという行動をとろうとする。よって，変革期，および将来にわたって公式・非公式の報奨制度を明確にし，必要とされ

る行動と結びつけなければならない（p.62, 邦訳66頁）。

　④人々に現状から離脱するための時間と機会を与えることである。古いシステムやなじんでいるやり方に惜別の思いを抱かせる時間が必要である。失うものへの思いを処理するには時間がかかることを考慮に入れるべきである（p.64, 邦訳67頁）(6)。

　これ以外にも，バーク他（Burke, et. al., 2000）はリーダーシップと方向づけ（予見可能性，機会提供と所有意識，仕組み創り），今口（2006）は組織文化の変革推進，キャメロンとクィーン（Cameron and Quinn, 2006）は組織文化変革の抵抗除去，アルベッソンとスベニングッソン（Alvesson and Sveningsson, 2008）は参加・情報提供・新しい試みの奨励による説明を提示している。

(3)　社会心理学的な議論

　抵抗の克服・解消・治癒という議論から，集団と参加，（心理学における）臨床的な応用，および説得を基にした議論がある。

　例えば，コッチとフレンチ（Coch and French, 1948）は，抵抗の除去について，力と集団の議論から次のように提示している。具体的には，「変化に対する抵抗には，欲求不満に由来する個人的な反応と集団が引き起こす強い力とが一緒になって働いているという仮説に立てば，変化に対する抵抗を克服する最良の方法は集団を用いる方法であろうと考えられた。集団を３種類（①変更計画の立案に誰も参加しない，②代表者だけ参加する，③全員参加する）に分けて実験を行った（pp.520-532, 邦訳392-407頁）。上述の第①実験では，回復のペースは参加の量と正比例する（例：参加が増えれば，回復のペースは上がる）。同じく第②実験では，回復のペースは代表者の適性や人格的要因よりもむしろ実験操作によって生じる（例：同一人が，参加と不参加で異なる結果を生じた例が多かった）（pp.524-532, 邦訳397-407頁）。同じく第③実験が，回復のペースは一番早い。…生産を下げる方向に作用する力のうち，主なものは，①仕事のむずかしさから生じる力，②緊張回避から生じる力，③生産を一定の水準に抑えようとする集団標準から生じる力である（p.526, 邦訳400頁）。…仮説６：誘発された力の受容は，同方向に作用する固有の力をつくり出す。…仮説７：誘発され力の拒絶は，反対方向に作用する固有の力をつくり出す（pp.531-532, 邦訳403頁）。…結論は，仕事のやり方を変更したり，それにともなって作業単位を改める際に生じる集団的な抵抗を大幅に緩和したり，あるいは完全に除去した

りすることは経営者層にとっては可能である。そして，このような変更は，集団会合を開き，そこで経営層が変更の必要になった理由をよく説明し，集団に変更計画の立案をさせてみることで達成できる（pp.531，邦訳406頁）」ことを提示している。

　また，古川（2003）では，抵抗の除去について，心理的抵抗を緩和するための方策の議論から，「①一定期間の準備段階や助走段階を設けること（変革の必要性の理解と浸透，取組む主体性や自律性の醸成と確認，効果的方略の案出とメンタルリハーサル，気運盛り上げ），②下準備を周到にした上で，全員参加のミーティングを効率よく開催する，③議論や検討を前向きに行う（144-145頁）」ことを提示している。

　これら以外にも，古川（1990）は交代・規範・同調，小林編（2004）は抵抗の発見と抑圧の除去，上野（2012）は説得への抵抗軽減（リアクタンス喚起の抑制・軽減），岩井（1975）は集団決定・全員参画（アクション・リサーチの応用），マウラー（Maurer, 2006）は4つの対処法を提示している。

3　マネジメント実践的な議論

　上述の議論をふまえ，豊富なコンサルタント経験を基にした多様で実践的な議論がある。しかし，その内容が異なることはそれほど多くない。

　例えば，コッター（Kotter, 1996・2008）は，抵抗の除去方法（円滑な推進方法）について，次のように提示している。具体的には，「①従業員の現状満足を容認する，危機意識を生み出し，人材の危機意識を高める，危機状況が果たす役割を明確にする（どれだけの危機意識があれば十分なのか）（chap.3, 邦訳第3章），②組織変革の推進のための連帯を築いて（不毛の変革に取り組む，チームの活動に意を注ぐ）変革を導く連帯チームを生み出し，相互信頼と目標の共有で効果的なチームを築き，変革を実現する（chap.4, 邦訳第4章），③ビジョンの重要性を評価（ビジョンはなぜ不可欠なのか）し，将来の姿を明確に示し，経営戦略の実現可能性を訴える（chap.5, 邦訳第5章），④ビジョンを明確に記述（比喩，たとえ，実例の活用）し，各種のコミュニケーション形式を活用する（何度も繰り返しコミュニケートする，歩きながらビジョンを伝える，あるいは模範を示す，十分に耳を傾け，十分に説明する）（chap.6, 邦訳第6章），⑤新しいビジョンに立ちはだかる障害の発生を許さないように，従業員の自発を促し，構造的障害を取り除く，そのために必要な訓練を提供し，各種のシステムをビジョン

に統合し，問題のあるボスと対決する（chap.7，邦訳第7章），⑥短期的な成果を
あげることを怠らない（意図的に短期間に成果を出す，ただし，短期的成果は
見せかけの成果であってはならない）（chap.8，邦訳第8章），⑦早急に勝利を宣
言し，その成果を活かしてさらに組織変革を進め（反対勢力はつねに地盤回復
を狙っており，また，相互依存関係から生じる問題も生じる），密接に関連し
合ったやっかいなシステムの修正と無意味な相互依存性を排除することが長い
みちのりには必要である（chap.9，邦訳第9章），⑧組織変革を企業文化に定着さ
せることを怠らず，また企業文化の大きな影響力は新しい実践を旧来の文化に
接ぎ木する（旧来の文化を切り換える）機能がある（chap.10，邦訳第10章）」こ
とを提示し，そして「①つねに危機意識をもつ，②上層部のチームワークやビ
ジョンを生み，それを広く伝えられる人材，従業員全員をエンパワーする，③
短期的業績の達成とマネジメント機能の委譲，④不必要な相互依存性を排除す
る，⑤適応性の高い企業文化の醸成・定着が重要である（chap.11，邦訳第11章）」
ことを提示している[7]。

　これら以外にも，タッシュマンとオライリー（Tushman and O'Reilly, 1997）は
参画とコミットメント，ナドラー（Nadler, 1998）は変革期管理の12段階ステッ
プ，タフィンダー（Taffinder, 1998）は幅広い人々の巻込と抵抗の効果的な活用，
Hayes（2002）はマネジャーの6つの対処法（教育と説得，参画と巻込，援助
と促進，交渉と合意，操作と取込，直接的な強制と間接的な強制），バーク
（Burke, 2002）は参加による説明を提示している。

第4節
抵抗のマネジメント

　抵抗についてマネジメントすることが組織成果を向上させると考えられる。
　例えば，田中（1994）は，抵抗のマネジメントとして，組織変革の試みが変
化を意味するものであるならば，抵抗と呼ばれるものこそその貴重な源泉であ
ること，そしてどのようにして排除し，克服するかではなくて，それをどのよ
うにして推進力に変えるかが問題であることを指摘している。
　例えば，グループ・ダイナミックスをはじめ組織変革の従来の議論において
も，組織が組織変革の推進中に直面する抵抗の要因に関する研究はそれほど多
くはない（Coch and French, 1948；古川，1990）。そのマネジメントにおいても同

様である。

　また，松田（2011）における諸調査では，抵抗の要因が明らかになっており，レヴィンのモデルの解凍段階と移行段階でこれらをいかに除去するのかということについて考慮する必要がある。同様に保守的な社内風土もある。これは，組織変革を推進する組織のあり方，従業員の参加度を向上させること，そして彼・彼女らが参加しやすい仕組みや報奨を構築することで除去しやすくなる。

　これらから考えると，抵抗の要因を除去し，円滑に組織変革を推進するための変革プロセスは次のように考えられる。最初に，組織変革の核となる明確なビジョンを策定する。次に，施策プログラム設計とその施策を実施する段階（解凍）に，多様な形で従業員をできるだけ参加させる。そして，その組織変革を定着可能にする多様な施策を実施する（移行）。最後に，組織変革の成果を検証することを繰り返し行い，時間をある程度かけて組織の変化を客観的に把握できる時間と機会を設ける（再凍結）。その際に，その検証の結果をできるだけ多様な媒体を使用して従業員にフィードバックする。これらの変革プロセスを検討することによって，（すべてではないが）抵抗の要因が除去され，組織変革が円滑に推進され，次の組織変革のサイクルへつながるものと考えられる。

◆　注
（1）　抵抗に関する一般的な定義であるが，例えば，新村編（2018）『広辞苑第七版』1981頁によれば，「①外からの力に対し，張り合いさからうこと。反抗。手向かい。（心理学）精神分析用語。治療に対して患者が感情的に逆らう傾向。抑圧された葛藤により起こるとされる。（理学）ア）流体中を運動する物体が，その運動方向と反対の方向に流体から受ける力。イ）電気抵抗に同じ」である。本書では使用しないが，「阻害」については，同じく「①へだてさまたげること。じゃますること。②（化学）化学反応の進行を妨げること。殊（こと）に酵素の触媒作用を妨げること」である。なお，社会心理学では，心理的様相の変化という視点からreactanceを使用することも多い。また，抵抗の英語訳には，hindranceやinhibitionがある。これらは，化学用語で，一般に諸反応が他の要因によって妨げられることを示し，酵素反応では，それが諸種の無機塩類，有機物の存在によって妨げられることをいう（『岩波理化学辞典』，770頁）。これら以外にも，類似的な意味を包含するものとして，prevention（妨げる，防止する），check（成長を止める，鎮圧する，妨害する），impediment（妨害，障害），constraint（束縛する，抑制する，強制する）等がある。
（2）　また，バーク（Burke, 2002）は，組織変革の抵抗の種類について，①ともか

く抵抗（盲目的抵抗），②政治的抵抗，③イデオロギー的抵抗，という３つを提示している（pp.92-97）。

（３）　加護野（1988b）は，この３つについて，以下のように詳述している。「①情報のフィルター：市場は多様なしかも不確実な情報を発信している。…新たな状況において，矛盾した情報のなかから有意味な情報を選択する基準となるのは基本的なメタファーとしてのパラダイムである。パラダイムは情報のフィルターとしての機能をはたしているのである（136-142頁，および192-193頁）。②共約不可能性：（パラダイムの頑強性は）科学者の世界では，データと論理を基に，古いパラダイムが通用しなくなったということをその信奉者に説得することは難しい。…この性質をパラダイム間の共約不可能性（佐伯編,1985）という。これは，同一現象を首尾一貫して説明する複数の理論体系が存在しうること，異なった基本メタファーを信奉する人々の間では，何れがより妥当かに決着をつけるようなデータを生み出す実験が難しいことから生じる特性である（142頁）。そして，パラダイムは本来不確定な信念である日常の理論を正当化するという機能をもはたしている。しかし，その機能は，他面では，既存のパラダイムに対する盲目的な確信を作りだすことがある（143頁）。③パラダイムの発展性：パラダイムの有効性が失われるのは，それが日常の理論の発展を抵抗するからではない。…問題は，それによって得られた解決策の有効性が，代替パラダイムのもとで得られた解決策より劣ることである。…換言すると，パラダイムは問題解決の能力をもち続けるが故に，問題をもたらし，問題を大きくしてしまうのである。パラダイムの発展性そのものが，発展性に抵抗するのである（145頁）」。

（４）　加護野（1988b）は，この３つについて，(1)意味の固定化，(2)内面化，(3)代替パラダイムの必要性，(4)共約不可能性，(5)集団圧力，(6)政治的プロセスを提示している（192-195頁）。

（５）　リピット他（Lippitt, et al., 1958）は，次のように述べている。「…次に述べるのはいずれも，変革力，あるいは抵抗力を生じるメカニズムである。①期待と②脅威にさらされた場合の傷つきやすさである。某システム，あるいは下部組織が，他のシステムや下部組織に依存していればいるほど，その相手が健全でしかもこちらに好意をもっているかどうかを知りたいと思う。依存関係にある一方は，兆候があれば，脅威を感じるのである。…提案された変革がクライエント・システムのある下位部分を犠牲にすることによって，他の部分に利益を約束するようにみえるとき，抵抗が生じる（p.77, 訳84-85頁）」。また，抵抗力の説明として「抵抗力…種々のタイプの抵抗が，変革過程の当初に，その途中に，また当初と途中のどちらにも出現する。…変革力の場合と同様，抵抗力も組織変革が始まってしばらくしたのちに強さを増す。したがって，ある時期においては，変革力と抵抗力の葛藤は，解決の方向へまっすぐ進んでいないようにみえる。むしろ両方向の力が強まるにつれて，葛藤も強まるのである。しかしながら，結局は，「がんばりとおし」て抵抗の力を弱めるか，峠を乗り越えて変革力を強めること成功することによって突破される。…組織変革の初期に最も起こりやすい抵抗の形態は，すべて反対というものである。…抵抗の根拠となる最もありふれた考えは，現存の満足にしがみつくという考えである。これには，全体としてのクライエント・システムがいままでなれ親しんでき

た満足な形態を断念しようとしない場合だけでなく，既得の利害関係をもった下位
部分が，現状から利益を得ていることを知っており，いままで同じようにやってい
きたいと望んでいる場合も含まれる（pp.83−86，邦訳91−95頁）」。

（6）　ナドラー他（Nadler, et al., 1995）は，組織変革のプロセスのマネジメントと
して，さらに次の4つのステップを提示している。①将来についての明確なイメー
ジをつくり，それを伝えることである。②複数の，一貫性のあるテコ入れポイント
を利用することである（Porter, Lawer and Hackman, 1975）。これに対して，仕事
と組織構造だけを変革した場合，力強く永続的ではあるが，予想外の機能不全を招
く場合もしばしばある（Lawler and Rhode, 1976）。③変換期用の特別処置に関わ
ることである（Beckhard and Harris, 1977）。④変換の効果をチェックし，追加の
措置や行動を必要とする領域に関する情報を与えるためのフィードバック・システ
ムを考えることである（pp.54−59，邦訳67−73頁）。

　　また，ナドラー他（Nadler, et al., 1995）は，反対する権力グループの対応法に
ついて次のように提示している。①明白な方法の1つは参加させることである
（pp.59−60，邦訳74−75頁）。②リーダーの行動を利用して変革を支援するエネル
ギーを生み出すことである（pp.61−62，邦訳76−77頁）。③熱意をかきたてるよう
なシンボルや言葉を使うことである（p.62，邦訳78頁）。④最後に，安定性を組み
込むことである（p.63，邦訳79頁と81頁の図4.1参照）。

（7）　同じコッター（Kotter, 2008）は，抵抗の除去について，その要点を次のよう
に提示している。「変革や飛躍を成功させるには，相当数の社員が強い危機感をも
たなければならない。それができないことが最大の失敗要因である（preface vii,
邦訳8頁）。頭よりハートである（p.45，邦訳64頁）。心に訴え危機意識を高める効
果的な戦術は，大きく分けて4つある。第1は，内向きになった組織に外の世界の
現実をインパクトの強い形で示すことである。…第2には，危機感を行動で示すこ
とである。…第3は，危機を逆手にとって利用することである。…第4は，危機の
存在や変革の必要性を否定し執拗に抵抗する防害者に立ち向かい，すみやかに退場
させるか無力化することである（pp.58−61，邦訳77−79頁）。…ノーノーは筋金入
りの変革否定論者であり現状維持論者であって，辣腕の変革妨害屋なのである。そ
してこのタイプは，「このままではいけない」という声を封じ込めることができな
い場合でも，不安や怒りを煽り，無用の行動をそそのかして，組織の方向性を誤ら
せる術に長けている（chap.7，邦訳第7章）。…頑固な否定論者に遭遇したとき，
よくとられる対応策は2つある。だが残念ながら，どちらともほとんど効果がない。
その第1は，仲間に引き入れることである。…もうひとつは，仲間外れにすること
である（pp.148−159，邦訳176−189頁）。…変革否定論者がいたらどうすれば良い
のか。攻略法は3つある。第1は，こちらから邪魔者を邪魔してやり，何もできな
いようにすること。第2は，きっぱりと組織の外に追い払うこと。第3は，彼らの
行動を白日のもとにさらし，周囲の圧力でやめさせることである（p.159，邦訳189
頁）」。

　　また，コッター（Kotter, 2010）では，抵抗の除去について数多いケース分析か
ら，主にマネジャーや主導者がとる「6つの抵抗への対処法」として，①教育とコ
ミュニケーション，②参画と巻き込み，③援助と促進（潜在的抵抗を防ぐのに有

効），④交渉と合意，⑤操作と取り込み，⑥直接的な強制と間接的な強制を提示している（chap.3，邦訳第3章・126頁の図表3−1参照）。

第 8 章

Team

組織変革とチーム

本章のガイド

　本章では，組織変革とチームに関する議論について，紹介する。その前に，今日，チームという用語は，広く使用されており，従来の使用とは異なって，あるいは良い意味で拡大・応用して使用されている。例えば，スポーツでいえば，個人競技でありながら，陸上や水泳競技でも頻繁に使用されている（例：チーム○○，水泳の□□ジャパンチーム等）。これは，チームの持つ力が再評価され，単に従前の作業組織における欠勤や怠業の削減，人間性の回復，自律性（autonomy）の獲得議論から，さらに変化していることを示している。そこにあるのは，成果の向上，チームメンバーの個々人の能力発揮，他メンバーへの影響等である。

　最初に，チームの基礎項目として，定義と歴史を紹介する。次に，チーム・マネジメントの議論として森田（2008），および井川（2005）の研究を紹介する。次に，チーム・マネジメントとして今日，着目されているチーム医療（team medical care）について，その概観した内容を紹介する。具体的には，その定義，歴史，背景，およびチーム医療に関する研究を紹介する。最後に，チーム医療の実態について，山本（2014）に基づいて紹介する。なお，チーム，およびチーム医療については，巻末の参考文献を参照のこと。

第1節
チームの基本

1　定　義

　経営学において，例えば，マネジメント・チーム，クロスファンクショナル・チーム，プロジェクト・チームのようにある程度の人数の集団に対して役割を冠にして，使用されることが多い。また，チーム・ビルディング（チームづくり）のように組織開発のマネジメント手法の1つ，あるいは後述するチーム医療のように法的にも認識された制度として普及している。さらに，今日では，スポーツの場面で，個人競技にも拘わらず代表チーム（例：陸上，水泳等）や特定の個人のスタッフを含めた表現（例：個人名チーム）としても使用されることが一般化しつつある。

　なお，アカデミックにおいても経営学はもとより，社会学，心理学，教育学，政治学，工学，医学等でも多数のアカデミック的，および実践的な研究があり，関心は非常に高い。

　これは，チームというものが，単に人の集合体を表す名称から，多様な意味でその効用や有用さが新たに認識されることによって普及，拡大しているものと考えられる。

　チームの一般的な定義は，「共同で仕事をする一団の人」（『広辞苑第七版』），「ある目的のために協力して行動するグループ。組」（『大辞泉』），「共同作業を行なうための数人からなる集団」（『国語大辞典』），「共同で仕事をする人々の集まり。団」（『大辞林』）等である。

　複数の人の集まりであること，共同であることが鍵概念である。

　類義，あるいは混同されている用語に「集団（あるいは団体，組，班）」や「グループ」があるが，前者は人の集合体であるということへの理解・認識が強く，後者も同様に一般性が強く理解・認識されている（森田，2008）。

2　歴　史

　チーム，グループ，および集団についての研究は，とくに社会学や心理学において行われてきた。ここでの主な関心は，個人の行動とそれらの行動との差異，およびそれらから受ける個人への影響，そしてそれらが高成果をもたらす

ための実践的方法であった。

　経営学においては，1950年代の英国のタビストック人間関係研究所（Tavistock Institute of Human Relations）が今日のチーム（作業方式）研究の嚆矢である。また，1920年代後半から1930年代初頭にかけてのホーソン研究をそれと指摘する研究者もいるが，これは，主に集団の非公式性と規範に着目し，マネジメント上に人間関係の必然性を指摘し，強調したことで著名であるが，ここでは含めない。

(1)　社会－技術システム論

　1950年代の英国のタビストック人間関係研究所を中心に，展開されてきた理論である。ここの研究員は，レヴィン（Lewin）のグループ・ダイナミックス等や諸調査を通じて，社会－技術システム論（socio-technical systems theory）における自律的作業集団を提示している。

　その中で，トリストとバンフォース（Trist and Bamforth, 1951）は，英国の採炭産業における作業組織の調査を通じて，以下のような点を指摘している。

　具体的には，当時，採炭産業の不振は，新作業方式と作業組織の非適合にあり，新作業方式がうまく機能していないことを指摘している。そこで，彼らは，生産システムは，技術システムであると同時に社会システムであること，これに関する設計が現場の作業者に心理的な効力を及ぼすことを指摘している。

　その後，この研究所は，諸研究の結果，第1に，生産システム（作業集団・組織）は環境との相互作用を行うオープン・システムであること，第2に，生産システムは技術システムと社会システムからなる社会－技術システムであり，独立的であるが相互作用的であり，一義的な関係性はないこと，第3に，社会システムと技術システムとの最適結合（best match）が最大の組織成果をもたらすことを提示している[1]。

　ここでは，当時，とくに米国を中心に普及していた「1人1仕事（one man one job）の原則」よりむしろ「1チーム1タスク（one team one task）の原則」に則って，ある意味では集団責任体制で仕事遂行を図っていることが指摘されている。

　これら以外にも，チームの構成員である労働者個人の視点から，奥林（1991）は，第1に，メンバーのリーダーシップと没頭が安定状態を維持する基本的条件であること，第2に，事業が安定的状態を達成しうるのは，そのメンバーが

ある程度の自律性と選択可能な相互依存性を持つ場合のみであることを指摘している。

(2) 日本における作業チーム

　チームによる作業の実態を提示している研究者にドーア（Dore, 1973）がいる。彼は1960年代〜1970年代にかけて日本と英国の工場を調査し，その比較において，日本では作業組織の最小単位としてのチーム（班）が有効に機能していること，作業者と監督者の関係に差異があること，作業のやり方（規則や文書記録等の厳格さ）に差異があること，という特徴を指摘している。

　その後，詳細・明確に設計され，標準化された作業方式が米国等から輸入されたが，やや異なった展開を示すことになる。とくにQC（品質管理）サークルは，日常の作業改善を作業者個人というよりも班，チームといった単位での，自発，自律（立）的な作業改善活動に発展し，ひいては作業現場対象から，営業，開発，経理等といった全社的対象にまで昇華していったのである。

　その後，多くの研究者が，主に生産現場の作業組織を対象にして，チーム作業を意図することで，ゆるやかな作業の割り当てや作業領域における多能工の育成が図られ，それが，生産性の向上に寄与していることを指摘している。併せて，作業者の個々人もそれによるモティベーションの向上・維持，学習意欲の向上，自立・自律性の醸成・滋養につながっていることをも指摘している。

　その後，このチームを中心概念とする作業方式が，日本企業（とくに製造業）における世界的な生産優位性に重要な役割を果たしていることが指摘されるようになる。

第2節
チーム・マネジメントの議論

　上述したようにチーム・マネジメントに関する嚆矢は経営学である。以下では，チーム・マネジメントに有用な知見を提供している経営学のチーム作業に関する研究について，森田（2008），および井川（2005）を紹介する。

1 　森田（2008）の研究

(1) 　目的と方法

　森田（2008）は，製造業の作業組織を対象に，チーム作業方式の実態研究を行っている。この研究の目的は，1990年代を中心にチーム作業方式の発展過程を追跡し，そこから得られた知見と主に社会－技術システム論に依拠して，チーム作業方式の基本的特徴を把握し，それを用いてわが国の作業組織の実態を明らかにすることである。

　調査方法は，企業4社（すべて製造業）への聞き取り調査，およびその4社においてチーム作業に従事する作業者への質問票によるアンケート調査である。そして，これらの集計データに基づいた統計分析，およびその聞き取り調査に基づいた定性的分析を行っている。

(2) 　結　論

　この研究の結論は，以下のとおりである。

　第1に，諸調査の結果より，わが国の作業組織においては，チーム作業方式が普及しており，その特徴である1チーム1タスクの原則，縦の自律性，横の自律性，労働と組織のエンパワーメント，および多能工化（multi task）というチーム作業方式の特性が認められることを提示している。

　第2に，作業者にとってチーム作業方式によって多能工化が進むと，彼・彼女らは複数技能を獲得することで充実した仕事を経験し，それがさらに仕事へのコミットメントと自己能力の向上を高めることにつながり，結果的に「良い仕事創設のサイクル」[2]を循環させていることを提示している。

　第3に，作業者の広い自由裁量，多能工化，共通目的の認識，チームとしての一体感，ファシリテーターとしての監督者という点が，チーム作業判別の指標になることを提示している。

2 　井川（2005）の研究

(1) 　目的と方法

　井川（2005）は，病院のリハビリテーション・チームを対象に，専門職チームの変動統制メカニズムの研究を行っている。この研究の目的は，社会－技術システム論に依拠して，わが国のリハビリテーション医療の現場における専門

職のチーム作業の特徴や変動統制メカニズムを明らかにすることである。

　調査方法は，準構造化された質問項目によるインタビュー調査，および行動観察調査である。調査対象は，課業環境の異なる 2 つの病院である。そして，それらのデータに基づいて，比較ケース・スタディを実施している。

(2)　結　論

　この研究の結論は，以下のとおりである。

　第 1 に，環境変動の小さいリハビリテーション医療の現場においては，生産現場と同様なチーム作業の特徴が確認され，社会－技術システム論の適用可能性が確認されたことを提示している。具体的には急性期リハビリテーション医療の現場においては，短い入院期間に決められたリハビリテーションを行うため，環境変動が小さく，このような医療現場では，看護師が理学療法士の仕事であるリハビリテーション訓練を行うという行動レベルの多技能化により変動統制が行われていたことを提示している。

　第 2 に，環境変動の大きいリハビリテーション医療の現場である回復期リハビリテーション医療の現場においては，別の形で変動統制されていることを提示している。具体的には，長い入院期間にチーム目標を変化させながら，さまざまなリハビリテーション訓練を行うために，環境変動が大きく，チーム目標はチーム・カンファレンスによって議論され，決定されている。よって，このような医療現場では，個々の専門職が他の職種の仕事を行うという行動レベルの多技能化ではなく，他の専門職の視点でも仕事を捉えることができるという思考レベルにおける多技能化が要求され，それによって変動統制が行われていることを提示している。

　第 3 に，医療現場におけるチーム作業のタイプとして，スピード重視型と問題解決型という 2 類型に区分できることを提示している。具体的には，急性期リハビリテーション医療のような特徴のある現場でのチーム作業はスピード重視型，回復期リハビリテーション医療のような特徴のある現場でのチーム作業は問題解決型であることを提示している。

第3節
チーム医療の概観

　今日，チーム単位による活動，および活用を実践しているものに医療業界の
チーム医療がある。これは，昨今の変化の早い経済事情の下，従来にもまして
医療組織を取り巻く経営環境の変化は加速・多様化し，とくに病院においては
その組織的な対応が継続的に要請されていることから始まっている。このよう
な経営環境の変化に対して，病院は，従来から多様なマネジメント施策で対応
してきている。その中で，今日，着目されているのが「チーム医療」である。
これは，国の指導指針があるとは言うものの，医療現場においては，ますます
複雑・高度化し，さらに患者との個別的な対応が求められる現状に対して，従
来の医師を頂点としたやり方ではうまくできなくなりつつある，あるいはうま
くできない現状に対応することから始められている。それが発展し，昨今では，
チーム医療の意図的な活用やチーム医療構成メンバーの影響に基づいて，病院
の組織変革のマネジメントを実践している病院も数多くある。すなわち，医療
の質や安全性向上という今日的対応のためにだけではなく，病院で働いている
医師や職員の意識・行動変革までをも意図してチーム医療を病院組織全体のマ
ネジメントに活用しているということである（松田他，2014を参照）。

1 　定　義

　チーム医療という用語は，医療現場において，1970年代から使用されるよう
になっている[3]。今日では，1993年の「公衆衛生審議会意見書」[4] に明記さ
れたのを嚆矢として，2000年・『医師の職業倫理指針改定版（日本医師会編）』[5]，
2007年・『終末期医療の決定プロセスに関するガイドライン（厚生労働省編）』[6]，
および2008年・『安心と希望の医療確保ビジョン（厚生労働省編）』[7] などの公
文書に記載されている。また，2002年に開始された新医師臨床研修制度[8] で
は，研修医の行動目標である「医療人として必要な基本姿勢・態度」に関する
項目の1つとしてチーム医療が明示[9] されているが，その形態は多様であ
る[10]。

　本書でのチーム医療の定義は，「チーム医療とは，医療行為において，患者
のケアを医師単独で行うのではなく，医療関連諸職種（医師，看護師，保健師，
理学療法士，作業療法士，栄養士，薬剤師，医療ソーシャルワーカー，臨床心

理士，補助看護師，事務職員等）が各自の専門性を生かして，役割を分担して
当たること（伊藤他総編集，2009，1837頁）」である。

2　背　景

　病院がチーム医療を導入した背景には，その外部環境および内部環境の変化
がある（山本，2014）。

(1)　外部環境の変化
①　患者と権利意識の変化
　高齢患者は一般的に，慢性疾患に罹患していることが多く，しかも複数の疾
患を有している。したがって，複数の診療科が協働で診療を行う必要が多く
なってきている。また，施設・在宅療養を視野に入れて，患者の診療を行わな
ければならず，診療方針も病気の治癒だけを目指すものでは充分とはいえなく
なってきている。さらに，患者の権利意識の拡大によって，本人や家族が望む
医療を提供することが求められるようになっている。
②　医療技術の変化
　今日の医療は，臓器移植，遺伝子治療をはじめとして，ますます高度・複雑
化してきている。それにともなって，医療技術も専門・細分化され，各種の診
療科や各種の医療専門職が協働することが求められるようになっている。
③　医療政策の変化
　厚生労働省が2000年頃からチーム医療の導入・実施を義務づけたために，病
院は，院内感染防止対策チーム，医療安全対策チーム，褥瘡対策チーム等を設
置するようになっている。

(2)　内部環境の変化
①　医師への権限集中と組織形態の是正
　一般的に，医療サービスは，「医師の指示によって医療が始まるのが医療仕
事の秩序」といわれるように，医師の指示によってすべてが始まる。そのため，
仕事の内容の決定権限は，医師に集中している。また，病院の組織形態は，診
療・診療支援・看護・事務部門という職種ごとに編成され，硬直的になりやす
い。これらへの是正が求められている。

② 組織変革の必要性

　病院の職員・組織には，職種間の異動がむずかしいこと，院長のリーダーシップが発揮しにくいこと，個人や集団間でのコンフリクト（conflict）が生じやすいこと等の特徴がある。これらへの対応として，組織変革のマネジメントが求められている。

③ 歴　史

　以下では，1940年代以降を大きく4つに年代に区分し，チーム医療の歴史について，紹介する。

(1) 1940年代～1960年代

　この年代は，病院にチーム医療が導入される源流の時代，つまり，チーム医療の嚆矢の時代である。

　戦後，占領軍総司令部から批判を受け，その結果，1948年，近代的な病院を普及させるため，「医療法」が制定されている。そこには，病院は科学的に適正な医療を行う機関であり，患者の療養上の世話や検査等を行うことが明文化され，それによって医療の先進化が図られたのである。

　また，この当時，多くの医療専門職種に関する法律が制定され，次々と新しい資格の医療専門職種が誕生している。そのため，多くの職種が医療に携わるようになり，職種ごとの仕事の分担や連携が不可欠になったのである。したがって，これによってもチーム医療が促進されることになったのである。

(2) 1970年代～1980年代

　この年代は，チーム医療という用語が，患者中心主義という医療の新しい考え方を表現する意味を含んで使用されるようになっている。これは，患者の問題点を中心に考え，分析して，診療を計画し，実行するという考え方に基づくものであり，それまでの「医師・疾患中心主義」から「患者中心主義」へという新しい考え方を普及させる基になっている。

(3) 1990年代

　この年代は，チーム医療が医療機関で実践されるようになった年代である。この年代になると，看護系大学が全国に誕生している。1993年の『公衆衛生審

議会意見書』には，精神医療にチーム医療の形成が重要であると明記されている。そして，1997年には，精神保健福祉士が誕生し，医療と福祉と保健の連携が図られるようになっている。

その後，1999年には，手術患者を取り違える医療事故が発生し，リスクマネジメントへの取り組みが図られるようになっている。中でも，患者への安全性向上を図る方法として，一人の患者にチームで関わることによるミス防止，互いの不得手な診療領域やミスのカバーから，チーム医療が注目されるようになっている。これらを背景に，チーム医療におけるメンバーの対等性，連携の強化，および情報共有などが議論されるようになってきている。

(4) 2000年以降

2000年以降から今日まで，チーム医療は多様な医療機関のマネジメント施策として盛んに導入されている。具体的には，2000年に介護保険法が施行され，在宅医療や在宅介護なども普及する等，医療提供の方法も多様化している。そして，診療方針に患者やその家族の意見を尊重し，チーム構成員と協議して決定していくことが求められるようになってきたのである。

そして，これらを普及させる施策として，保険点数の加算という診療報酬で設置することが義務づけられるようになっている。具体的には，2000年の診療報酬改定において，「院内感染防止対策チーム」の設置がほぼ義務化され，未設置であれば診療報酬の減額措置が講じられるようになっている。次に，2002年の診療報酬改定では，医療安全対策チーム，および褥瘡対策チームの設置が義務化されるようになっている。

以上のような背景から，病院にはチーム医療の導入が進んでいる。なお，チーム医療は，1995年に質の高い医療を提供するための支援として始まった第三者機関による医療機能評価において，導入・実施が評価項目の1つとなっている。これもチーム医療が，マネジメント施策として着目される背景の1つとなっている。

なお，チーム医療に関する研究は非常に多いが，マネジメントの視点からのものとして，陳他 (1997)，冨田 (2008)，日本慢性期医療協会編 (2009)，および篠田 (2011) 等の研究を参照。

4　種　類

　多様な形態があるチーム医療であるが，以下では，山本（2014）に基づいてチーム医療の種類を紹介してみよう。

　チーム医療には，大別して，患者ごとに編成されるチームとタスクごとに編成されるチームがある[11]。例えば，高橋（1991）によると，患者ごとのチームとは，医師・看護師が，所属部門から離れて必要に応じてメンバーとなってチームを作り，診療業務を行う診療チームである。これは，診療プロセスに応じて必要な病院職員もメンバーになる。したがって，メンバーは固定化されておらず，臨機応変に変化することになる[12]。

　その一方で，タスクごとのチームとは，医療安全対策チーム，褥瘡（じょくそう）対策チームなどのように，それぞれのチームに課せられた明確なタスクを行うために作られたチームである。これらは，その目的が明確なために，メンバーは比較的固定化されており，委員会活動，カンファレンス，病棟回診等を活発に行っている。以下では，すべてではないが渉猟調査に基づいて，それらを整理し，種類として示したのが**表 8 − 1** である。これら以外にも，地域連携，災害対応，長期療養，亜急性期・回復期対応のチーム医療（篠田，2011）やチーム医療とは別に病院が独自にチーム医療・活動を行っているケースもある（松田・川上，2015；松田，2016a・b）。

第 4 節
チーム医療と組織変革

　本書では，チームは組織変革にとって有用なマネジメント施策である，と主張している。換言すれば，チームをうまく活用すれば，組織変革が円滑に推進でき，組織成果の向上も図れるのではないか，ということである。以下では，山本（2014）に基づいて，チーム医療によるメンバーの意識・行動変革，組織成果，および病院マネジメントへの影響について紹介する。

1　意識・行動変革

　渉猟調査においても，チームの影響として，自律性やマネジメント力の向上（Manz and Sims, 1993），自己革新（Katzenbach and Smith, 1993），課題把握・解決力

表8-1　チーム医療の種類

チーム医療の名称	チーム医療の概要
1．医療安全対策	安全管理の責任者等で構成される委員会が月1回程度開催され，同時に各種の医療安全管理体制を整備し，医療事故の院内報告制度の整備を行い，安全管理を目的としている。
2．褥瘡対策	褥瘡対策に関わる専任の医師と専任の看護職員から構成されるチームで，日常生活の自立度が低い入院患者に対して，褥瘡に関する危険因子の評価を実施し，その対策を行うことを目的としている。
3．感染防止対策	病院長，看護部長，薬剤部門の責任者，検査部門の責任者，事務部門の責任者，および感染症対策に関し相当の経験を有する医師等の職員から構成される（院内）感染防止対策委員会が，月1回程度，定期的に開催され，同時に他の院内感染防止対策に対応することを目的としている。
4．栄養管理	管理栄養士をはじめ，医師，薬剤師，看護師，その他の医療従事者が共同して栄養管理手順を作成し，院内の栄養管理全般に対応できる体制を整備し，実施することを目的としている。
5．緩和ケア	身体症状の緩和を担当する常勤医師，精神症状の緩和を担当する常勤医師，および緩和ケアの経験を有する常勤看護師から構成されるケアチームで，緩和ケアを行うことを目的としている。
6．リハビリ	医師，看護師，理学療法士，作業療法士，言語聴覚士，および社会福祉士等の多職種が共同してリハビリテーション総合実施計画を作成し，これに基づいて行ったリハビリテーションの効果，実施方法等について共同して評価を行うことを目的としている。
7．退院調整・支援	医師，看護師，および医療ソーシャルワーカー等がメンバーとなり，入院患者の退院後の保健医療サービス，あるいは福祉サービス等に関する計画，退院後の計画を策定することを目的としている。
8．呼吸ケア	医師，看護師，理学療法士，および臨床工学技士等がメンバーとなり，呼吸器疾患患者の治療やケア対応等を目的としている。
9．糖尿病	医師，看護師，管理栄養士，および薬剤師等がメンバーとなり，糖尿病患者の療養指導等を行うことを目的としている。
10．禁煙サポート	医師，薬剤師，看護師，および管理栄養士等がメンバーとなり，患者の禁煙（断煙）をサポートすること等を目的としている。
11．乳がんサポート	医師，看護師，薬剤師，および診療放射線技師等がメンバーとなり，乳がん患者の診療をサポートすることを目的としている。
12．救急医療	医師，看護師，臨床検査技師，および診療放射線技師等がメンバーとなり，救急患者の診療を行うこと等を目的としている。
13．精神科	医師，看護師，臨床心理士，および精神保健福祉士等がメンバーとなり，精神疾患患者への日常対応や診療を行うことを目的としている。

出所：社会保険研究所編（2008），畦地（2006），今井（2006），梅田他（2006），川村・寺地（2006），佐川・庄子（2006），菅野（2006），田中・山下（2006），堀・中野（2006），松尾他（2006），安仲・辻井（2006），および山名他（2006）に基づいて作成。

やモティベーションの向上（古川，2004），リーダーシップ・コミュニケーション・目標共有とフィードバック・協力・学習行動（青島他，2016）などが指摘されている。また，チーム医療による安全性意識・医療の質の向上や患者（家族含）との信頼関係の向上（水本他編，2011），専門性・協働志向の向上や他職員への影響（細田，2012）などが指摘されている。

　チーム医療のメンバーの意識・行動に，どの程度の変化が生じたのかを5点尺度で尋ねた結果が，**表8－2**である。平均値は，すべての項目において，3点を超えており，変化のあったことを多くの病院が認識している。

　上位項目の3つは，①「1．メンバーが診療の質の向上を意識するようになった（4.22）」，「3．メンバーが診療の安全性の向上を意識するようになった（4.22）」，③「9．メンバーが情報交換をスムーズに行えるようになった（4.18）」である。

　その一方で，下位項目の3つは，①「23．メンバーが職場ストレスを訴えることが減るようになった（3.20）」，②「24．メンバーのいる職場の雰囲気が明るくなるようになった（3.47）」，③「26．メンバーが自院を誇りに思うようになった（3.49）」である。

　これをみると，チーム医療のメンバーの意識・行動は，診療の質や安全性意識の向上，スムーズな情報報交換の行動に変化のあったことが分かる。

2　組織成果

　チーム医療は，保険点数の加算が認められるものもあり，収入増のために設置・導入する場合も多い（松田他，2014）。チーム医療の導入後，組織成果にどの程度の変化が生じたのかについて，5点尺度で尋ねた結果が，**表8－3**である。

　上位項目の3つは，①「7．多職種が参加する委員会の開催回数（4.27）」，②「9．院内研修・勉強会の開催回数（4.24）」，③「6．褥瘡新規発生患者の数（4.02）」である。

　その一方で，下位項目の3つは，①「3．経費（2.67）」，②「13．再来の患者数（3.12）」，③「16．職員の離職率（3.20）」である。

　これをみると，チーム医療の導入・実施後，経費の減少や再来の患者数の増加といった収益の向上に直接的に影響を与える組織成果よりも，多職種が参加する委員会や勉強会等，職場の仕事改善や学習行動が促進されており，そこに

表8-2 メンバーの意識・行動の変化（n=51）

項目＼平均値・標準偏差・回答数	平均値	5	4	3	2	1	未
1．メンバーが診療の質の向上を意識するようになった	4.22	15	25	5	0	0	6
2．メンバーが診療プロセスの改善を意識するようになった	4.16	13	26	6	0	0	6
3．メンバーが診療の安全性の向上を意識するようになった	4.22	14	27	4	0	0	6
4．メンバーが仕事の効率性の向上を意識するようになった	3.82	10	18	16	1	0	6
5．メンバーが収益の向上を意識するようになった	3.58	9	12	20	4	0	6
6．メンバーが患者の意向を理解することを意識するようになった	4.04	12	23	10	0	0	6
7．メンバーがお互いの役割を理解するようになった	4.13	11	29	5	0	0	6
8．メンバーがお互いの発言に耳を傾けるようになった	4.13	12	27	6	0	0	6
9．メンバーが情報交換をスムーズに行えるようになった	4.18	13	27	5	0	0	6
10．メンバーの人間関係が良好になるようになった	3.98	13	18	14	0	0	6
11．メンバーが問題に焦点をあてて議論するようになった	4.13	13	25	7	0	0	6
12．メンバーが診療方針の決定ややり方について発言するようになった	4	11	23	11	0	0	6
13．メンバーが自らの仕事目標を明確にするようになった	3.7	9	13	22	0	0	7
14．メンバーが自らの責任感を強く意識するようになった	4.09	12	25	8	0	0	6
15．メンバーが自己啓発に取り組むようになった	3.87	10	20	14	1	0	6
16．メンバーが自らの仕事に自信をもつようになった	3.82	8	20	16	0	0	7
17．メンバーが仕事に対する自己裁量の広がりを意識するようになった	3.69	9	15	19	2	0	6
18．メンバーが自己の役割にやりがいを感じるようになった	3.96	10	23	12	0	0	6
19．メンバーが自らの仕事の効率化を積極的に進めるようになった	3.76	10	14	21	0	0	6
20．メンバーが仕事への改善や修正提案等をするようになった	3.96	10	25	8	2	0	6
21．メンバーが研修会やセミナーに参加するようになった	4.02	13	21	10	1	0	6
22．メンバーがチームとしての一体感をもつようになった	4.07	11	24	8	0	0	8
23．メンバーが職場ストレスを訴えることが減るようになった	3.2	4	9	26	4	2	6
24．メンバーのいる職場の雰囲気が明るくなるようになった	3.47	5	14	24	1	1	6
25．メンバーが理事長や院長の方針を理解するようになった	3.51	6	13	25	0	1	6
26．メンバーが自院を誇りに思うようになった	3.49	5	14	25	0	1	6
27．メンバーが自院の業績に対して関心を高めるようになった	3.56	6	15	23	0	1	6
28．その他（具体的に：　　　　　　　　　　　）	3	0	0	1	0	0	6

注）「28．その他」の記入についてはない。なお，上記表の最右欄の「未」は未記入数を示す。また，これについては，本書の以下の章で共通である。

表 8 - 3　組織成果（n=51）

項　　目＼平均値・標準偏差・回答数	平均値	5	4	3	2	1	未記入
1．治療成績	3.81	6	26	15	0	0	4
2．診療収入	3.37	1	15	30	0	0	5
3．経費：R	2.67	1	5	20	18	2	5
4．医療事故の件数：R	3.61	3	26	18	2	0	2
5．院内感染発症患者の数：R	3.8	9	23	15	2	0	2
6．褥瘡新規発生患者の数：R	4.02	12	28	9	1	0	1
7．多職種が参加する委員会の開催回数	4.27	20	22	7	0	0	2
8．多職種が参加する症例検討会の開催回数	3.88	10	22	16	0	0	3
9．院内研修・勉強会の開催回数	4.24	19	23	7	0	0	2
10．複数の診療科が協力して診療した症例の数	3.4	4	12	27	2	0	6
11．新卒・中途採用などの人材確保力	3.23	1	9	38	0	0	3
12．他院からの紹介患者数	3.38	4	10	34	0	0	3
13．再来の患者数	3.12	2	5	40	1	1	2
14．患者からのクレーム件数：R	3.22	1	12	33	3	0	2
15．職員の仕事満足度	3.51	2	21	26	0	0	2
16．職員の離職率：R	3.2	0	11	37	1	0	2
17．職員からの仕事改善の提案の数	3.69	2	30	15	1	0	3
18．職員の院内の研修や勉強会への参加率	4.02	10	30	9	0	0	2
19．職員の院外の研修や学会への参加率	3.98	10	28	11	0	0	2
20．職員の院内行事への参加率	3.59	2	25	22	0	0	2
21．その他（具体的に　　　　　　　）	－	0	0	0	0	0	－

注）　項目は点数があがるほど正機能方向で尋ねている。ただし，「R」は反転項目である。「21．その他」の記入についてはない。

大きな変化が生じていることが分かる。結果的に，これが，収益の向上や医療ミスや患者からのクレーム減少に影響していると考えられる。

3　職場・員への影響

　上述の渉猟調査からもチームはもとより，チーム医療が職場や職員にいろいろな影響を与えることは予想できることである（Edmondson, 2012）。例えば，経常の仕事のやり方，意慾的な学習行動，固定的でないリーダーシップ，一体感，役割知覚（松田・川上，2015）などである。

　具体的にチーム医療が，職場や職員に与えている影響について，5点尺度で尋ねた結果が，**表 8 - 4**である。

　上位項目の 3 つは，①「2．診療の安全性の向上（4.22）」，②「19．職場内の情報共有の向上（4.15）」，③「20．職場内のチームワークの向上（4.11）」で

表8-4　職場・員への影響（n=51）

項　目＼平均値・標準偏差・回答数	平均値	5	4	3	2	1	未記入
1．診療結果の向上	4.02	15	19	11	0	1	5
2．診療の安全性の向上	4.22	17	22	7	0	0	5
3．仕事の効率性の向上	3.89	12	17	17	0	0	5
4．患者数の増加	3.13	3	6	33	2	2	5
5．診療報酬の増収等による収益の向上	3.09	3	8	28	4	3	5
6．医療機能評価で認定されること	3.30	10	15	9	3	9	5
7．他の医療機関等への評価の向上	3.43	8	14	17	4	3	5
8．貴院の知名度の向上	3.17	6	7	25	5	3	5
9．仕事のスピード化	3.33	3	14	24	5	0	5
10．患者の満足度の向上	3.89	9	23	14	0	0	5
11．職員の仕事満足度の向上	3.83	8	22	16	0	0	5
12．職員の潜在能力のさらなる活用	3.60	5	18	21	1	0	6
13．職員の専門性や技能の向上	4.07	10	29	7	0	0	5
14．職員のモティベーションの向上	3.91	7	28	11	0	0	5
15．職員の貴院への帰属心の向上	3.30	2	13	29	1	1	5
16．職員の離職率の低下	2.91	2	4	31	6	3	5
17．職場内の活性化の向上	3.78	7	24	13	2	0	5
18．職場内のコミュニケーション度の向上	3.98	10	25	11	0	0	5
19．職場内の情報共有の向上	4.15	14	25	7	0	0	5
20．職場内のチームワークの向上	4.11	14	23	9	0	0	5
21．職場内の一体感の向上	3.87	11	19	15	1	0	5
22．職場内の各部門間の連携の向上	4.04	9	30	7	0	0	5
23．貴院の理念の浸透の向上	3.54	4	20	20	1	1	5
24．その他（　　　　　　　　　　）	3.00	0	0	2	0	0	5

注）「24．その他」の記入についてはない。

ある。

　その一方で，下位項目の3つは，①「16．職員の離職率の低下（2.91）」，②「5．診療報酬の増収等による収益の向上（3.09）」，③「4．患者数の増加（3.13）」である。

　安全性はむろんであるが，情報共有やチームワークの向上に大きな影響のあることが分かる。

注
（1）　由藤（2007），152頁。
（2）　これについては，Ketchum, L.D. and E.L. Trist（1992），p.145を参照のこと。
（3）　細田（2012），1頁。
（4）　三村（1996），696頁。
（5）　日本医師会（2000），24頁。
（6）　厚生労働省編（2007），「終末期医療の決定プロセスに関するガイドライン」では，「医療・ケアチーム」と表記されている。http://www.mhlw.go.jp/shingi/2007/05/s0521-11.html
（7）　厚生労働省編（2008），「安心と希望の医療確保ビジョン」。http://www.mhlw.go.jp/shingi/2008/06/dl/s0618-8a.pdf
（8）　2000年12月の医師法，医療法の改正により，医学部卒業後の医師臨床研修制度が改正された。
（9）　石川（2004），3頁。
（10）　吉田（2001），272頁では，多職種チーム（multidisciplinary team）と合同チーム（interdisciplinary team）の2つの形態があり，欧米では主に合同チームが文献等では定義されていることを指摘している。また，わが国では，大学病院等では多職種チーム，ホスピス・緩和ケア病棟等では合同チームが主に導入・活用されていることを指摘している。
（11）　これらの類型の他に，若林（2004）は，チーム医療についてリハビリテーション・チームを例として，協働・連携の程度から，①medical model（古典的医療型モデル），②multidisciplinary team model（多職種参加型），③interdisciplinary team model（多職種連携型），④transdisciplinary team model（超職種型）の4種類に分類している。また，近藤（2002）は，分業と協業の程度によって，連絡モデル，調整モデル，連携・協働モデル，統合モデルに分類している。また，篠田（2011）は，病院や施設などに所属する専門職によって構成されたワークチームを多職種チームと呼称し，そのチームの課題の緊急性と課題の範囲からチーム医療の類型化を試みている。
（12）　高橋（1991），125頁。

第Ⅱ部
組織変革のマネジメント

――

現状編（実態と深層）

本書の諸調査の概要

　本書では，第1章で述べた4つの問題関心・課題に基づいて，組織変革におけるプロセス（日本企業のCI活動に照射），意識・行動変革，抵抗，チーム（チーム医療に照射）を調査対象にして行った10の調査の内容について，第9章～第12章で紹介している。

　また，上述の問題関心・課題について，本書での研究方法は，定量的方法と定性的方法を併用する，いわゆる方法論的複眼の実践を目指している。つまり，定量的なデータと定性的なデータの両者に基づいて，組織変革という組織現象にアプローチし，豊富に説明・議論することを志向している。そして，以下の10の調査は，データ取得に適した方法を採用している。なお，この志向と同様な採用をしている従来の研究としては，コッター（Kotter, et al., 1992）他があるが，それほど多くはない。

　以下の表A～Dには，以下の第9章以降で紹介する10の調査の概要について提示している。なお，表A～Dにおいては，調査を行った年時の古いものから新しくなる順に「調査1」～「調査10」としている。

表A　本書の諸調査の概要1：プロセス（第9章）

調査概要　　　　項目	組織変革のプロセス：CI活動の実態と深層	
	調査1	調査2
1．調査目的	CI活動とそのプロセスの実態について明らかにする	調査1の内容を補完し，その深層を明らかにする
2．調査対象	CI活動を行った日本企業624社	左に同じ
3．調査日時	1996年8月4日～同年8月31日	1996年11月1日～1997年9月30日。一部，先行して実施
4．調査方法	質問・回答票を郵送し，返送していただくアンケート調査	指定された日時・場所に伺い，直接面談することによるインタビュー調査
5．有効回答数・協力者	有効回答数：80社（有効回答率：12.8%）	協力者：28社（調査1に回答いただき，協力の得られた企業）
6．公表	松田（2000）	松田（2000）

表B　本書の諸調査の概要2：意識・行動変革（第10章）

調査概要＼項目	意識・行動変革の実態と深層	
	調査3	調査4
1．調査目的	組織変革における従業員の意識・行動変革の実態について明らかにする	調査3の内容を補完し，その深層を明らかにする
2．調査対象	会社年鑑（2006）から無作為抽出した1,500社	左に同じ
3．調査日時	2007年7月6日〜同年8月6日	2007年8月22日〜同年10月23日
4．調査方法	質問・回答票を郵送し，返送していただくアンケート調査	指定された日時・場所に伺い，直接面談することによるインタビュー調査
5．有効回答数・協力者	有効回答数：86社（有効回答率5.7%）	協力者：9社（調査3に回答いただき，協力の得られた企業）
6．公表	松田（2008a）	松田（2008c）

表C　本書の諸調査の概要3：抵抗（第11章）

調査概要＼項目	抵抗の実態と深層	
	調査5	調査6
1．調査目的	組織変革における抵抗の実態を明らかにする	調査5の内容を補完し，その深層を明らかにする
2．調査対象	会社年鑑（2012）から無作為抽出した1,000社	左に同じ
3．調査日時	2013年7月10日〜同年8月5日	2012年6月26日〜2013年9月30日。一部先行して実施
4．調査方法	質問・回答票を郵送し，返送していただくアンケート調査	指定された日時・場所に伺い，直接面談することによるインタビュー調査
5．有効回答数・協力者	有効回答数：51社（有効回答率：5.1%）	協力者：14社（調査5に回答いただき，協力の得られた企業）
6．公表	松田（2014ç）	松田（2014a・b，2015）

表D　本書の諸調査の概要４：チーム医療（第12章）

調査概要＼項目	チーム医療の実態と深層		高成果（HP）チーム医療の実態と深層	
	調査7	調査8	調査9	調査10
１．調査目的	チーム医療の実態を明らかにする	調査7の内容を補完し，その深層を明らかにする	高成果（HP）チーム医療の実態を明らかにする	調査9の内容を補完し，その深層を明らかにする
２．調査対象	医事日報編（2013）掲載の主に西日本にある病院から無作為抽出した2,028病院※	左に同じ	医事日報編（2013）掲載の主に西日本にある病院から無作為抽出した1,495病院・診療所	左に同じ
３．調査日時	2014年８月８日〜同年９月１日	2014年８月21日〜同年11月25日	2018年８月31日〜同年10月１日	2018年10月26日〜同年１月11日
４．調査方法	質問・回答票を郵送し，返送していただくアンケート調査	指定された日時・場所によって，直接面談することによるインタビュー調査	質問・回答票を郵送し，返送していただくアンケート調査	指定された日時・場所によって，直接面談することによるインタビュー調査
５．有効回答数・協力者	有効回答数：81病院（有効回答率：4.0％）	協力者：18病院（調査7に回答いただき，協力の得られた病院）	有効回答数：39病院・診療所（有効回答率2.7％）	協力者：7病院・診療所（調査9に回答いただき，協力の得られた病院・診療所）
６．公表	松田・川上（2015）	松田（2016a・b）	松田・川上（2019）	松田（2019b）

※同様な調査を中・東日本に所在する2,000の病院を対象に行っているが，ここでは取り上げていない。詳しくは，松田・川上（2017）を参照。

第 9 章

Process

組織変革のプロセス：調査1・2

本章のガイド

　本章では，組織変革のプロセスの実態と深層について，紹介する。具体的には，1980年代〜1990年代にかけて導入の多かった日本企業のCI（Corporate Identity）活動[1]を調査対象とした諸調査の結果に基づいて紹介する。

　最初に，日本企業のCI活動の定義と歴史について，紹介する。次に，企業がCI活動に関連して行う施策について，紹介する。ここではCI活動で実施される施策が，VI（visual identity：視覚系），MI（mind identity：理念系），BI（behavior identity：行動系）というCIの下位概念を中心に既存の施策と併せて歴史的に拡大していることを紹介する。次に，組織変革のプロセスについて，日本企業のCI活動を対象として行ったアンケート調査（「**調査1**」と略称する。質問項目と詳細は，松田，2000を参照。以下本書において同一表現を意味する）の結果（実態）について，紹介する。最後に，調査1の分析結果を踏まえて行ったインタビュー調査（「**調査2**」と略称する。松田，2000を参照）の結果（深層）を基に行った金融業A社のケース・スタディについて，紹介する。なお，本書巻末の参考文献には，日本企業のCI活動に関して本章で紹介した以外の文献，資料等を掲載している。

第1節
日本企業のCI活動

1 定　義

　CI活動の定義は多様にあり，年代によって，その解釈や理解に変化がある。ただし，学究的に捉えたものはそれほど多くはない。その定義について，公表されているものを年代順に紹介してみよう（詳しくは，松田，2000を参照）。

　1970年代に主流であった定義は，「経営目的に合致した理想的なイメージ目標を掲げ，それを現実化するための経営努力を伴う永続的な情報開発行為で，経営環境を良くするためのコミュニケーション回路を創りだすテクノロジー体系」[2] である。企業のイメージ戦略との関連が強く，企業が実施する施策は，デザイン開発に関する施策が中心であるが，その種類・数は多くない。

　1980年代の初めに，その定義は，「CIとは，企業の理念や行動を経営戦略レベルから洗い直し，状況に適応する哲学や理念の再構築を行い，それに基づいて社外に向かって市場戦略，社内に向かって体質改善の問題まで総合的に新しい創業を行っていこうとする施策」[3] である。CI活動がマネジメント施策として企業に認識され，経営戦略や経営理念と関連づけられることによってより効果的であることが明確になってきている。企業がCI活動で実施する施策は，デザインとマークの統一や変更を中心としたVI系に関連する施策がまだ多い。

　1980年代の半ばになると，経営理念の再構築などに基づいて組織変革を意図することについて，さらに具体性を帯びてくる。そのときに主流であった定義は，「CIは，一般的に企業理念や企業文化を明確にし，それをロゴマークなどによりコミュニケートすることである。CIのひとつの目的は，（中略）企業の自己革新」[4] である。つまり，CI活動は，従業員の意識・行動という企業文化的な要素を対象にした組織変革活動であることが意図されるようになる。企業が実施する施策も，経営理念の再構築などのMI系の施策や組織構成員の行動指針の策定などのBI系の施策まで広範囲にわたっている。

　1980年代の後半から1990年代の初めにかけて，その定義は，「CI活動とは，目に見えるものを作り出しながら，意識と行動変革や組織変革を進めていく手法。（中略）また，企業の今ある姿を見つめ直し，環境や時代の変化に合わせて将来のビジョンを構築しようとする創造活動」[5] に変化している。ここでは，

CI活動を企業の組織構造と従業員の意識・行動を変革させるために実施することが明確になっている。企業が実施する施策は，VI・MI・BI系の施策とそれ以外の既存の施策も含め，多様化している。

　以上，CI活動に関する定義の変遷を紹介してきた。本書では，これらを踏まえて，CI活動の定義としては，境（1990）の定義に基づいて議論を進める。それは，「現代のCI活動とは，（中略）自己革新能力の育成と企業コミュニケーションの統合による企業文化の革新と確立，企業のトータルな社会化による社会的価値の明確化と企業イメージの革新をとおして企業変革課題に応えようとするもの」[6]である。この定義は，現状のCI活動が1970年代のデザイン開発によるイメージ戦略から出発し，経営理念や企業文化の変革から企業コミュニケーション戦略の開発，さらに将来の企業ビジョンや経営戦略の再構築まで企業の組織変革とかなり密接に関連していることを含意している。

2　歴　史

　米国企業におけるCI活動[7]は，欧州や米国にそのルーツがある。その定義は，経営戦略のためにデザイン統合することであり，その目的は企業の特性を確立，あるいは強化することである，という立場が一般的である（日経広告研究所編，1986）。また，日本企業は，主に米国企業から導入したと指摘されている（松田，2000）。

⑴　導入の背景

　日本企業がCI活動を導入した背景には，価値観の多様化，経済の低成長化，および市場の成熟化という社会・経済的要因の変化がある。また，企業の組織文化（＝企業文化）論などを背景としながら，企業成長や企業の社会的存在あるいは存続意義が，消費者・従業員・社会（関係者）という三者の枠組みの中で，改めて問い直されたということがある。

　企業成長については，1980年代半ば〜1990年代前半，企業の子会社設立や分社化が増加傾向にあり，そこでは，企業への帰属意識や組織への一体感を低下させたことがある。その失われた一体感等を再生するためにCI活動が導入され，企業の体質改善運動として行われるようになっている（奥林・吉田編，1991）。

　これらの状況の下，企業は自らが主体的かつ意図的に固有の社会的役割を発見・創造し，その社会的認知を通して，経営資源と企業活動の機会の確保とい

う自らの存在基盤そのものを創出していくことが要請されるようになる。そして，同時にすべての従業員による価値観の共有という内的統合力と，経営環境変化の中で維持可能で，かつ柔軟な自己革新の継続という外的適応力との両立ということが組織のマネジメント課題となっていくのである。

　CI活動は，それらの課題の具体的な様相を明らかにすることで，企業にその自覚と対峙を促しているのである。そして，企業は，それに対する自己検証と自己表現という2つの基本的で，かつ心理学的な発達課題に対応していかなければならなくなったのである。それによって，アイデンティティ・クライシス（Identity Crisis）を克服し，企業の存続と成長に関わりを持つあらゆる人々に共有された企業固有の価値を創出していこうとするところに今日的な活動の意義がある（境，1990）。

(2) 発　展

　日本企業における1990年代までのCI活動の歴史については，いくつかの期間に分けて説明されることが多い。ただし，その分けた期間の数においては多様な見解がある。文献，雑誌・新聞記事等に公表された諸説を分析すると，1970年代から1990年代にかけての2期，3期，および4期に分ける説がある（松田，2000）。

　以下では，多くの研究者が提示している3期に区分した説に基づいて，CI活動の系譜を説明してみよう。

　第1期の1970年代は，CI活動においては製品やサービスに関わる事業転換，名称変更を含む企業イメージとデザインの開発に目的が置かれ，VIの展開とその標準化のメリットの追求，企業のイメージアップ，およびオペレーション・システムの統一という事業効率性の追求が課題であった。マツダが1971年に始めたCI活動が最初である。1972年に積水化学，1973年にダイエーがCI活動を実施している。その後，1970年代後半に，企業のブランド戦略の一環としてBI（bland identity）の展開が特徴的になってくる。また，それと併せてCI活動によってVIの展開，および企業の経常活動や経営方針と関連づけて組織変革を意図するようになる。1976年に小岩井乳業，1977年に銀座松屋がCI活動を実施している。

　第2期の1980年代前半は，第1期よりさらに企業の戦略行動と強く関連して進展し，新しい経営理念の制定，および従業員の意識変革やモラールの向上が

主な課題になる。1980年にブリヂストンと三井不動産販売，1981年に神奈川県，1983年に東京海上，1985年にNTTとINAXがCI活動を実施している。

　第3期の1980年代の後半から1990年代にかけては，事業の再構築の時代といわれ，経営資源の効率化，シナジーの発揮が企業経営にとって重要な課題となる。よって，事業領域の設定，新規事業の展開，企業存在のパラダイムという経営戦略との関連において，事業展開上の目標を中心とした新しい形のCI活動が登場してくる。そして，組織変革という従来の目的と同時にその効果が求められるようになる。1987年に白鶴酒造，1989年に積水ハウス，1991年に毎日新聞，1993年にジャパンエナジーがCI活動を実施している。

　具体的に，①導入企業数については，1980年代からの増加傾向，②企業規模については，大企業（上場企業）から中小企業（未上場企業・地方）へのシフト傾向，③業種別については，小売り・サービス業などの非製造業から製造業にシフトし，大半の業種への普及・拡大化傾向がある。また，④組織については，民間企業のみではなく，学校，病院，地方自治体，商店街，他諸組織（例：JA，NPO等）にまで普及している。

　施策については，デザインとコミュニケーションを核にしたVI系から従業員の意識・行動レベルまでを意図・計画的な操作対象とするMI・BI系まで広範囲にわたっており，マネジメント施策としてはかなり豊富である。

　また，人事・組織構造施策との関連も強い。施策を総合・相互補完的に連携して行っているが，新規性に欠ける面はある。1970年代前後の導入当初より，VI系施策は行われており，定型的な施策として定着している。MI・BI系施策は，1980年代からの増加傾向を示している。以上については，CI活動の歴史的な進展に対する大半の見解やCIの概念定義の変遷から分かる（深見，1991；梅田，1991；企業活力研究所編，1987；ソフト化経済センター編，1990；松田，2000）。

3　現状：1990年代以降

　図9-1は，1964年から2004年まで，日本経済新聞系4紙と全国版4紙等の新聞記事，および雑誌記事の検索から，CI活動を導入した企業の推移をみたものである（松田，2011）。複数回導入した企業もあれば，取り上げる媒体の視点の経年変化もあり，一概には指摘できないが，日本企業のCI活動の導入は，1970年代の終りから1980年代の初めより増加傾向を示し，1990年代の初めからは，低下傾向にある。なお，CI活動は民間企業に限らず，役所，病院，学校，

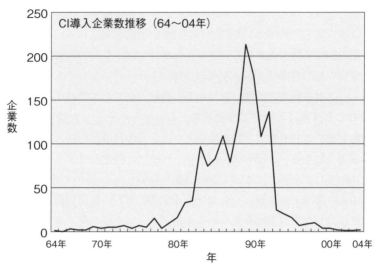

出所：松田（2000・2011）他を参照して筆者作成。

図9-1 CI活動の導入企業数の推移（1964～2004年）

公的な諸団体，各種法人をはじめ商店街，組合，その他の組織（NPO等）などにも導入されている。これは，民間企業の一つの活動の有効性が，それ以外の多様な組織においても有効であると認知されたことによると考えられる。

　なお，2000年以降のCI活動については，松田（2007・2008b）を参照のこと。そこでは，企業活力研究所編（1987）にある1986年調査に基づいて，1996年と2006年の２回のアンケート調査の結果，および10年間隔で同一人（企業）に実施したインタビュー調査の結果を提示している。

第2節
CI活動のVI・MI・BIの概念

　日本企業のCI活動の特徴には，その考え方，およびマネジメント施策の開発の基礎に，VI，MI，BIという３つの下位概念のあることがある(8)。一般的に，VIはビジュアル・アイデンティティ，MIはマインド・アイデンティティ，BIはビヘイビア・アイデンティティと呼ばれている。日本企業は，これらの概念に基づいて，新しい施策を開発し，既存の施策と併せてCI活動を実施してきた。

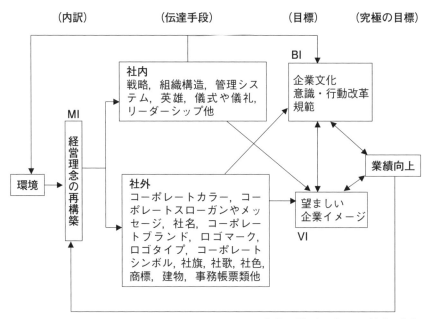

出所：平池 (1991), 250頁を基に作成。

図9−2 VI・MI・BI概念の関連

　深見 (1991) は，この3つの概念について，以下のように説明している[9]。VIは，企業の経営理念，価値観や行動を総合的にかつ視覚的に表現する。企業には，その内部と外部に向かって視覚的な施策を実施する必要がある。MIは，CIの核となる経営理念を構築する。そして，従業員がその理念を共有することに意味がある。BIは，MIに基づいて，組織や従業員の行動の基礎を構築する。つまり，行動規範を策定し，従業員の行動指針となる（深見，1991；平池，1991）。

　なお，具体的なマネジメント施策については，本章表9−1，および松田 (2000・2011) を参照。

第3節
CI活動のプロセス：調査1 [10]

　本節の課題は，組織変革のプロセスについて，明らかにすることである。なお，それについての分析モデルは，松田 (2000) に基づいている。具体的には，

レヴィンのモデル	分析モデル	CI活動の施策
(1)解凍：Unfreezing 現在の水準を溶解する	①実態把握 ↓	• アンケート調査 • インタビュー調査 • イメージ調査
	②施策プログラム設計 ↓	• ビジョン創造 • プロジェクトチームの発足
(2)移行：Moving 新水準に移動する	③変革施策の実施 ↓	• VI系施策 • MI・BI系施策 • 経営理念 • 行動指針
(3)再凍結：Refreezing 新水準への集団生活を凍結する	④定着施策の実施 ↓	• 組織改編関連施策 • 人事関連施策 • 文化事業関連施策 • 新たな広告展開
	⑤成果検証 ↓	• アンケート調査 • 社内広報の活性化

次の組織変革へ

出所：松田（2000），72頁。

図9-3 分析モデル

レヴィンの解凍期が「①実態把握」と「②施策プログラム設計」，同移行期が「③変革施策の実施」，同再凍結期が「④定着施策の実施」と「⑤成果検証」である（上の**図9-3**参照）。

1　マネジメント施策

　調査1の中でとくに照射しているのは，企業が実際にCI活動で実施した多様な施策である。企業は，CI活動でどのような施策を実施しているのだろうか。CI活動で企業が実際に実施した施策について尋ねた結果が，**表9-1**である。

　表9-1をみると，企業がCI活動で実施した施策の上位3項目は，①「5.ロゴタイプ，シンボルマーク，ユニホーム，社章，名刺，パッケージ，店舗，看板等のデザイン系を新設，改定，統一（93.8%）」，②「3.CI活動推進委員会等のプロジェクトチームの発足，設立（91.3%）」，③「2.アンケート，インタビュー等による社員の意識調査（87.5%）」である。VI系とその他の施策が多い[11]。また，分析モデルの「①実態把握」段階，「②施策プログラム設計」段階，「③変革施策の実施」段階の施策については，企業の約90%が実施

表9－1 CI活動のマネジメント施策（n=80）：複数回答

項目＼回答数・%	回答数	%
1．自社の企業イメージの調査	67	83.8
2．アンケート，インタビュー等による社員の意識調査	70	87.5
3．CI活動推進委員会等のプロジェクトチームの発足，設立	73	91.3
4．新しい企業理念を社内や対外に発表する	69	86.3
5．ロゴタイプ，シンボルマーク，ユニホーム，社章，名刺，パッケージ，店舗，看板等のデザイン系を新設，改定，統一する	75	93.8
6．新規事業進出の計画や実施	25	31.3
7．社是社訓，社内スローガン，行動指針，社歌等を新たに掲げるあるいは変更する	59	73.8
8．新卒者や中途入社に対して新たな採用制度を新設	4	5.0
9．社名を変更する	31	38.8
10．新商品・サービスの開発	16	20.0
11．将来の活動ドメイン（事業領域）やビジョン等の経営方針の策定	52	65.0
12．組織・機構を改革・改編する（部・課の統廃合を含む）	36	45.0
13．ブランド（プロダクト）体系を再編する	14	17.5
14．肩書の呼称変更	15	18.8
15．昇給，昇格などの人事制度や給与，報酬制度の改定	25	31.3
16．各職場で小グループを作り，活動推進を図る	34	42.5
17．企業グループの結束を図る，または改編する	19	23.8
18．○○賞，文化イベント，出版，スポーツイベントの開催，後援，協賛等の文化事業の実施	35	43.8
19．活動終了後や途中で社員の意識・行動変化のアンケート等の実施	25	31.3
20．新規事業部や部・課の設置	14	17.5
21．新たな広告展開を図る	45	56.3
22．他の全社運動との連携を深める	14	17.5
23．○○運動をスタートさせる（名称：　　　　　　　　　）	31	38.8
24．教育・研修運動の新規導入や改定	22	27.5
25．部・課の名称変更	7	8.8
26．社内広報の活性化や見直し	41	51.3
27．福利厚生制度や休暇制度の見直しや厚生施設の建設	21	26.3
28．自社施設（工場等）の地元開放や地元活動への参加	12	15.0
29．新社屋，研究所，記念館，PR館等の建造	15	18.8
30．その他（具体的に　　　　　　　　　　　　　　　）	6	7.5

注1）「23．○○運動をスタートさせる」の具体的記入については，次のとおりである。なお，下記で具体的な企業名については○○の表記をした。
・Ming運動　・さん，くんづけ運動　・はなまる企業　・組織活性化運動　・KK30　・BK21
・Σ4000運動　・K－UP運動　・DI運動　・VIP，BOW，ARTS　・MT運動　・サンアイ運動
・CI，MAP　・アクションNEW30　・NOVA　・SI，DI運動　・○○21世紀運動
・ニューワークウェイ運動　・○○○V運動　・トリニティABC　・POWER21キャンペーン
・ACTION'90S　・P-21プロジェクト　・○○○○ルネサンス運動　・パワーアップ運動
・ACTION.L.S.C　・ダブルアクティブ活動　・フレッシュアップ活動　・記入なし3社
注2）「30．その他」の具体的記入については，次のとおりである。
・社史刊行，決算期ごとの会社情報誌刊行
・社会貢献活動の拡充，SP施策の拡充，知的所有権関連施策
・テルCOM（社長と社員の直接対話）　・子会社内にデザインアイテムの販売事業実施
・寄付　・記入なし1社

している。

　一般的に，VI系の施策は，企業がよく実施するCI活動の定番的な施策である。また，CI活動を推進するために専門の部署を設置することや従業員の意識調査に関する施策を実施する企業が多いことも特徴である。さらに，CI活動に際して，新しい経営理念の発表，企業イメージ調査，社是社訓の変更，経営方針の策定などの施策を実施している企業の割合は高い。その一方で，企業が「6．新規事業進出の計画や実施（31.3％）」や「10．新商品・サービスの開発（20.0％）」などの事業戦略や開発に関連する施策を実施する割合は低い。この結果からは，CI活動を企業文化の変革と捉えている企業の多いことを指摘できる。ただし，それを企業の事業計画や商品開発と直接的に関連づけている企業は少ない。

2　組織変革のプロセス

　企業は，CI活動のプロセスにおいて，どのような施策を実施しているのだろうか。これによって組織変革のプロセスが明らかになると考えられる。これについては，図9－3の分析モデルに基づいて行う。具体的に，調査1では，質問票の質問項目で，「解凍」→「移行」→「再凍結」というレヴィンのモデルが提示する期間の区分に対応して，「CI活動の準備期」→「CI活動の導入期」→「CI活動の展開期」という期間を設定した。そして，企業にこの各々の期間でどのような施策を実施しているのかについて尋ねている。

　「CI活動の準備期」とは，CI活動を導入して間がない期間である。「CI活動の導入期」とは，CI活動を導入し多様な組織変革のマネジメント施策を実施する期間である。「CI活動の展開期」とは，CI活動を実施してある程度の時間(12)を経過した以降の期間である。これは，分析モデルの「④定着施策の実施」と「⑤成果検証」の2つの段階に相当する。

　これらの3つの期間に分け，企業がCI活動で実施する施策について時間の経過にともなう実施状況を示したのが，**表9－2**である。

表9－2　CI活動の組織変革プロセス（n=77〜80）：複数回答

項目 ＼ 回答数・％	準備期n＝77		導入期n＝78		展開期n＝80	
	調査1	％	調査1	％	調査1	％
1．自社の企業イメージの調査	53	68.8	10	12.8	11	13.8
2．アンケート，インタビュー等による社員の意識調査	59	76.6	11	14.1	7	8.8
3．CI活動推進委員会等のプロジェクトチームの発足，設立	63	81.8	24	30.8	12	15.0
4．新しい企業理念を社内や対外に発表する	4	5.2	51	65.4	20	25.0
5．ロゴタイプ，シンボルマーク，ユニホーム，社章，名刺，パッケージ，店舗，看板等のデザイン系を新設，改定，統一する	5	6.5	52	66.7	24	30.0
6．新規事業進出の計画や実施	4	5.2	7	9.0	18	22.5
7．社是社訓，社内スローガン，行動指針，社歌等を新たに掲げるあるいは変更する	3	3.9	44	56.4	14	17.5
8．新卒者や中途入社に対して新たな採用制度を新設	0	0.0	0	0.0	4	5.0
9．社名を変更する	3	3.9	14	17.9	14	17.5
10．新商品・サービスの開発	2	2.6	4	5.1	13	16.3
11．将来の活動ドメイン（事業領域）やビジョン等の経営方針の策定	14	18.2	26	33.3	19	23.8
12．組織・機構を改革・改編する（部・課の統廃合を含む）	3	3.9	10	12.8	30	37.5
13．ブランド（プロダクト）体系を再編する	2	2.6	5	6.4	8	10.0
14．肩書の呼称変更	2	2.6	2	2.6	11	13.8
15．昇給，昇格などの人事制度や給与，報酬制度の改定	2	2.6	4	5.1	22	27.5
16．各職場で小グループを作り，活動推進を図る	5	6.5	18	23.1	16	20.0
17．企業グループの結束を図る，または改編する	2	2.6	3	3.8	16	20.0
18．○○賞，文化イベント，出版，スポーツイベントの開催，後援，協賛等の文化事業の実施	3	3.9	6	7.7	28	35.0
19．活動終了後や途中で社員の意識・行動変化のアンケート等の実施	1	1.3	1	1.3	24	30.0
20．新規事業部や部・課の設置	2	2.6	2	2.6	10	12.5
21．新たな広告展開を図る	1	1.3	19	24.4	31	38.8
22．他の全社運動との連携を深める	0	0.0	7	9.0	8	10.0
23．○○運動をスタートさせる（名称：　　　　　）	2	2.6	13	16.7	20	25.0
24．教育・研修運動の新規導入や改定	2	2.6	4	5.1	18	22.5
25．部・課の名称変更	0	0.0	1	1.3	6	7.5
26．社内広報の活性化や見直し	4	5.2	15	19.2	28	35.0
27．福利厚生制度や休暇制度の見直しや厚生施設の建設	0	0.0	5	6.4	16	20.0
28．自社施設（工場等）の地元開放や地元活動への参加	1	1.3	2	2.6	11	13.8
29．新社屋，研究所，記念館，PR館等の建造	1	1.3	3	3.8	13	16.3
30．その他（具体的に　　　　　　　　　　）	0	0.0	1	1.3	5	6.3
延企業数	243		364		477	
一施策当たりの実施企業数	8.4		12.6		16.4	
一企業当たりの平均施策数	3.2		4.7		5.9	

注）　表9－2の中で，（延企業数）表記は，各施策を実施した企業数の総合計を示している。（一施策当たりの平均企業数）表記は，1つの施策について実施した企業の平均値を示している。よって，延企業数を質問項目数の30で割った数値である。（一企業当たりの平均施策数）とは，その期間に1つの企業がCI活動で実施した施策数の平均値を示している。よって，延企業数を各期間の有効回答企業数で割った数値である。

(1)　準備期

　「CI活動の準備期」に多い施策の上位3項目は，①「3．CI活動推進委員会等のプロジェクトチームの発足，設立（81.8％）」，②「2．アンケート，インタビュー等による社員の意識調査（76.6％）」，③「1．自社の企業イメージの調査（68.8％）」である。とくにこれらの3つの施策については，他の期間と比較しても非常に多くの企業が実施している。

　次に，1施策当たりの平均企業数と1企業当たりの平均施策数も他の2期間より少ないことが特徴である。また，上位3項目以外の施策を実施する企業は少ない。例えば，採用活動，全社運動，組織部署の名称変更や福利厚生に関連する施策を実施する企業はない。また，広告展開，施設開放等や新社屋の建設等の施策を実施する企業も少ない。これは，この期間がCI活動の準備段階であるために，これらの施策を実施することがそれほど多くないことによる。

　次に，事業領域や経営方針の策定を実施する企業はそれほど多くない。例えば，「11．将来の活動ドメイン（事業領域），ビジョン等の経営方針の策定（18.2％）」について，企業の回答率は低い。

(2)　導入期

　「CI活動の導入期」に多い施策の上位3項目は，①「5．ロゴタイプ，シンボルマーク，ユニホーム，社章，名刺，パッケージ，店舗，看板等のデザイン系を新設，改定，統一（66.7％）」，②「4．新しい企業理念を社内や対外に発表する（65.4％）」，③「7．社是社訓，社内スローガン，行動指針，社歌等を新たにかかげるあるいは変更する（56.4％）」である。「CI活動の準備期」と比較すると，VI系からBI系・MI系，その他の施策を含めて，企業は多様な施策を実施している。

　次に，1施策当たりの平均企業数と1企業当たりの平均施策数は，「CI活動の準備期」より多くなっている。これは，この期間について，1つの施策に対して実施する企業が増え，1つの企業が実施する施策の数も増えていることを示している。例えば，企業は採用に関連する施策以外のすべてを実施している。

　表9-2をみると，企業は分析モデルの「③変革施策の実施」段階について，充実して施策を実施していることが分かる。また，同時期に前段階の「②施策プログラム設計」段階の施策を実施している。例えば，「11．将来の活動ドメイン（事業領域）やビジョン等の経営方針の策定（33.3％）」について，企業

の回答率はやや高い。これは，分析モデルでは「②施策プログラム設計」段階
で実施される施策であると想定していたが，企業は，「③変革施策の実施」段
階で実施することが多いことを示している。つまり，分析モデルの「②施策プ
ログラム設計」段階と「③変革施策の実施」段階について，企業は段階を重複
して同時期に施策を実施している。

　また，これについては，「③変革施策の実施」段階と「④定着施策の実施」
段階にも指摘できる。例えば，「6. 新規事業進出の計画や実施」，「10. 新商
品・サービスの開発」，「13. ブランド体系を再編する」，「23. ○○運動をス
タートさせる」という施策について，分析モデルでは「③変革施策の実施」段
階で実施されることが多いと想定していた。しかし，表9－2からは「CI活
動の導入期」より「CI活動の展開期」で実施する企業の多いことが分かる。
これは，分析モデルの「③変革施策の実施」段階と「④定着施策の実施」段階
について，企業は段階を重複して同時期に施策を実施しているといえる。

(3)　展開期

　最後に，「CI活動の展開期」に多い施策の上位3項目は，①「21. 新たな企
業広告展開をはかる（38.8％）」，②「12. 組織・機構を改革・改編する（部・
課の統廃合を含む）（37.5％）」，③「18.○○賞，文化イベント，出版，スポー
ツイベントの開催，後援，協賛等の文化事業の実施（35.0％）」・「26. 社内広
報の活性化や見直し（35.0％）」である。しかし，それほど数値は高くない。
他の2つの期間と比較してVI系，MI系，BI系，その他の施策を含めてさらに
広範囲にわたって，企業は施策を実施していることが特徴である。また，定着
の効果を上げるために，組織構造関連の施策[13]や人事関連[14]の施策を実施
することも多い。

　次に，1施策当たりの平均企業数と1企業当たりの平均施策数も3つの期間
の中で最も多い。これは，この期間について，1つの施策に対して実施する企
業の最も多いことを示している。例えば，設定した質問項目の施策はすべて実
施されている。また，1企業当たりの施策も最も多く，この期間に企業が実施
する施策の数も最も多くなる。

　これらの結果は，CI活動の定着と効果を向上させるために企業は意図的に
多様な施策を実施していることを示している。その一方で，実施した施策の成
果を検証する施策を実施している企業は，それほど多くない[15]。例えば，「19.

活動終了後や途中で社員の意識・行動変化のアンケート実施（30.0％）」について，企業の回答率はそれほど高くない（実施した企業は約33％）。

　以上の分析結果からは，実施した施策内容以外にも，次のことが分かる。

　第1に，CI活動を推進する際には，企業が実施する施策は多様化し，増えていく傾向がある。表9－2によれば，延企業数の数値は期間を追うごとに増えている。例えば，1施策当たりの平均企業数は，期間ごとに，8.4→12.6→16.4と増えている。これは，1つの施策に対してその施策を実施する企業の数が時間の経過とともに増えていることを示している。第2に，1企業当たりの平均施策数も，期間ごとに，3.2→4.7→5.9と増加している。これは，CI活動を推進していく際に，1つの企業が実施する施策の数が時間の経過とともに増えていることを示している。ただし,成果検証を行う企業はそれほど多くない。

第4節
金融業Ａ社のケース・スタディ：調査２

　本節では，前3節で紹介した調査1の分析結果を踏まえて行ったインタビュー調査（調査2）と渉猟調査に基づいた特徴ある金融業Ａ社のケース・スタディを紹介する。

　この調査2の課題は，文献・資料の渉猟調査，および前節の調査1では把握しきれない組織変革プロセスの様相，およびそのマネジメントの実態をさらに明確にすることである。また，マネジメント実践の課題について，企業の現実的な対応内容を紹介することである。なお，このようなケース・スタディについては，一般化した理論では説明しきれない現象を説明するのに有効であると指摘されている（Yin, 1994）。また，本節の記述の資料源は，調査2の結果を中心に，文献，提供資料，および雑誌・新聞記事である。

1　マネジメントの特徴

　金融業Ａ社（以下，「Ａ社」と呼称する）(16)のCI活動は，自組織の実態を充分に把握したうえで，組織変革の施策を設定し，実施している点に特徴がある。具体的には，同社の組織変革を円滑に推進させるために，分析モデルの「①実態把握」段階で実施する施策が充実し，その結果，施策プログラム設計が充実していることが特徴である（特徴1）。また，分析モデルの「②施策プログラ

ム設計」段階で実施する施策を次の「③変革施策の実施」段階で実施する施策と同時期的に実施していることも特徴である（特徴2）。

2　マネジメントのプロセス

(1)　CI活動の導入契機

A社のCI活動は，1981（昭和56）年5月，次年度に迎える創業25周年（1982年）の記念行事として募集した社内公募論文において，CI戦略（同社でのCI活動に対する呼称）に関する論文の提出があったことに端を発している。また，本格的に，CI活動を導入・実施した理由には，1980年代当初，同社の業績は好調であったが，その状況に甘んじることなく新たな危機感をもって今後も経営を進めていこうとする経営者層の考えがあったことによる。

(2)　CI活動のプロセス：特徴1

同社は，1982（昭和57）年1月，社長方針の一つに「CI戦略による企業イメージアップ」を掲げ，CI活動の準備を開始している。1982（昭和57）年3月，CI活動を研究・導入・推進していくためのプロジェクトチームとして「CI委員会」を設置している。この委員会は，社長直轄の組織で，委員長は，社長室長である。この委員会を中心に同年4月より3年間にわたるCI活動を本格的に開始する。これらの施策は，分析モデルの「②施策プログラム設計」段階で実施されると想定している施策である。

その後，1982（昭和57）年6月，同社は，CI委員会の提案に基づき，CI戦略の実施概要を決定し，行動を開始している。最初に，1982（昭和57）年7月より，実態把握のために各種の調査を実施している。具体的には，「役員と幹部意見聴取」，「印刷物・販促物等の収集」，「拠点（顧客）訪問」，「従業員アンケート調査」，「全国主要都市における消費者調査（個別面接）」，「全国主要都市における提携店調査（個別面接）」，「関係会社・マスコミ・競合他社へのインタビュー調査」である。併せて，同年7月より，「CI社内説明のための全国PR行脚」を実施している。これらの施策が分析モデルの「①実態把握」段階の施策に相当する。同社は，この段階でかなり充実した施策を実施している。多様な手法を駆使し，社内をはじめ顧客や取引先，競合企業までを対象にして自らの実態把握を行っている。よって，次段階への進行を円滑に行うことが可能になっている。この点が，同社のCI活動に関する第1の特徴である。

この点について，担当者は，次のように述べている。

> 「徹底的にやったつもりです。悪いことも良いことも含めて，自社のことをよく
> 知ろうと思いました。そこまで聞かなくてもよいのではないかという意見もあ
> りましたが，多くの媒体を使って調べたつもりです。それを隠さずに，広報誌
> 等で社内にはできるだけ公表していきました」

　同社は，正確な自社の実態把握とその情報を全従業員と同社の関係者にまで
オープンにすることが次の段階に円滑につながると考えている。
　その後，1983（昭和58）年8月，CI委員会はCI戦略の概要を社内外へ発表
することを提案する。また，この提案に基づいて，1983（昭和58）年10月4日，
「CI戦略・社内発表会」を開催し，CI委員会が設立時より検討していた重要な
課題をオープンにしている。同時期，社長がCI活動導入の背景として次の4
つを公表している。それは，第1に，創立以来半世紀を経過して，業界有数の
地位を占め社会的責任を課せられるようになったことである。第2に，金融革
命，情報革命，カード化社会の到来などの経営環境の構造変化に対して，的確
に対応する必要性のあることである。第3に，社会の価値観の変化に対応し，
企業の存在をきわだたせ，顧客から支持を得るにはコミュニケーション・シス
テムの確立が不可欠なことである。第4に，人と組織のダイナミズムを回復し，
全社一丸となって企業活性化をはかる必要性があることである。これらを背景
として，社長が将来の経営方針，事業領域，企業スローガンについて説明して
いる。これらの施策が分析モデルの「②施策プログラム設計」段階の施策に相
当する。

(3) CI活動のプロセス：特徴2

　これらの施策と同時期に，同社は，分析モデルの「③変革施策の実施」段階
の施策を実施している。具体的には，以下のとおりである。最初に，同社の
CI活動には，「経営理念・目標の確立」，「ビジュアル表現の統合」，「企業活性
化」という3つの柱がある。
　第1の「経営理念・目標の確立」については，1983（昭和58）年6月から8
月にかけて，CI委員会が，同社の経営理念である「企業綱領」を制定し，そ
れを定着させるために小冊子を全従業員に配付している。これは，同社マネジ
メントの基礎であり，従業員の意思決定や行動の指針としての役割を持つこと

になる。また，1983（昭和58）年9月，役員会は「信頼を明日につなぐ」とい
う企業スローガンを決定している。これは，経営理念を社内外に普及させるた
めのキーワードとしての役割を持つことになる。なお，この企業スローガンの
策定については，従業員の参加を求めるために社内機関誌の「CIニュース」
やポスターを通じて社内公募を実施している。

　第2の「ビジュアル表現の統合」については，1983（昭和58）年3月，CI
委員会が3種のマーケティングネームを選定し，同年6月，マーケティング・
シンボルを決定している。これを社長が同年10月に社内発表している。

　第3の「企業活性化」については，1983（昭和58）年1月，CI委員会が組
織活性化に関する骨子をまとめている。同年4月，役員会がこのCI委員会の
提案に基づいて20項目に集約された企業活性化・推進課題を決定している。同
年5月，この中から，9項目の「第一次・推進課題」を決定している。そして，
1984（昭和59）年3月，本社に「経営革新本部」を設置し，この課題を解決す
るために経営改善や経営改革活動の統括機構としての活動を開始している。

　これらの施策と併せて，1983（昭和58）年10月から，CI委員会はCIニュー
スやポスターを通じてCI活動の普及に努めている。以後，同様に取引先にも
説明パンフレットを配付し，同社のCI活動について理解を求めている。そして，
1984（昭和59）年1月，マスコミ各社に同社のCI活動の導入や経営方針等を
発表している。これらの施策が分析モデルの「③変革施策の実施」段階の施策
に相当する。

　以上を検討すると，分析モデルの「②施策プログラム設計」段階の施策であ
る経営方針と事業領域の策定という施策が「③変革施策の実施」段階の施策で
ある経営理念，VI系，行動指針の策定などの施策と同時期に実施されている
ことが分かる。つまり，充分な「①実態把握」段階を経て，「②施策プログラ
ム設計」段階の施策と「③変革施策の実施」段階の施策を同時期に実施し，組
織変革を推進していることが分かる。これが，同社のCI活動に関する第2の
特徴である。この点について，同社の担当者は，次のように述べている。

　　「当時は短期間にいろんなことをやりました。かなりスピードをあげてやったつ
　　もりです。組織の盛りあがりもありました。逆にいろんなことが社内の組織を
　　越えてできるのもCIが核にあるからかもしれません。CIというのは，いろんな
　　ことをやらないとダメです」

(4)　要　約

　以上より，同社がCI活動で実施したマネジメント施策とその特徴について，分析モデルを基に整理したのが，**表9－3**である。

表9－3　A社のCI活動のマネジメント施策と特徴

分析モデル		マネジメント施策	マネジメントの特徴
準備期	① 実態把握の段階	1. イメージ調査 2. アンケート調査	• 実態把握施策の充実 • 従業員・提携店・消費者・関係会社・役員幹部へのインタビュー調査と各種アンケート調査の実施
	② 施策プログラム設計の段階	3. プロジェクトチームの発足	• 社長直結のCI委員会の設立
導入期	③ 変革施策の実施段階	11. 将来経営方針策定 4. 新企業理念 5. VI系施策 7. 社是社訓行動指針	• 3つのCI戦略の柱を創る • 多様な施策を変革施策として同時的に実施する
展開期	④ 定着施策の実施段階	10. 新商品開発 15. 人事報酬制度改定 17. 企業グループ結束 18. 文化事業の実施 21. 新広告展開 22. 他運動との連携 23. ○○運動開始 26. 社内広報活性化 27. 福利厚生制度 30. その他	• 多様な施策を行う • CI活動の普及と啓蒙に注力する
	⑤ 成果検証の段階	19. アンケート実施	• コミュニケーションツールを充実する • 社内報やCI広報誌を効果的に使用する • 成果検証を行う管理職アンケートや論文募集

注1）　表9－3の中で，実施した施策については，調査1に同社より回答のあったものである。同表左より3番目の欄の左端の番号は，表9－1の施策番号を示している。また，破線は，この上下の段階が重複的で同時進行的であることを示している。

注2）　このケース・スタディでは，「②施策プログラム設計」段階の「11. 将来経営方針策定」が「③変革施策の実施」段階で実施されている。同様に，「③変革施策の実施」段階の「10. 新商品開発」，「23. ○○運動開始」が「④定着施策の実施」段階で実施されている。

3 マネジメントの展開

　以上で紹介した施策以外にも，同社は，分析モデルの「④定着施策の実施」段階以降で，広告展開，文化事業，人事報酬制度改定を実施している。具体的には，新聞やTVによる企業広告を増やし，消費者運動や森林購入のトラスト運動に援助を行い，福利厚生・教育・評価などの人事制度の改定を実施している。また，社内広報によるCI活動の社内普及と啓蒙，成果検証を目的とするアンケート調査を実施している。とくに成果検証については，10近くある社内報等の媒体による普及と啓蒙，管理職対象のアンケート調査や論文募集などの施策によって成果を検証している。

　なお，同社は，調査時点でもCI活動の終了を宣言しておらず，終了のないことを強調している。つまり，永続的な活動であることを意図しているのである。

　以下では，この活動に関する担当者へのインタビュー調査の結果を紹介しておこう。

⑴ CI活動の社内・外の評価

　「評価はやって良かったと経営者も中堅従業員も思っていると考えています。CIをやったから，現在，良い会社があるという社内評価です。対外認知度は十数％上がっています。導入後数年たって，日本経済新聞社の調査によるデザイン度についても同じ評価です。また，社内コミュニケーションが活性化された，というもう一つの評価もあります。経営トップは，経営理念の浸透を評価しており，対外的にもそうではないかと思います」

⑵ 従業員の意識や行動の変化

　「当社は，施策として同時に，人事制度，教育制度，研修所の建設等の変革施策を実施しました。社内公募制も同時に行いました。これは，CI戦略の一環です。委員会が，提起し，それを実際は人事部や総務部がやります。まず，約10近くある社内報等の媒体を使用して情報を流し，次に，参加してもらい，そして制度を変えるという流れでやっていますが，これらによって従業員は変わっていったと思います」

⑶ CI活動とその変化との関連

　「調査しようがありません。ただし，従業員の一体化，足なみをそろえる，とい

うのはCIがなければどうなったか分からないという点はあります。（この質問に関するような）追跡調査は１回もしていません。よくあるように，提案制度はその成果があがっています。ただし，これとCIとの直接的な関係はよく分かりません。CI戦略で，消費者支援や森林購入というトラスト運動をやりましたが，これによって，従業員は，会社に誇りを持てるようになった，と言っています」

(4)　CI活動に関する回顧・課題等

「当社では，CI活動と呼んでおらず，CI戦略と呼んでいますが，これが特徴です。VIのみではありません。終了はないと考えています。親会社の社内監査でも当社は大変ほめられています。CI室もほめられたし，コミュニケーションの活性化が経営の動きを円滑にしているという評価でした。社長がCIに熱心です。当社の社長は，CIは経営が続く限り永遠であり，CIはCorporate Innovationである，と言っています。経営者が，CIをどう理解しているか，ではないかと思います。一方で，CI＝VIという意見もありますが，これは，経営で決まることだと思います。何であっても良いのではないでしょうか。企業の実体が決めることであって，企業の強いあるいは弱い部分をどうするかということではないでしょうか。ただし，それだけでもうまくいきません。当社は，MIが中心です。経営理念ありきで，経営戦略が決まっています。人間尊重という理念だから，人事制度について，正当な評価をするような制度に変革せざるを得ません。当社の周囲から，いかに支持を得るのか，いかに周囲に訴えていくのか，ということだと思います。利益追求に対する抑止力がCIです。当社のCI戦略はトップダウン型ですが，自らの血や肉にしようと考えたら，従業員全員の参加がないとできません」

　なお，A社の同じ担当者へ，約10年後の2007年１月，同社のその後のCI活動について尋ねている。詳しくは，松田（2008b）を参照のこと。

注

（１）　Identity概念は，Erikson（1968）が人格の発達理論における青年期の心理的危機を示す用語として提唱した。同一性，あるいは自我同一性等と訳されることが多い。「自分は何者か」「自分のめざす道は何か」「自分の人生の目的は何か」「自分の存在意義は何か」などのように自己を社会の中に位置づける問に対して肯定的かつ確信的に回答できることが重要になってくる（中島他編，1999，4－5頁）。換言すると，identityは，自己の単一性，連続性，不変性，独自性の感覚を意味し，次には，一定の対象（人格）との間，あるいは一定の集団（およびそのメンバー）との間で，是認された役割の達成，共通の価値観の共有を介して得られる連帯感，安定感に基礎づけられた自己価値，および肯定的自己像を描くことを意味している。人は，出生以来，対人関係の中で社会化されながら自我発達を遂げていく。その過

程において家族同一性，性的同一性，集団同一性，職業同一性などのように様々な
社会的自己と複数の同一性を獲得・形成していくが，これらを統合する同一性を自
我同一性（ego identity）という。統合できなくなる場合が，同一性危機（identity
crisis）と呼ばれている。青年期にこれが問題となる場合が多い（下中編，1981，
2－3頁）。これが，1960年代の米国において，多様な社会運動や産業社会の変化
の中で，社会関係の緊張と個人の内面的緊張を連関させながら観察できる手がかり
として重要になった（見田他編，1988，6－7頁；森岡他編，1993，3頁）。

（2）　ココマス委員会編（1979），13頁。

（3）　中西（1982），20頁。また，中西は，CI活動の特徴について，とくにシンボル
マークやコーポレートブランド，コーポレートカラーなど感覚的な訴求要素を重視
し，これらをシステマティックに訴求するために手法の組み立てを行っていくこと
にあると指摘している。

（4）　山田（1986），2頁。山田は，企業の自己革新とは時代を先取りし，新しい情
報を創造し，その結果，新しい思考・行動様式と構造を形成することであると指摘
している。

（5）　福田（1991），32頁。福田は，さらに，この眼に見えるものが象徴的であれば
あるほど，その企業の対外的なインパクトや説得性は強まり，企業内の求心力は強
化されると指摘している。

（6）　境（1990），4頁。境は，さらにCI活動は企業成長のためのアイデンティティ・
クライシスへの統一的対応戦略であり，企業固有の新たな価値と役割を発見し創造
する主体の確立と，これらの価値と役割の確かな表現力に補完された企業個性の統
一的表現という2つの課題を克服するために，多様な経営手法と施策を開発するこ
とであると指摘している。

（7）　米国企業に関するCI活動の定義とその実態については，小林（1982），梶山
（1992），竹内（1992a～e）を参照のこと。

（8）　松田（2000）のコンサルタント・企業へのインタビュー調査からは，アメリカ
ではCIの構成概念として，日本と同様な区分はなく，とくにMIとBIについては理
解されにくいことが判明している。また，MI，BIという認識はあるが，概念上，
または企業が実施する施策において明確に区分されていないことも判明している。

（9）　深見（1991），10－11頁。

（10）　調査1の詳細（期間，回答企業の属性等）については，松田（2000）を参照の
こと。

（11）　一般的に，VI系の施策を実施し終わると，その時点でCI活動を終了する企業
が多いと指摘されている。梅澤（1990）は，従業員にはロゴやマークが制定される
と，CI活動は終わったと認識してしまうことが多いと指摘している。調査1では，
VI関連の施策として6つの施策を設定している。これらの施策だけを実施して活
動を終了している企業を探索した結果，回答企業80社のうち，1社もなかった。ま
た，調査1の回答企業の中で，実施した施策の合計数が一番少ない企業は，2社
（建設業I7社，その他製品製造業X2社）あり，実施した施策の数は両社とも6であ
り，VI・BI系やその他の施策も含まれている。よって，調査1ではVI系の施策を
実施するとCI活動を終了する企業が多いという一般的な指摘に相当する企業や結

果は見い出せていない。

(12) ある程度の時間とは，活動開始後，2年程度以上の経過を想定している。これ
は，企業活力研究所編（1987）の年調査では，CI活動の全期間が平均2.5年であっ
たことと，松田（2000）の結果からも活動の期間が3年以上にわたっている企業の
多いことが判明していることによる。

(13) ナドラー他（Nadler, et al., 1995）は，組織構造を変革することは多数の人間
の行動に非常に影響を与える手法であることを指摘している。これは，目に見える
部分が多く，人々は有形の変化に敏感になることによる。つまり，役割，関係，仕
事を改正することにより，従来の相互作用と仕事を遂行するパターンが崩れる結果
となり，既存の枠組みを壊す力となる。ただし，ナドラー他は，組織内の他の要素
に目を向けなかったために失敗に終わる場合があることを指摘している。若林他
（1989・1990・1991）もこれと同様な点を指摘している。

(14) 第6章でも紹介したが，組織変革を円滑に推進・定着するには，人事・組織構
造関連施策を行うことが重要である。例えば，ナドラー他（Nadler, et al., 1995）
は報奨制度の制定を，コッターとヘスケット（Kotter and Heskett, 1992）は階層
の簡素化，組織の再編成の推進，採用や昇進の選考基準の変更を他施策と関連づけ
て行うことの重要性を指摘している。なお，CI活動と人事施策の関連についての
調査としては労務行政研究所編（1988）がある。また，松田（2000）によれば，企
業は，CI活動と関連づけて人事施策を実施する場合，新しく施策を策定するより
も既存施策を改定・見直しを行い，さらに多様化する傾向がある。また，CI活動
は全社一体の活動ではあるが下位階層への施策を実施する傾向のあることが判明し
ている。

(15) 調査1からは企業が成果検証の必要性について，それほど強く認識していない
と考えられる。具体的には，「CI活動を中断した，あるいは終了した」，「推進組織
を解散した」，「調査そのものの必要性を感じていない」などの理由によって，成果
検証を実施していない。これは，CI活動で企業が実施する施策の多様さや活動に
注いでいるエネルギーを考慮すれば，成果検証に関して企業は充分に理解しておら
ず，さらにCI活動による組織変革の継続性についてはそれほど意識しておらず，
単発的な活動として捉えていると考えられる。この点を補完する次のような企業イ
ンタビューの結果がある。例えば，「組合，会社とも追跡調査等は実施していない」
（保険業Y1社），「CI活動の効果測定は，労力はかけているが金はかけていない。
効果測定が必要かという意見もある」（陸運業F2社）という指摘である。その一
方で，少数ではあるが，「CI活動の追跡調査は，企業イメージ調査を実施している。
これは，社外対象で毎年調査しており，広報部が担当で，外部機関に委託して実施
している。その他，3年に1回実施する大規模調査や，スポット的調査も実施して
いる。社員意識調査も実施しており，人事部が社内のモラールサーベイを中心に実
施している」（電気・ガスQ3社）という指摘もある。

(16) 同社の企業概要（調査時）は，次のとおりである。同社の設立は，1960（昭和
35）年8月30日である。電気機器製造業の親会社を中心とするグループ企業の一員
である。当初は，親会社の家庭用電気製品の割賦販売による販売の拡大を目的に設
立された。1996（平成8）年3月時点で，資本金71億52百万円。従業員数は，2,348

名である。一般消費者と企業・官公庁を対象に，リース，割賦販売，信用保証を事業としている。取扱高は，8,972億9百万円である。グループ企業の中で優良企業である。なお，このインタビュー調査は，同社の社長室CIセンター長に対して行ったものである。また，同社より社内資料の提供を受けている。なお，松田（2011），152頁において，同一人に行った2007年のインタビュー調査の結果を提示している。

第10章

Survey and Interviw for Consciousness and Behavior Change

組織変革と意識・行動変革：調査 3・4

本章のガイド

　本章では，最初に，従業員の意識・行動変革を対象に行ったアンケート調査（以下，「**調査3**」と略称する。松田，2008aを参照）の結果（実態）について，紹介する。

　次に，その調査3の結果を踏まえて行った従業員の意識・行動変革に関するインタビュー調査（以下，「**調査4**」と略称する。松田，2008cを参照）の結果（深層）について，紹介する。これは，調査3に回答のあった企業の中で協力を得ることのできた企業を対象にして行ったものである。

第1節
従業員の意識・行動変革の実態：調査3

　本節の課題は，企業が組織変革を意図して行う多様なマネジメント施策によって生じる従業員の意識・行動変革の実態について，明らかにすることである。

1　最も変化の見受けられた施策

　企業が行った施策の中で，従業員の意識・行動に最も変化が見受けられた施策（以下，「最変革施策」と略称する）について尋ねた結果が，**表10－1**である。

　上位項目の3つは，①「企業内部署（部・課）の新設・統廃合や名称変更」，②「日常仕事の合理・改善型の全社的活動」，③「経営理念や社是社訓の浸透活動」が多い。

　企業は，従業員の意識・行動変革のために，多様な施策を行っていることが

表10－1 最も変化の見受けられた施策（n=86）：複数回答

施策項目 　回答数・%	回答数	%
1．企業内部署（部・課）の新設・統廃合や名称変更	11	15.7
2．社会貢献や企業文化活動	2	2.9
3．日常仕事の合理・改善型の全社的活動	10	14.3
4．従業員の意識・行動変革型のCI活動	5	7.1
5．既存の人事諸制度の改定・廃止	5	7.1
6．職場単位で行う独自の小集団活動	2	2.9
7．経営理念や社是社訓の浸透活動	7	10
8．他企業（グループ）の吸収や合併	2	2.9
9．倫理・行動規範の新規作成・改定やその浸透活動	3	4.3
10．新規事業・商品・サービスの開発や創造	4	5.7
11．成果主義型の人事諸制度の導入	6	8.6
12．社内研修・教育や自己啓発制度の充実	5	7.1
13．企業グループ内再編や統合	4	5.7
14．全社的TQC活動やZD活動	1	1.4
15．その他（具体的に　　　　　　　　　　　　　　　）	3	4.3
未記入	16	－

注）「15．その他」の記入についてはない。

分かる。この多様性については，松田（2000）等でも指摘したことである。また，決定打的で，即効的な施策のないことに関する理解は共通している。

　企業行動に関するダイナミックな施策より，むしろ既存組織の新設・統廃合や日常仕事の改善，経営理念の浸透活動といったやや静的で継続的な施策の多いことが特徴である。また，他の調査でも判明しているが，組織構造の変革に関連する施策の影響は強い。つまり，部署変更，全社的活動，理念浸透施策は効果があると考える企業の多いことが分かる（松田，2000・2011）。

2　従業員の意識・行動の変化

　最変革施策を行った結果，従業員の意識・行動のどのような側面に，どの程度の変化が生じたのかについて，5点尺度で尋ねた結果が，**表10−2**である。

　調査3における上位項目の3つは，その数値（平均値）が低くなる順に①「1．従業員が経営トップの方針を理解すること（3.98）」，②「6．従業員が自らの仕事目標を明確にすること（3.80）」，③「9．従業員が自社の業績に対

表10−2　最変革施策と従業員の意識・行動の変化（n=86）

項目＼平均値・回答数	平均値	1	2	3	4	5	未記入
1．従業員が経営トップの方針を理解すること	3.98	0	3	16	42	20	5
2．従業員の職場の雰囲気が明るくなること	3.24	0	10	43	25	2	6
3．従業員がお客様から良い評価をいただいと思えること	3.43	0	6	39	28	6	7
4．従業員が仕事をやりやすくなったと感じること	3.10	0	14	46	18	2	6
5．従業員が自社を誇りに思えるようになること	3.28	1	8	43	22	5	7
6．従業員が自らの仕事目標を明確にすること	3.80	0	3	22	44	12	5
7．従業員の職場内でのコミュニケーションがよくなること	3.39	0	7	38	32	3	6
8．従業員が自らの仕事に自信がもてるようになること	3.37	0	5	44	29	2	6
9．従業員が自社の業績に対して関心を高めること	3.79	1	4	19	45	13	4
10．従業員が自社の社会的責任の大きさを理解すること	3.21	2	14	36	21	7	6
11．従業員が仕事への改善や修正に対して提案等すること	3.55	0	4	31	42	3	6
12．従業員が自社の将来について考えるようになること	3.45	1	8	33	30	3	6
13．従業員が自社との一体感が強まったと感じること	3.24	1	7	50	16	6	6
14．従業員が自らの仕事効率・スピード化を進めるようになること	3.43	0	7	37	31	5	6
15．従業員が自社のコンプライアンスについて理解すること	3.38	2	8	35	29	7	5
16．従業員が企業の社会貢献活動に参加すること	2.80	7	17	40	15	0	7
17．その他（具体的に：　　　　　　　　　）	3.00	1	0	4	1	0	80

注）「17．その他」の記入については，次のとおりである。・EMS，QMS

して関心を高めること（3.79）」である。

　これをみると，従業員は，経営トップ方針の理解，仕事目標の明確化，所属企業の業績への関心について，意識・行動の変化の大きいことが分かる。

3　経営状況・職場の変化

　最変革施策を行った後，従業員の意識・行動変革が生じ，その結果，経営状況・職場にどの程度の影響を与えたのかについて，5点尺度で尋ねた結果が，**表10−3**である。

　上位項目の3つは，①「3．売上高や利益等の業績（3.72）」，②「6．トップ経営者と従業員間の信頼感（3.51）」，③「9．従業員のモラール（morale）や企業への帰属心（3.46）」である。ただし，これらの数値は，それほど高くはない。

　これをみると，業績，トップとの信頼感，従業員のモラールの向上には従業員の意識・行動変革が影響を与えていることが分かる。つまり，企業の業績数

表10−3　最変革施策と経営状況・職場の変化（n=86）

項目＼平均値・回答数	平均値	1	2	3	4	5	未記入
1．新事業や製品・サービス開発力	3.32	0	2	45	20	2	17
2．自社（製品・サービス）のマーケット・シェア	3.26	0	2	51	14	3	16
3．売上高や利益等の業績	3.72	0	1	24	40	6	15
4．研究開発や商品開発力	3.22	0	3	49	16	1	17
5．新卒・中途採用等の人材確保力	3.24	0	7	43	18	3	15
6．トップ経営者と従業員間の信頼感	3.51	0	1	39	25	6	15
7．自社（職場）内のコミュニケーションの活性度	3.41	0	1	41	28	1	15
8．職場内の活性度	3.45	1	1	37	32	2	13
9．従業員のモラールや企業への帰属心	3.46	0	3	34	32	2	15
10．企業の知名度やイメージ	3.22	3	2	45	20		14
11．企業のコンプライアンスや信頼性評価	3.37	3	2	35	28	3	15
12．企業価値（資産，株価等）評価	2.94	3	4	58	6	0	15
13．顧客，取引先や市場からの自社のイメージ	3.34	1	1	44	23	2	15
14．資金の調達力	3.00	3	4	56	6	2	15
15．企業市民としての自社イメージ	3.07	4	2	51	13	1	15
16．働きやすい企業（ダイバーシティ，介護，ワーク・ファミリィー・バランス等への高配慮）としての自社イメージ	3.00	4	3	53	9	1	16
17．その他（具体的に　　　　　　　　）	3.00	0	0	4	0	0	82

注）「17．その他」の記入についてはない。

字から個人の心的状態までが影響を受けており，従業員の意識・行動変革がこれらの項目に対し，媒介変数的になっていることが分かる。

その一方で，「企業価値や資金調達力，働きやすい」という自社イメージの形成については，それほど影響の強くないことが分かる。

第2節
従業員の意識・行動変革の深層：調査4

本節の課題は，企業が行う組織変革のマネジメント施策によって生じる従業員の意識・行動変革の深層について，明らかにすることである。また，本調査の調査対象は，調査3に回答のあった企業で協力を得ることのできた企業（計9社：産業機械製造業A社から製薬業Ｉ社の人事担当者・役員）である。

1　意識・行動変革の施策：どのような施策を行えばよいのか

従業員の意識・行動を意図して，企業は，多様な施策を行う。これは，前節の調査3においても判明していることである。具体的には，「成果主義型の人事諸制度の導入」や「日常仕事の合理・改善型の全社的活動」が多くの企業で行われていた。

本調査では，朝礼・ミーティングや小集団活動（A社），経営理念の展開（D社），教育関連施策（E社），経営トップからのメッセージ発信（Ｉ社）が判明している。

⑴　朝礼・ミーティングや小集団活動（A社）

A社は，独自の活動指針に基づいて，朝礼やミーティングで意識・行動変革への理解・浸透を図っている。また，独自の小集団活動においても同様である。担当者は，次のように述べている。

> 「従業員の意識を変えるというのは，方針とか理念というものがありますので，それをどのような形で具体的にさせるかということです。先ず，一つとして当社がやっていることに「六なろう運動」というものがあります。内容的には1から6までの具体的な行動，指針があります。毎朝，朝礼でこれを全員で各部署，各セクション，皆で暗記しています。身体に染みついているということです。…全員やっています。総務なら総務，製造なら製造，営業なら営業で，午前8

時半の始業の時にあるミーティングの中でやっています。…もう会社に入った以上，守るべき内容ですからいやがられることはありません。就職のガイダンスの中で学生から当社についての質問があれば「六なろう運動」の精神を必ず行うということを伝えておりますので抵抗はないです」

(2)　経営理念の展開（D社）

　D社は，経営理念の展開を指摘している。担当者は，次のように述べている。

　「当社がやってきたことは，要するに経営理念の展開です。具体的には，中小企業同友会で研修を受けてそれを展開するという形で行っています。当社はT社のフランチャイズですので，販売計画とか売上計画とか収益性については，メーカーに報告しますから…T社からも監査に来られて，どういう売り方をして，毎月どれだけ利益を上げているか，きっちりチェックされます。毎月1回，担当員が来て，ここは何故，出来ていないのですかとヒアリングをされます。これだけ売ってくださいと決めたら，それだけ売れということで徹底して追及されます。売上とか販売台数を増やすにはそれでよかったのですが，なかなかそれほど伸びなくなってきたときに，どうしようかということになりました。利益が価格競争で圧迫されますから，そのときにどうしようか，ということで始まりまして，3〜5年位前です。それからもうひとつ，マニュアルからその他いろいろ，T社からきますので，ほとんどものを考えないというか，方針もやり方も，T社がやってくれるというか…そういう状況で，当社の社長が危機感をもちまして…経営理念型の経営をやろうということになりました…我々幹部がまず勉強して，次に，下の係長クラスからスタッフクラスまで展開しているところです」

(3)　教育関連施策（E社）

　E社は，教育の重要性を指摘している。具体的には，仕事上で必要な資格の取得，および自立（律）性の醸成である。また，それにともなう経営理念の普及や給与面制度の見直しがある。担当者は，次のように述べている。

　「意識の変革ということについては，やはりついていかないともう生き残れないという時代になっていますので，我々のところは，教育については，できるだけ専門的な教育，技術的な教育を受けさせて順応させていくということを，今，やっています。…御承知のように非常に求人難です。中小企業の場合は，ではどうするかというと，すべて教育投資をするわけにはいきませんから，我々のところは「ある程度の資格を技術として取得しなさいよ」ということをやっています。我々は，販売に関しては，例えば，販売士の資格，それから整備は当

然整備士という公的資格を3年以内にとらせるようにしています。…入社後です。ただし，普通にただ受験するだけではとれませんから，それに向けて例えば通信講座を会社負担でやらせております。次に，3年先にはまず3級の販売士，あるいは3級の整備士をとらせるという形です」

(4)　経営トップからのメッセージ発信（I社）

　I社は，経営トップからのメッセージの発信（危機感の醸成）や現場報告を指摘している。担当者は，次のように述べている。

> 「当社は，表面上の業績は非常に好調です。そういう面で従業員の危機意識といいますか，そういうのがこの業績好調の中ではなかなか見えないというか，感じないというのがあります。経営陣は，次の新薬の候補がなかなかできていないものですから，焦りがあり，また，従業員の隅々にまでそういう危機意識とかが伝わってないと思っています。そういう意味で，最近では社長通信ということで，従業員向けメッセージを月に文書1回ぐらいは必ず出して，今どういうことを考えているのか，あるいは従業員にこういうことを勧めたいという，そういうメッセージを継続的に行っています。…本当は，中間管理職にそういう役割を期待したいのですが，忙しい中で会社の考えていることをきちっとダイレクトに伝えるのは難しいですから，そういう意味では部門長なり，あるいは社長のメッセージを月1回ぐらいは発信していくというようなことで従業員の意識の変革，それを平時の中にあっても次のグローバル競争の中に向けての決意とか，今立ち入っている課題に対してどのように対応するのかなどの重要課題を意識的に発信しています。もう1つ，社長自ら現場報告をやっております。従業員との直接コミュニケーションを…ここまで危機感を持ってやったのは最近ではないでしょうか」

　これら以外にも，改善活動や報奨制度（B社，C社），資格制度や評価制度（G社）。また，施策ではないが，目標の設定（F社），経営危機感の醸成・共有（H社）を指摘している企業もある。この多様性については，調査3で判明していない事実である。ただし，従業員の意識・行動変革を行うための決定的で，即効的な施策はない，という理解は本調査からも分かる。

2　意識・行動変革の判断視点：何をもって成功とするのか

　従業員の意識や行動の変革について，企業は，主に業績的な指標や従業員の仕事姿勢という視点から判断している。前節の調査3においては，「従業員の企業目標への理解度が向上したこと」や「企業の経営方針や内容への理解度が

向上したこと」という視点から判断する企業が多かった。

　この調査4では，業績的な指標（A社，D社）を指摘する企業は少なく，従業員の仕事行動やお客様の反応（C社），教育面での効果（E社），会議などでの発言行動（F社），従業員対象の調査の結果（G社，Ｉ社）の指摘があった。企業が，業績的，あるいは財務的な経営指標を指摘することは予想できるが，それ以外にも着目している視点が，より具体的になっている。

　企業は，従業員の意識・行動変革について，主に業績的な指標や従業員の仕事行動という視点から判断している。企業が，業績的，あるいは財務的な経営指標を指摘することは予想できるが，それ以外にも着目している視点が，松田（2000）よりもさらに具体的になっている。

⑴　業績的な指標（A社）

　A社は，業績的な指標を指摘している。また，それを支える仕組みの重要性を指摘している。担当者は，次のように述べている。

　　「変えた意識や行動をどうやって測るのか，ということについて，それは，先ほど申し上げましたように数値目標があります。例えば，駐車場に駐車の装置機械を入れる…当社の場合は，具体的に言えばそれが営業目標ですので，数値管理をしています。そこで何パーセント達成したのか。業績的な指標です。稼働率が上がれば業績が上がる。コストダウンならコストダウンの効率を上げる，ということです」

⑵　従業員の仕事行動やお客様の反応（C社）

　C社は，従業員の仕事ぶりやお客からの反応を指摘している。担当者は，次のように述べている。

　　「…結局，我々の会社は，本人がいくらやっても会社に返ってくる金額は，契約してあるから同じです。変わりはありません。ただし，こういう世の中ですから，競争が結構激しいです。お客さんに喜んでもらうということについてどのようにしたらよいか，それと最新の技術を本人たちに教えて実践してもらうためにはどうするかということで，できるだけ作業をマニュアル化することによって同じ仕事をやるのであれば単純にできるようにする，これ以外にありません。今，必死でやっているところです。…場合によっては，意識や行動も顔にあらわれたり態度にあらわれますので，お客さんであったりオーナーであったりする人

に，やはり，一言，声をかけるとかだと思います。…一つうまくいかないとすべてが狂ってしまって，手を抜くとそういうことが起こるということもあります」

(3) 教育面の効果（E社）

　E社は，教育面での効果（例えば，資格取得者の増加や競争意欲の向上）を指摘している。担当者は，次のように述べている。

　「まず，教育面では先ほど言いましたような取組み，資格取得について積極的に取り組み出したということがあると思います。資格取得者が徐々に増えてきたというところが教育面では見られます。行動面では，例えば，物販業ですから上半期，下半期，とくに夏場ですと8月を中心に，冬場ですと12月を中心に一番よく売れる時期ですが，そういう中で，販売のコンテストをやります。そうすると，それに向けて，当然賞金も出しますから，それからそういう実績も還元していきます。いろいろな従業員がいますが，自分でやろうというのはライバルの数字などを見ながら挑戦して，さらに（コンテストで優秀な成績を収めて）表彰してもらおう，というような意欲が見えて，やはり行動面では成果があらわれているのではないか，と思います」

(4) 従業員対象の調査の結果（G社）

　G社は，行動を中心とした従業員調査のいろいろな結果（例えば，気づき，モティベーション，さんづけ運動の成果等）に基づいていることを指摘している。担当者は，次のように述べている。

　「定期的にやっているES調査があります。また，行動変革の一つに，これもアルバイトさん中心なのですが，気づきというのをやっています。気づきというのは，仕事の上でとか仕事以外のことでも，例えば，当社に対して，お客様はこういうことを見ているのだとか，お客様に対してこういう行動をとらないとやはりホスピタリティーという部分が上がっていかないのだというのを，自分が学校に行って気づいたことや，お客様として行って気づいたことをメモに書いてもらいます。それを店で出して，本社で集めて，すごい気づきについては表彰をしたりとか，または成功事例とかという形でフィードバックをしたりとかします。ですから，その気づきがものすごく多い店というのは，やはりアルバイトさんの意識というのはすごく高いですし，スタンダードというのもどんどん目に見えて上がっていきます。結果的には，やはり客数，売上げもアップしていくことにつながっています。…すごい気づきというのは，ちょっと名前

は変わっているのですが，「気づき人口」と呼んで，全店に内容であるとか，お店の写真や自分の写真を通達で出したりとかしています。あと年に２回，店長フォーラムという店長会議があるのですが，その中で表彰をしたり，ビデオで紹介したりしています」

3　意識変革と行動変革との関連：意識が先か，行動が先か

　意識変革から行動変革への移行過程（意識変革が生じて，次に行動変革が生じる）という視点について，企業は，必ずしも同じようには考えていない。

　本調査では，意識変革があり，次に行動変革が生じる（A社，D社，E社，F社，I社）という企業もあるが，同時的である（B社，C社），行動変革から意識変革もある（G社，H社）と指摘する企業もある。さらに，併せて，そのための仕組みや制度の重要性（A社，B社，I社）を指摘する企業もある。松田（2000）でも指摘しているが，現場では，理論的なモデルを意識して行動しているわけではない。よって，客観的に検討すれば，明らかに意識変革から行動変革という移行過程であるにもかかわらず，その２つが平行的に生起され，そのように理解している企業もあることが確認できている。

⑴　意識変革の次に行動変革（D社，F社）

　D社は，意識変革が先にあると指摘している。また，その際には，本音で言い合いのできる信頼関係の構築の重要性を指摘している。担当者は，次のように述べている。

　　「意識変革が先だと思います。行動を変えるというのも，あるのでしょうが，今やっているのは意識を変える，ということです。行動を変えるというのは，例えば，他社の掃除の会とかが，そうです。便所清掃のときに一生懸命何かを考えます。そのときに何か感銘を受けたり，ひらめいたりするのだと思います。やはり，意識を変えるというのが先だと思います。…やり方に問題があるようにも思いますが，どちらかを選べと言われたら，どちらでもいいと思います。どちらから入っていくのか，だと思います。行動変革が先の場合もあると思います。…前常務は，きちっとした服装をすれば，それなりの行動をするとか，役職につけると人は育つとかというような話をよくしていました。…それから意識を変えるのは，やはり正直というところがあります。嘘をつかない，自分に正直に，というそれが最低条件なので，そういう本音でエントリーできる環境を作っていくのが意識を変えてもらうという入口だと思います。本音で言

い合える信頼関係を作らないと意識を変えることは出来ません」

　F社は，意識変革が先にあり，次に行動変革があると指摘している。ただし，意識変革には時間と日常の仕事の積み重ねが重要であることも指摘している。担当者は，次のように述べている。

　　「やはり意識が変わってからだろうと思います。意識が変わると行動が変わるというのは多分正解だろうと思います。この半年間，誰かが，みんなの意識を変えようと…誰か1人もしくは数人のグループが考えますと，何とかしなければいけないとなってきました。ここが重要で，毎日，日常の仕事の中で何か変えさせるとか，あるいは考えさせるとか，今やっていることが正しいのかどうかとか，多分，誰も正解は持っていないのですが…その気がついた数人のグループも，今やっていることが正しいかどうか結論を持ってはいません。実は，我々も同じです。実際に現場でやっていること，日常の仕事でやっていることを，やっていない我々がそれを正しいかどうかというのは分かりません。一番分かるのは取り組んでいる従業員です」

(2)　意識変革と行動変革は同時的（B社）

　B社は，意識変革と行動変革の同時性を指摘している。また，それを可能にする仕組みづくり（例えば，研修やメンター制度），およびその変更をも指摘している。担当者は，次のように述べている。

　　「行動をとらせるために，行動するために行動した結果を評価する。要するに今まで頑張って，売上がありました。ヒット商品として皆が認めているのであれば，それを表彰することによって「他の人もこれだけ頑張れば，皆の前で表彰されるのだ」という制度をつくっています。それについて重要なのは，皆の意識も「頑張れば達成感があって，会社として認めてくれる」ということがあります。そういう仕組みづくりが重要です。どちらが先かと言うことは分かりませんが，達成感とかいうものをほめていく仕組みづくりをどのようにして考えていくか，ということが非常に大切だと思います。意識も変えてもらいたいし，行動も変えてもらいたい，でもそれをするためには仕組みを変えることが必要ではないか，と思います」

(3)　行動変革の次に意識変革（G社，H社）

　G社は，明確にではないが行動変革があり，次に意識変革のあることを指摘している。また，若年従業員やアルバイトに対して，ほめる，あるいは自信を

つけさせること，および小さな評価を積み重ねることの重要性を指摘している。担当者は，次のように述べている。

> 「企業内ユニバーシティーでもまた営業の方でも言っているのは，新人の子には，すごく言いたいことはいっぱいあっても，例えば，「ここはだめだったよ，ここは悪かったよ」とか，「それはだめだったよ」ということが…「でも，必ず1つ，2つほめてください，まずほめることをしてください」と言っています。言うならば，「あれよく気がついたね」といってほめてあげるとか，「今日の笑顔はよかったよ」とかです。でも，本当に言いたいのは，ここの仕事をもっとこうしてほしいというのを言いたいのですが，でもそうやって小さなことをほめることでその本人は見てくれているのだという気持ちがあるのと，それでほめてくれてうれしかったと自信を持つことになります。そうすると，一回ほめることでその子は，気づいてくれるということです。やはりその繰り返しで…要するに企業側からいえば給料が発生していないところで仕事を勉強してくれるということです。それで，その次に来たときに，「今日の目標はこれだよ」と言ってまたそういう繰り返しをしていけば，小さな自信の積み重ね，小さな評価の積み重ねが人を育てると思います。だから，どちらが先かといわれると，理屈でわかってやるというよりも，どちらかといえば当社の場合，年齢的にも若いし，まだまだ社会経験だとかいろいろな経験も少ないということですから，本当に言葉に出してほめてくれるとかというのがすごく気持ちいいのではないでしょうか」

　H社は，一概には，意識変革から行動変革という過程になるとは限らないことを指摘している。担当者は，次のように述べている。

> 「…人によっては行動からという人もいると思います。例えば，流れてくるメールに目を通しても，自分には関係ないと思って頭の中に入ってこないときに，「出張に行きます」と言ったが，上司に止められることがあります。そこで「あれ？」というように意識が変わってきたりする，というように思いますが…自分に関係ないという意識を持ってしまう人もいますから，それだと会社の決まりに従って行動しているうちに意識が変わっていくのではないかという気がします」

4　抵抗・促進の要因：何が抵抗し，何が促進するのか

　従業員の意識・行動変革における抵抗の要因について，企業は，企業と従業員にそれぞれ具体的な要因があると考えている。前節の調査3においては，「施策や活動に対する自社内の保守的な態度や職場の雰囲気」や「施策や活動

を定着・フォローする施策の未構築」であると考えている企業は多かった。

　本調査では，企業に起因する要因として従業員への説明不足（A社），管理者の対応（C社）が，また従業員の起因する要因として，従業員の理解不足や向上意識不足（B社，D社，E社），旧来の仕事のやり方に固執することやプライドのあること（F社，G社，I社）が判明している。これは，調査3の結果に類似した内容を示しており，松田（2000）等でも指摘した内容と同様である。

⑴　従業員への説明不足（A社）

　A社は，従業員への説明不足を指摘している。ただし，うまく促進するには彼・彼女らとの信頼関係の構築が重要であると指摘している。担当者は，次のように述べている。

　　「意識を変えようというときに抵抗を感じるのは，説明が足りないときにそれを感じます。そういう場合には，このような理由で意識や制度を変えたいという，会社側の意向を伝えます。…具体的な例というのは思いつきませんが…。当社は，順応性が良いというか，抵抗感はありません。以前に私がいた会社で賃金体系を変えたときには感じました。2交代だったのを3交代に変え，そうすると残業代も10時間あったのが減りますので，給料も減ることになります。それについては，とても抵抗がありました。年功序列の時代でしたからよけいにそう感じました。迫力さえ感じました。…（原因は）もちろん給料が減るからです。はっきりしています。しかし，そのようなことは，当社にはありません」

⑵　管理者の対応（C社）

　C社は，管理者の対応のあり方を指摘している。また，それを克服するためには，信頼関係の構築が重要であることを指摘している。担当者は，次のように述べている。

　　「…これは，本人が納得しなければ絶対動きませんし，我々は，常時そこについていて監視しているわけではありません。本人が，自分で意識して行動しただけしか業績は上がってきません。ただし，「業績，業績」というと，作業が進みません。ですから，我々，あるいは管理している人たちの対応しだい，であると思います。どのような雰囲気で，どのように持っていくか，説明の仕方ひとつで反発して「そんなことできません」と言えば，仕事をしてくれませんから…「やれっ」と言っても，やるのは，ふだんは，本人がやるわけですから…そ

ういう人の管理という，そこが難しいです。常時見ているところで仕事しているわけではありませんから…我々も（現場に）行きますけれども，それをその場で本人に言った方がよい場合もあれば，言わない方がよい場合もあります。…ただし，同じことを何回も言わなければならないのであれば，それは，もう「ズバッ」とその場で言わなければならないのですが…たまたまそうだったのか，常時そうだったのかということは，しばしば現場に行っていないと分かりません。ですから，仕事は別にして，いかにして会社と本人との信頼関係を築くのか，というのがすべてじゃないでしょうか」

(3)　従業員の理解不足（B社）

　B社は，従業員が理解していないことを指摘している。担当者は，次のように述べている。

　「まず従業員が理解していないということです。例えば，ISO自体を理解していない人が多いと思います。理解できたら，多分，よくなると思います。理解するまでが難しくて，ややこしいのです。…ISOそのものが，通常，会社として基本的な仕組みとして必要なことを前提としたレベルというか，我々がつくっていない規則も網羅されていますので，当社の場合は，若手・現場からそれをスタートさせていきます。次に，現在，動いている中堅層が「ISOとはこういうものだ」と理解し，また，彼・彼女らが，自分は今まで抱えていた問題をこういうかたちで解決していこうとか，上へ話ができる道ができてきたことがはっきり分かってきたとか，これらのことが大きいと思います。今までは，規則というものが，実際にはタネ切れで，アウンの呼吸で動いてきたのだけれど，ある程度，それを道具として活用できていたと思います。それが，若手で，また現場の一線で引っ張ってきた従業員が，そういう教育なり研修を受けた結果，かなり進んだのではないかと思います。それが，今はある程度，上層部にも浸透してきており，彼らを動かすまでになっています」

(4)　従業員の向上意識の不足（E社）

　E社は，向上意識の不足を指摘している。また，会社の方針をいかに伝えていくのか，ということの重要性を指摘している。担当者は，次のように述べている。

　「…抵抗というよりも，やはり自分の向上意識とかがない，ということだと思います。だから，そういう人間は，社会へ出て就職すればそれでもうゴールだと

いう意識があると思います。それで，絶えず新入従業員の入社式のときに言う
のですが，「うちのグループはそうではありません」と，「ここがスタートです
から皆さん勘違いをしないでくださいよ」と言います。それで，「入社してみて，
それで自分は，この方向ではついていけない，あるいは方向を間違えていると
いう人は一日も早くやめてくださいよ」と，おもしろく言っているのですが，
実際，そうだと思います。幾らそういう人間に3年から5年の教育投資をしても，
伸びないものは伸びませんから…会社にとっても，その間は，ロスになります。
それであれば，早くそれはあきらめてもらって「自分の好きな道へ行ってくだ
さいよ」ということだと思います」

⑸　旧来の仕事のやり方に対するプライドや固執（F社，I社）

　F社は，旧来の仕事のやり方に対するプライドを指摘している。担当者は，
次のように述べている。

> 「我が社もベテランの従業員が多いです。職員の中で，ずっとやってきている者
> もいます。その仕事のやり方を変えるということ，自分がやっていることを変
> えるということについてはものすごく抵抗してきます。…60歳以上も何人も在
> 籍しておりますし，その人たちはものすごい自分の仕事にプライドを持ってい
> ます。自分の仕事，まして人に教えるという感覚がそれほどありませんでした。
> ですから，30年も勤め上げている人にしてみると，過去の自分をすべて否定さ
> れているような思いも持っておられるのだろうと思います。「そうではないので
> すよ」と言っても，「いや，昔からこうやってきているからこれが正しい」とい
> うことを言います。「抵抗で言っているのではない，これが正しいと信じていま
> す」と，…。それが，こちらから見ると抵抗しているように見えるということ
> です」

　I社は，環境変化に対しても対応できず，旧来の仕事のやり方に固執するこ
とを指摘している。担当者は，次のように述べている。

> 「1つは，さっき申しましたように，業界が劇的に変わってきたという中で，と
> くにマネジャー，部門長，トップですが，過去の成功体験に固執する場合，こ
> れを若手に押しつけたり，そういう古い旧態依然としたマネジメントスタイル
> を押しつけたり，あるいは成功体験にしがみついていると，なかなか市場から
> もあるいは部下からも受け入れられないということがあります。マネジャー，
> トップ，それは世代を超えて新しい業界慣行あるいは業界の流れに沿ったビジ
> ネスを展開するなり，やり方を導入していかないと，なかなか意識も変わらな

いし，ついてこないだろうということです。…やはり先輩従業員であるので，尊敬の念では見られるものの，その方が今のやり方を否定していては，やはり若手からも信用されないということです。ですから，やはり絶えざる自己改革というのは重要ですから，確かに自信をつけるという意味では若手にも重要なのですが，自分が経験してきたこと，成功してきたことを押しつけないということでしょう。とくにITの進歩以降，そういう成功体験にこだわらないことだと思います」

　また，この一方で，**促進の要因**としては，明確な回答は少なかったが，人事施策の有効性と信頼関係の構築（A社），ビジョンの重要性（B社），リーダーの存在（C社），企業の経営状況の公開（D社），抜擢人事（G社），ボトムアップとジョブ・ローテーション（H社），フォローの重要性（I社）が指摘されている。

⑴　信頼関係の構築（A社）

　A社は，うまく促進するには彼・彼女らとの信頼関係の構築が重要であると指摘している。担当者は，次のように述べている。

　「抵抗を感じさせないように促進させる方法…確かに，何かをやるときに，早期退職者には退職金に金額の上乗せをします。しかし，そのようなことで促進するでしょうか。…繰り返しの説明と互いの信頼関係の構築しかないでしょう。信頼関係が1番です。…当社は100人くらいですから，…（信頼関係は）机に座っているだけではダメなので，現場へ行って話をする，スタッフの人柄を見る，ということだと思います。突然，制度を変えて意識を変えようということには，従業員は抵抗します。普段の人間関係の構築が，促進することになると思っています。以前も今も，現場に入って一緒に掃除をしたり，普段の生活をしたりすることで人間関係を作っています」

⑵　経営状況の公開（D社）

　D社は，促進の要因として，企業の経営状況の公開，およびをそれによる自律観の育成を指摘している。担当者は，次のように述べている。

　「会社の状況を思い切って公開したことが促進したことになったと思います。実は，今年で赤字は解消するのですが，赤字が8,000万ありました…経理担当常務が突然病気で引退して，経理の責任者になったものですから，こうなれば公開するか，ということになりました。それを受け入れるだけの教育をしていく必要性もありますので…結果的に公開したことが，（従業員の）自律心を育てて

促進したのだと思います。…結局，自分がやるっていうことが快感のようです。自分で理解して，自分でやるっていうのが…変化が自分で認識できるというのはいいことじゃないでしょうか。自分が強くなっていくとか，自分が役に立っているとか，そういうように変わったということが，自分自身にあるということは，かなりな促進要因になっていると思います。…やはり見ていると，言うことが変わってきますから，分かります」

(3)　**抜擢人事（G社）**

G社は，促進の要因として，抜擢人事を指摘している。担当者は，次のように述べている。

「大抜擢です。今まではどちらかというと年功序列であったり，大卒有利であったり，男性有利であったりしていました。年齢とか経験とかそれを全く関係なしにして，上位のポジション…部長職であったりとか地区責任者，リージョナルマネジャーであったりとか，そういったところに，本当に今までは考えられなかった30代前半とかそういった人を抜擢したというのがあります。…今までだったら，どちらかというと親会社の天下りではないですが，そこでいくら頑張ってもここまでだとか，しかも何年もかかるというところが全然そういうのがなくなったので，すごく意識は変わったと思います。それともう一つ言えば，公募制というのを取り入れました。やりたい人が手を挙げて，その中から選びますよということです。そうすると，前の人事だったら無理やりとか，嫌々とか，というのがあったのですが，今はやりたい人の中から選ぶから，やはりやる気とかは全然違っていますし，そういった人は，絶対に退職しません」

第11章

Survey and Interview for Resistance

組織変革と抵抗：調査5・6

本章のガイド

　本章は，第7章で紹介した組織変革における抵抗に関するアンケート調査（以下，「**調査5**」と略称する。松田，2014cを参照）の結果（実態），およびインタビュー調査（以下，「**調査6**」と略称する。松田，2014a・b，松田，2015を参照）の結果（深層）について，紹介する。

第1節
抵抗の実態：調査5

　本節の課題は，企業が組織変革において直面する抵抗の具体的な実態について，明らかにすることである。

1 生起と施策

　企業が行う多様な施策における抵抗の生起の程度（換言すると，抵抗の生起が強いのはどのような施策か）について，5点尺度で調査した結果が，**表11－1**である。

表11－1　抵抗の生起と施策（n=51）

施策項目	平均値	5	4	3	2	1	9	未
1．部署の新設・統廃合や名称変更	2.80	2	17	9	13	9	1	0
2．社会貢献や企業文化活動	1.90	0	2	11	15	20	3	0
3．仕事の合理化や改善等の全社的活動	3.02	4	14	11	17	2	3	0
4．人事考課制度の変更	3.63	7	18	13	5	0	8	0
5．職場単位等で行う小集団活動	2.60	1	5	16	13	5	11	0
6．自社や企業グループ内の再編や統廃合	3.68	7	21	7	5	1	10	0
7．経営理念や社是社訓の浸透	2.00	1	2	13	9	20	6	0
8．他企業の吸収や合併	3.03	3	11	8	6	5	18	0
9．倫理・コンプライアンス指針の浸透	2.39	0	7	16	15	11	2	0
10．新規事業・商品・サービスの開発や創造	2.44	0	9	15	15	11	1	0
11．成果主義的な考え方の制度導入	3.44	2	19	12	6	0	12	0
12．社内研修や教育制度の変更改定	2.71	2	9	15	12	7	6	0
13．全社的なTQC・ZD活動	2.41	0	4	14	8	8	17	0
14．就業規則の変更や改定	2.71	1	13	11	19	5	2	0
15．社内行事（例：社内旅行，運動会）の見直	2.66	1	5	13	13	3	16	0
16．ダイバーシティの推進	2.63	2	3	18	9	6	13	0
17．国内事業の縮小や海外事業展開の促進	3.05	3	12	11	10	3	12	0
18．昇進あるいは賃金制度の変更	3.50	3	24	11	4	2	7	0
19．就業条件や休暇制度の変更	3.14	2	17	13	5	5	9	0
20．非正規従業員の処遇の変更（例：正規従業員への登用）	2.36	0	9	10	17	11	4	0
21．その他（具体的に：　　　　　　　　　　）	0.34	0	2	2	0	0	10	37

注1）　上記表の「9」は「該当する施策は実施せず回答不能」を示す
注2）　「21．その他」の記述は次のとおりである。・目標管理制度の変更　・通勤時の服装

　上位項目の3つは，①「6．自社あるいは企業グループ内の再編や統廃合
(3.68)」，②「4．人事考課制度の変更 (3.63)」，③「18．昇進あるいは賃金制
度の変更 (3.50)」である。

　その一方で，下位項目の3つは，「21．その他」を除いてその数値（平均値）
が高くなる順に，①「2．社会貢献や企業文化活動 (1.90)」，②「7．経営理
念や社是社訓の浸透 (2.00)」，③「20．非正規従業員の処遇の変更 (2.36)」で
ある。

　これをみると，企業の再編・統廃合のような組織形態・構造にともなう変化，
および個人に直接的な影響の強い人事関連事項については抵抗が強いと考えら
れる。ただし，数値自体はそれほど高くない。その一方で，社会貢献・企業文
化活動のような間接的な仕事，および理念・社訓浸透のような抽象的な活動へ
の参加等についてはそれほど強くないことが分かる。

　松田 (2000・2011) からすれば，組織構造施策や人事施策を実施する際には，
不安や経済的損失の可能性から抵抗が生起することは予想できることである。
ただし，調査結果をみると，その予想については，支持されてはいるが，スコ
アがそれほど高くない。これは，企業はどのような施策においてもある程度の
抵抗が生起することを考慮してはいるが，それほど大きなものではない，と認
識していると考えられる。

　その一方で，自身に直接的に関連しない，文化活動や理念浸透活動等におい
ては抵抗の程度が強くないのは，松田 (2000・2011) からすれば，予想どおりで
ある。

2　要　因

　多様に考えられる抵抗の要因における当てはまり度について，5点尺度で調
査した結果が，**表11-2**である。

　上位項目の3つは，①「4．施策や活動に関する社内説明や普及の不足
(3.59)」，②「1．施策や活動に対する保守的な職場の雰囲気 (3.57)」，③「9．
施策や活動を推進するプログラムの不充分さ (3.43)」である。

　その一方で，下位項目の3つは，「22．その他」を除いてその数値（平均値）
が高くなる順に，①「15．企業理念や経営方針の改定 (2.16)」，②「19．ス
テークホルダーからの圧力 (2.25)」，③「17．自社あるいは企業グループの不
祥事や悪評 (2.26)」である。

表11－2　抵抗の要因（n=51）

抵抗の要因項目	平均値	5	4	3	2	1	未
1．施策や活動に対する保守的な職場の雰囲気	3.57	9	20	14	7	1	0
2．施策や活動を推進するリーダーの交代や不在	3.39	5	21	15	9	1	0
3．売上や利益などの業績の悪化	2.73	1	10	21	12	7	0
4．施策や活動に関する社内説明や普及不足	3.59	5	26	15	4	1	0
5．自社内の政治的なしがらみ	2.54	2	13	9	12	14	1
6．施策や活動の基礎になるビジョンの不明確さ	3.16	5	16	16	8	5	1
7．経営トップ層等に対する不信感	2.78	1	14	14	13	7	2
8．短期的な成果や株主利益の追求	2.43	2	9	10	13	13	2
9．施策や活動を推進するプログラムの不充分さ	3.43	5	21	14	8	1	2
10．自社あるいは企業グループ内の再編や統廃合	2.82	6	11	11	10	11	2
11．トップダウン的なマネジメントスタイル	2.78	3	10	13	19	4	2
12．成果主義的な考え方の導入	2.71	1	11	16	15	6	2
13．他企業の合併や吸収	2.39	2	7	16	7	17	2
14．主な事業領域（製品・サービス）の転換や縮小	2.65	3	10	13	13	10	2
15．企業理念や経営方針の改定	2.16	0	5	14	15	16	1
16．施策や活動に対する理解困難さ	2.94	2	18	11	13	6	1
17．自社あるいは企業グループの不祥事や悪評	2.26	0	8	14	11	17	1
18．自社や自業界に関する将来的な不透明さ	3.00	4	13	15	11	5	3
19．ステークホルダーからの圧力	2.25	2	5	12	14	16	2
20．以前から学習していた知識経験の蓄積	2.74	2	10	17	13	7	2
21．サンク（埋没）コストの懸念	2.70	0	11	21	10	8	1
22．その他（具体的に：　　　　　　　　　）	2.40	0	2	4	0	4	41

注）「22．その他」の記述は次のとおりである。・担当業務の繁閑との兼合い　・「変化」自体に対するハードシップ

　これをみると，説明・普及不足，保守的な雰囲気，およびプログラムの不充分さが抵抗の要因として考えられる。これは，2003年以降，当研究室が，企業が実施する施策を対象として行ってきた諸調査と同様な結果である（松田, 2011）。ただし，数値自体はそれほど高くない。その一方で，理念・方針改定，関係者からの圧力，および不祥事や悪評は抵抗の要因としてはそれほど強くないことが分かる。

　以上によると，調査結果において説明不足，保守的な職場の雰囲気，プログラムの不充分さ等が抵抗の要因として判明したことは，松田（2012・2013）の内容とも適合的である。ただし，それについては，スコアがそれほど高くない。これは，企業は，抵抗の要因として考慮はしているが，それほど大きなもので

はない，と認識していると考えられる。

　また，当研究室では，多様な施策や活動を対象にアンケート調査を行い，その中で，必ず施策や活動の普及・推進を尋ねているが，項目の順位は異なってもこの3項目であることと，その数値がそれほど高くないことは共通的である（松田，2011）。

　これらの2つの点を考慮すると，松田（2012・2013）において多様な要因を提示はしたが，現場ではある程度限定された要因が施策を超えて，共通的に生起していることが指摘できる。これは調査者が思うほど企業は，マネジメントスタイル・メソッド，不安，潜在的にある防衛意識等は，抵抗の要因として意識していないということでもある。あるいは，意識していなくはないがスコアからは弱い，ということである。なお，この指摘については，次項の生起理由（メカニズムとも関連する）の結果をみると，それとの明確なすみ分けができていなかったとも指摘することができ，さらに今後の課題である。

　その一方で，自身に直接的に関連しない，理念や方針改定，ステークホルダーからの圧力が要因として強くないのは，予想どおりである。

3　生起理由

　多様に考えられる抵抗が生起する理由における当てはまり度について，5点尺度で調査した結果が，**表11−3**である。

　上位項目の3つは，①「1．変革には痛みが伴いそれをいやがるから（3.92）」，②「6．従来の仕事のやり方に固執し，変化を嫌う職場雰囲気があるから（3.46）」，③「3．自社や自業界の将来の見通しについて不安があるから（3.44）」である。

　その一方で，下位項目の3つは，①「11．家庭生活で介護や出産・育児ストレスが増えているから（2.00）」，②「10．社内の強い政治的な圧力があるから（2.04）」，③「9．一旦やりだすと簡単には変更・中止できない企業体質があるから（2.12）」である。

　これをみると，苦痛，固執，および将来不安が理由としては強いことが分かる。これらは，程度は別として多様な調査・研究から指摘されている理由と同じである（松田，2011）。その一方で，家庭生活における育児や介護によるストレス，社内圧力，および企業体質については，理由としてそれほど強くないことが分かる。

表11-3　抵抗の生起理由（n=51）

抵抗の生起理由項目	平均値	5	4	3	2	1	未
1．変革には痛みが伴いそれをいやがるから	3.92	11	28	7	4	0	1
2．現在の（会社や個人の）利益が減少するから	3.28	6	16	16	10	2	1
3．自社・自業界の将来の見通しに不安があるから	3.44	4	23	16	5	2	1
4．自社の状況に危機感を感じてないから	3.22	7	12	17	13	1	1
5．理念や経営方針を理解していないから	2.74	4	8	15	17	6	1
6．従来の仕事のやり方に固執し，変化を嫌う職場雰囲気があるから	3.46	9	19	11	8	3	1
7．経営トップ層の言動を理解していないから	2.96	1	16	16	14	3	1
8．成功体験が少なく何事にも諦感があるから	2.64	5	5	16	15	9	1
9．一旦やりだすと簡単には変更・中止できない企業体質があるから	2.12	1	8	7	14	20	1
10．社内の強い政治的な圧力があるから	2.04	0	8	10	8	24	1
11．家庭生活で介護や出産・育児ストレスが増えているから	2.00	0	2	14	16	18	1
12．会社と従業員との一体感が弱いから	2.54	2	9	13	16	10	1
13．成果主義的な志向が強まり自己本位が強まっているから	2.42	1	4	20	15	10	1
14．コンプライアンスによる圧力が強くなってきているから	2.40	2	5	19	9	15	1
15．従来に比べて仕事の量が増加し，質が向上しているから	2.98	1	20	14	7	8	1
16．社会やステークホルダーから圧力が強くなってきているから	2.18	1	6	12	13	18	1
17．職場・従業員間コミュニケーションが弱いから	3.02	1	19	16	8	6	1
18．選択と集中化が進み疲労感があるから	2.88	0	14	18	14	3	1
19．従業員間の不一致や不調和が多いから	2.74	1	13	15	14	7	1
20．社内での摩擦やコンフリクトを恐れる傾向があるから	2.94	0	18	15	13	4	1
21．短期的な仕事成果の追求が強く余裕をもてないから	2.90	3	13	15	14	5	1
22．その他（具体的に：　　　　　　　　　　　　　　）	2.17	0	1	2	0	3	45

注）「22. その他」の記述は次のとおりである。・考えることを拒絶している

　以上によると，調査結果において精神的な苦痛，仕事のやり方に関する固執，保守的な職場雰囲気の存在，将来への不安等が抵抗生起の理由として判明したことは，松田（2012・2013）の内容とも適合的である。

　その一方で，介護や育児等へのストレス，政治的圧力，企業体質（組織慣性力の強い）について，とくに後二者のスコアが低いのはやや意外である。質問項目として，差異化ができていなかった可能性もある。また，政治的圧力や企業体質は，松田（2012・2013）の内容とはやや適合度が低いといえる。これは，上述したように，松田（2012・2013）においては，多様な理由を提示はしたが，

企業はある程度限定された，あるいは収斂された理由に依拠していると指摘できる。

4　除　去

多様に考えられる抵抗の除去における当てはまり度について，5点尺度で調査した結果が，**表11－4**である。

上位項目の3つは，①「12. 自社の将来イメージを明確にする（3.96）」，②

表11－4 抵抗の除去（n=51）

抵抗の除去項目	平均値	5	4	3	2	1	未
1．経営トップの方針を理解させる	3.78	9	26	11	3	1	1
2．施策や活動にできるだけ従業員を参加させる	3.64	8	22	14	6	0	1
3．ステークホルダーからの好評価を伝える	2.98	1	14	22	9	4	1
4．仕事のやりやすい職場環境づくりを進める	3.90	10	27	11	2	0	1
5．変革後の自社イメージに関して説明・啓蒙する	3.60	8	22	13	6	1	1
6．自社や企業グループ内組織を再編・統廃合する	2.73	0	10	22	9	7	2
7．職場内コミュニケーションの向上に努める	3.64	6	24	16	4	0	1
8．教育・研修や自己啓発制度を改定する	3.20	3	17	21	5	4	1
9．自社業績や諸事情に関する情報開示を進める	3.72	5	29	13	3	0	1
10．自社の社会的責任や貢献の重要性を教育する	3.22	4	13	24	8	1	1
11．企業理念や経営ビジョンを明確にする	3.88	10	25	14	1	0	1
12．自社の将来イメージを明確にする	3.96	13	25	9	3	0	1
13．報奨制度を新設・改定する	3.00	1	13	23	11	2	1
14．経営トップ層との距離感を縮める	3.54	5	23	16	6	0	1
15．仕事自律性や裁量性の向上を進める	3.33	4	18	19	6	2	2
16．成果主義的な考えを諸制度に導入する	2.63	0	5	25	15	4	2
17．社是社訓や行動規範を変える	2.65	1	5	24	12	6	3
18．新規事業やサービスを創造する	3.14	3	14	23	7	3	1
19．自己啓発を含む提供できる学習機会を増やす	3.02	1	14	24	7	4	1
20．昇進昇格や賃金報酬制度を変更する	3.14	4	15	19	6	5	2
21．変革の成果をできるだけ短期で「見える化」できるようにする	3.49	5	20	19	4	1	2
22．抵抗者と見なされる従業員を交替・異動させる	2.62	1	10	14	19	6	1
23．部署・個人にできるだけ権限移譲を図る	3.02	2	13	23	8	4	1
24．抵抗者（グループ）を推進グループに取り込む	2.66	1	8	23	9	9	1
25．その他（具体的に：　　　　　　　　　　）	3.00	0	2	3	0	1	45

注）「25. その他」の記述は次のとおりである。・成功事例の伝達・発表　・組合と協調して推進する

「4．仕事のやりやすい職場環境づくりを進める（3.90）」，③「11．企業理念や経営ビジョンを明確にする（3.88）」である。

　その一方で，下位項目の3つは，「25．その他」を除いてその数値（平均値）が高くなる順に，①「22．抵抗者と見なされる従業員を交替・異動させる（2.62）」，②「16．成果主義的な考えを諸制度に導入する（2.63）」，③「17．社是社訓や行動規範を変える（2.65）」である。

　これをみると，イメージの明確化，職場環境づくり，および理念・ビジョンの明確化については抵抗の除去として強いと考えられる。これは，例えば，松田（2011）で提示している内容（参加，報奨制度，短期的成果の可視化等）とやや異なっている。その一方で，従業員の交替・異動，成果主義，社訓・規範の変更についてはそれほど強くないことが分かる。

　以上によると，調査結果において参加，事前の説明，ビジョンの明確化，情報の開示等が抵抗の除去として判明したことは，松田（2012・2013）の内容とも適合的である。ただし，一部ではそのような結果にはなっていない。とくに一般的によく指摘される「参加」については，意外な結果（高くないスコア：3.64）であり，それほど上位項目でもない。これは，上述したように，松田（2012・2013）においては，多様な除去方法を提示したが，企業（現場）は，ある程度限定された，あるいは収斂された除去に依拠していること，あるいは参加が既に確立された方法として認識していると考えられることによる。

　その一方で，除去として，インタビュー調査（例えば，松田，2014a・b，松田他，2014）から判明した抵抗者の交替・異動，行動規範等の変更のスコアが低いのも意外な結果である。

5　除去判断

　多様に考えられる抵抗の除去判断における当てはまり度について，5点尺度で調査した結果が，**表11－5**である。

　上位項目の3つは，①「5．従業員の参画行動が見受けられるようになったこと（3.74）」，②「4．従業員のモティベーションが向上したこと（3.72）」，③「6．従業員の日常の仕事行動がスピード化・改善されたこと（3.64）」・③「7．社内に一体感が醸成されたと感じられたこと（3.64）」である。

　その一方で，下位項目の3つは，①「15．従業員の介護や育児・出産への理解が向上したこと（2.86）」，②「22．従業員のダイバーシティへの理解が向上

表11－5　抵抗の除去判断（n=51）

抵抗の除去判断項目	平均値	5	4	3	2	1	未
1．特定期間内（四半期，半年，年間）の売上や利益が向上したこと	3.48	10	15	16	7	2	1
2．主力製品・サービスにおけるマーケット・シェアが向上したこと	3.36	7	14	21	6	2	1
3．自社へのステークホルダーからの評判が向上したこと	3.10	4	13	21	8	4	1
4．従業員のモティベーションが向上したこと	3.72	10	21	14	5	0	1
5．従業員の参画行動が見受けられるようになったこと	3.74	6	30	9	5	0	1
6．従業員の日常の仕事行動がスピード化・改善されたこと	3.64	7	23	15	5	0	1
7．社内に一体感が醸成されたと感じられたこと	3.64	9	17	21	3	0	1
8．従業員の企業理念や経営ビジョンへの理解が進んだこと	3.56	6	21	18	5	0	1
9．従業員の仕事・職場に関する提案や改善意見が増加したこと	3.48	4	23	16	7	0	1
10．従業員コミュニケーションが活発化したこと	3.58	5	20	18	5	0	1
11．従業員の社内教育・研修等への参加積極性が向上したこと	3.28	4	17	19	9	1	1
12．従業員とトップ層との信頼感が向上したこと	3.44	8	14	21	6	1	1
13．従業員の他の全社的な施策や活動への参加積極性が向上したこと	3.18	1	17	23	8	1	1
14．従業員の競合他社や自業界の動向への関心度が向上した	3.06	0	15	25	8	2	1
15．従業員の介護や育児・出産への理解が向上したこと	2.86	0	12	23	11	4	1
16．抵抗者が推進者に変わったこと	3.10	4	15	17	10	4	1
17．従業員のコンプライアンスへの理解度が向上したこと	3.04	0	17	21	9	3	1
18．従業員の無関心行動が減少したこと	3.28	1	23	17	7	2	1
19．従業員の自社の経営状況への関心度が向上したこと	3.54	6	22	17	3	2	1
20．従業員の自己啓発（資格取得等）による学習姿勢が強くなったこと	3.16	2	15	24	7	2	1
21．従業員の事故・負傷や不祥事が減少したこと	2.96	1	9	30	7	3	1
22．ダイバーシティへの理解が向上したこと	2.88	0	9	29	9	3	1
23．その他（具体的に：　　　　　　　　　　）	3.14	1	1	4	0	1	44

注）「23．その他」の記述は次のとおりである。・部下との定期面接を実施　・通勤時の服装が変わってきた

したこと（2.88）」，③「21．従業員の事故・負傷や不祥事が減少したこと（2.96）」である。

　これをみると，参画行動，モティベーション向上，スピード化や改善，および一体感の醸成については抵抗の除去判断項目として強いと考えられる。ただし，数値自体はそれほど高くない。その一方で，育児等への理解，ダーバーシティ理解，および事故等の減少については抵抗の除去判断項目としてそれほど

強くないことが分かる。

　松田（2011）からすれば，従業員の参加やモティベーションの向上，日常の仕事行動の変化，一体感の醸成からは抵抗の除去判断することは，予想できることである。

　その一方で，育児や介護，ダイバーシティの理解向上や事故の減少等は，それほど関係性が強くないという結果も松田（2011）からは予想どおりである。

第2節
抵抗の深層：調査6

　本節の課題は，調査5の回答企業で，インタビュー調査の協力を得られた企業14社（名）を調査対象に，抵抗の深層について，明らかにすることである。なお，紙幅の関係から特徴のあるB氏，C氏，D氏，I氏，およびM氏の内容について，紹介する（9・10・11・12章で紹介する事例とアルファベットは同じでも異なる）。

1　B　氏

　B氏（当時は課長）は，現勤務企業（出版業）の経営企画部時における経営ビジョン作成に関する抵抗の深層を語っている。インタビュー調査は，2012年7月6日に，同社応接室にて行った。事前に送信してある質問項目を机上に置き，許可を得て録音し，対面する形で約1時間半行った。以下はその要約である。

⑴　**具体的には，どのような抵抗がありましたか**

　B氏は，当初より徐々に生起し，旧来のやり方から変更に対応できず辞職者の多かったことを回答している。

> 「クリエイターの人で紙媒体にこだわっていた人は辞めました。結構優秀な人もいました。大量に何100人いる中で何10人ぐらいが辞めました。やや冷たい話ですが，紙媒体はなくなるので，紙媒体で表現をしたいという人は「ごめんなさい。うちにはいらない」ということにはなります。ですから，「それができる所でやってください」ということです。一応，転職の労働市場もあります。自分は今後も紙媒体でやっていこうと思って腹をくくって，ある種プロフェッショ

ナリティーを持っている人は，雑誌というのは世の中にたくさんあるわけです
から，そちらで食べていける人もたくさんいます。残った人は，紙媒体でやっ
ていたものをウェブデザインにしないと売れない，ということでアナログから
デジタルに変わったわけです」

⑵　その抵抗をどのようにして除去しましたか

B氏は，グループを作り時代の流れ，使命感に訴えたことを回答している。

「当社の場合はいくつか例外があると思います。まず，労働組合がないというこ
とです。基本的に自律的によく働きます。ただし，自律的なのですが，一部軍
隊的でもあります。上からAと言えばA，Bと言えばBというように，基本的
に命令の上層部と動く部隊です。ところが，このBとかAの中で工夫できると
ころがたくさんあります。そこを自分らで勝手に工夫していくわけです。上層
部も，最終的なゴールだけ言っておいて，あとは基本的に任せる，というスタ
ンスです。…次に，コミュニケーションはすごくやりました。やり方としては，
現場で味方やサポーターをたくさん作りました。5人組みたいなグループを多
く作りました。これがまず大事かと思います。「こちらが大事だよ」と説得して
いきつつ，「それでいこう」ということです。あと，集まる場をかなり作りまし
た。勉強会とかイントラネットです。…あとは，上層部からピンポイントでメッ
セージを本当に多く出しました。このままでは生き残れないということ，もう
ひとつは使命感に訴えました。紙媒体ではなくて，ネットだともっと良い世界
を我々は出来るかもしれない，というような感じです。「当社の仕組みを変えよ
うよ」，「我々はすごいことをやっているのだ」という感じでした」

⑶　組織変革の促進の要因はありますか

B氏は，不満分子や従業員に対するケアを回答している。

「本当に変な抵抗があったというのはあります。一部の人には冷たかった，とい
うのがありましたが，そこに対してはケアが必要だったと思います。これは，
変革というよりも職場風土がある意味，少し荒んでいた，ということです。物
事はうまくいったのですが，結局，企業全体の活力を見ると，ある種「企業は，
意外と冷たいのだ」というように皆の受け取り方が変わっていったと思います。
多分，日本全体にそういう傾向があったと思います。選択と集中でしょうか…
リストラが，案外，平気で行われて…1998年に山一證券が潰れたり，三洋証券
が潰れたり…要するに有無を言わせずそちらの方に向かせた時期があったと思
います。何となく殺伐としていた，というのもありました」

2 C 氏

　C氏（当時は部長）は，現勤務企業（外資系金融業）における従業員の日常行動に関する抵抗の深層を語っている。インタビュー調査は，2012年7月6日に，同社応接室にて行った。事前に送信してある質問項目を机上に置き，許可を得て録音し，対面する形で約1時間10分行った。以下はその要約である。

(1)　具体的には，どのような抵抗がありましたか

　C氏は，気にくわない，新参者として受け取られ，当初より，ルール無視（無視，悪口，約束反故，勉強会等の不参加等）や指示が伝わらない状態のあったことを回答している。

> 「すべてです。レポーティングや日々の報告もそうです。朝も直行直帰でどこかに行っているし，そう言う世界でした。本当にバラバラでした。そこに少しずつルール付けをしました。例えば，まず直行直帰はだめ，です。しかし，どうしてもという時は仕方ないので，それは事前に分かるはずだから前の日に報告しろ…というように少しずつですがルール作りをやるしかありませんでした。しかし，皆，嫌がります。それまで自由にやっていたのに，ということです。結局その抵抗のリーダーがいるわけです。オピニオンリーダーみたいな従業員です。少し古株で，いろいろやってみたけれど失敗経験の多い従業員たちがいます。だいたい数名でした。この数名を説得にかかりました。オピニオンリーダーたちは自分以外の他メンバーには「言うことないから」って言っておいて，さらに「今までどおりで良いから」と言っていたようです。要するにそこまではさせずに私へのレポーティングだけは，私の言った通りに6掛け，あるいは7掛けのレポーティングで済ましていたわけです」

(2)　その抵抗をどのようにして除去しましたか

　C氏は，ともかく会話する，できることから着手する，少しずつ支持者をつくる，というようにミーティング開催の継続性とチームリーダーへの説得を回答している。

> 「全体の経営というか，チーム全体の運営としては先ほど言ったように，「毎日朝会やりましょう」というのを一番ハイレベルなところから提起したわけです。「営業活動を妨げない時間にやろう。月曜日は始業前だし，勉強会は月曜日の夕

方には皆が帰ってきてからやろう。これだった営業活動の妨げにならないだろう」という対応です。結局，それをやり始めました。しかし，最初は全く集まりませんでした。宴会はしていません。入社したのが9月末だったのですが，当時聞いた話では，チームリーダー同士，酒を飲んだらむちゃくちゃになって喧嘩になったということでした。本当にそうだったらしくて，それを知らずに「年末に忘年会を皆でやろう」と言っていたのですが，その時は1次会だけですっと終わって，「奇跡的」と言われました。当時は，そういう集団だったわけです。仲がかなり悪かったらしくて，宴会というオプションは減ったわけです。ですから，呑ミニケーションはありません」

(3)　組織変革の促進の要因はありますか

C氏は，決着点を早めにみつける・提示することを回答している。

「やり方として性格的にあまり強権を発動できません。「やろうよ」と言っても，落とし所を探しながら…最終的には何とかこの辺…というような落とし所を探します。どこかの国の政治家みたいな感じですが…。例えば，いきなりぶつかって，落としどころを見つける…という方が早かったかもしれません」

3　D　氏

D氏は，前職の小売業の人事部（当時は課長）時における人員削減や企業再建時に関する抵抗の深層を語っている。インタビュー調査は，2012年7月6日に，現勤務企業の応接室にて行った。事前に送信してある質問項目を机上に置き，許可を得て録音し，対面する形で約1時間半行った。以下はその要約である。

(1)　具体的には，どのような抵抗がありましたか

D氏は，従業員の中に強制的な指示へのとまどい，なぜ私がという感情が当初より生起し，組合活動（ネット書き込み）や強い反論・言動・姿勢のあったこと，および強くはないが，不安や保守的な行動に代表される自身の経験としてとまどいやあきらめを回答している。

「それは理解できますが，これは，ある意味，お互いの責任なのだと思います。要は，ある日突然，「あなたは会社にとって必要ないですよ」と言ったときに「いやいやちょっと待ってくれ」という反論も分かりますが，「今ごろになって

気付くなよ」です。「あなた，今まで，半年ごとの人事評価はあるでしょ？ずっとＡ評価がついていましたか」と言えば，通常は「ＢかＣです」となります。よって「それが結果ではないですか。評価は悪いけど一生懸命働いていたら会社に残っていられるという主張ですが，この会社は別に公務員の役所ではないのだから…民間企業だから潰れることもあります。そうならないように努力しなかったあなたにも問題があるのではないのですか？」…という言い方です。…このように希望退職でしたら，「どうして私なのですか？」というように，ほぼ口をそろえて言います。「どうして私なのですか？」です。「それを１から10までここで説明しなければなりませんか？」と言って分かる人は２割ぐらいです。残りは「いやいや，そんなことを急に言われたって私だってちゃんとやってきましたし，一生懸命やってきたし…」です。ですから，分かっていないわけです。一生懸命やるのは当たり前です。給料をもらっているのですから…皆，必死でやっている中で，会社の生き残り方法で，最終の唯一の方策と思って決めたわけですから，それについてはあなたも考えてください，ということです」

(2)　その抵抗をどのようにして除去しましたか

　Ｄ氏は，粘り強い説得を回答している。

　「誰かがドライブをかけていって，誰かがそこに刺激を与えていって，マネジメント・変革を起こすような人がいて，そこがいろいろな刺激を与えるから組織は動いていくのだと思います。普通，自発的には皆働かない，なおかつ，厳しい仕事はやりたくないのだと思います。臭いものには蓋をしたい，嫌なことは先送りしたい，です。そういうような状況を作ってきた組織であればあるほど，ここ一番のリストラということになると衝撃は走ります。全部他人事というか，人のせいです。責任を自分に置き換えないからいつまで時間をかけても解決策は出てきません。「どうして私なのですか。私は，ちゃんとやってきたではないですか」は，最初は良いのですが，「それをいつまで言っているの」ということです。世の中の企業動向を見れば，かなり甘かったと思います。（自分らからすれば）相当厳しいことをやっていたつもりだったのですが，世間の企業と比較したらまだまだ相当に甘かったという感じです」

(3)　組織変革の促進の要因はありますか

　Ｄ氏は，早期の状況説明（情報公開）と的確な将来予想を回答している。

　「それは，たくさんあると思います。例えば，先ほどの希望退職の件です。厳しい面談をします。要はその面談をする前の１年ぐらい前から，この会社このま

までは状況が良くないから，せめて管理職層だけでも，今後1年間，皆，死に
物狂いで頑張れば業績は上がるかもしれない，ということを言っておけば，あ
るいははっぱをかけるとか心に火をつけておけば，もしかしたら業績は上がっ
ていたかもしれません」

4　I 氏

　I氏（当時は部長）は，現勤務企業（アパレル業）人事部時における残業削
減施策に関する抵抗の深層を語っている。インタビュー調査は，2013年7月26
日に，同社応接室にて行った。事前に送信してある質問項目を机上に置き，許
可を得て録音し，対面する形で約1時間行った。以下はその要約である。

⑴　具体的には，どのような抵抗がありましたか

　I氏は，当初より，自己中心・保守的な行動をとり，会社へのマイナス行為
に予想がつかず，結果的に本気にしていない，職種によるサービス残業が減少
できない，理解不足を回答している。

　　「行動です。指示しても帰らないわけです。しかし，残業申請はしていません。
　　いわゆるサービス残業をしてしまうわけです。残業代は，かなり昔は支払って
　　いませんでした。12，3年前から当然申請した分については支払っている職種
　　があり，例えば，事務職は全部支払っていました。今，話をしているのは，営
　　業職，企画職，技術職です。とくに営業職と技術職に限ってそういう行動があ
　　りました。しかし，徹底したいと思い，午後5時40分という就業時間を境に，
　　上司の判断が必要ですが，帰宅か残業申請を提出か，これによって支払を判断
　　していました」

⑵　その抵抗をどのようにして除去しましたか

　I氏は，1人1人との話し合い，上司との仕事分析，指示行為（見回り，
シャッター閉鎖等）を回答している。

　　「早く帰れ，と言っていても埒（らち）が明きませんので，最終的には，1人1
　　人との話し込みです。人事部が中心ではなく上司が中心でやるのですが，なぜ
　　遅くなっているのかを分析していきます。理由が出てきます。単純な話，上司
　　に気を使っていた人は，すっと帰るようになります。気を使わなくも済むよう
　　にすれば良いだけですからそうなります。話し込みは，かなりやってもらいま
　　した。一時は毎朝朝礼で言ってもらったりしていました。全員一律に出来る話

についても，部署個々の特有の事情はあっても各部署の朝礼で言ってもらっていました。販売店は，ほとんど残業がありません。当社の大半の販売店は，GMS（General Merchandising Store）やデベロッパーの中にある店です。先方との契約も8時間開店（営業）してれば良いというようになっています。…手つかずでした。世の中の流れにも手つかずですし，業界を問わずそうでした。10年くらい前，成果主義をとっている企業は，みなし労働で，残業代などは全然なくて，年俸制で，それも込みみたいな企業が多かったと思います。その後，変わってきました。成果主義が上手くいかないので元に戻ったのだと思います。当社は，成果主義は毎月の給与にそれほど反映しておらず，賞与でメリハリをつけています。…毎日職場を回って，帰らせるか，残業申請を出させるか，をしました。最初は毎日のようにしていました。シャッターを閉めたこともあります。その後1週間に1回になり，最近は1ヶ月に1回くらいです。それでもやめるとまた元の状態に戻ってしまう人がいます。最初は嫌がられました。しかし，向こうも慣れてきました。意識はします。ダラダラ片づけている人がいます。回っていて思ったのですが，この人は仕事をしていないな，行動が遅くて，1人残っている，というのが分かりました…除去の判断根拠は，残業の申請が明確に提出されるようになったこと，私が回って皆がいなくなったことです。これ以外にも，例えば会議が短くなったというのがあります」

(3) 組織変革の促進の要因はありますか

Ｉ氏は，社長朝礼を回答している。

「いろいろな日常の仕事の中にあると思います。かなりあると思います。例えば，抜擢とかです。それでやる気が出る人ともいます。この件については，地道にやりました。また，社長であるトップがそういう意志を表明するというのも1つの重要な要素です。「うちは残業をしない企業になります」宣言です。月初の社長朝礼でも言ってもらいました」

5 Ｍ 氏

Ｍ氏（当時は副総経理）は，現勤務企業（電気器具製造業）における①海外企業勤務時の台湾子会社の地域統括化，および②国内での事業転換に関する抵抗の深層を語っている。インタビュー調査は，2013年8月30日に，同社応接室にて行った。事前に送信してある質問項目を机上に置き，許可を得て録音し，対面する形で約1時間行った。以下はその要約である。

(1)　具体的には，どのような抵抗がありましたか

　M氏は，弱いが当初より生起し長い①国の文化差異による態度を回答している（②：強く当初より生起しやや長い②組織内でのコンフリクも回答している）。①について，成功体験・過去の名門会社意識の固まり，秘密会話は現地語を回答している。

　　「①について：抵抗はあります。ただし，それが海外にいると日本人には分かりません。何が起こっているのかと言えば，トップマネジメントのオフィシャルな部分と実際にまかせている現地人の中でのマネジメントが二重で動いていることです。トップマネジメントには表層的な報告がなされているのですが，よく調べてみると現場では違うものが動いているということです。そこはとくに日本人がマネジメントをしていますから，言葉の問題とかがあって分かりません。中国語というのは，日本人でもしゃべれます。ところが，日本人に聞かせたくなかったら，現地語でしゃべります。よくあります。聞かれたくないことをいう場合には英語でいうと日本人にも分かるから，現地語にしてしまえということです。会議をしていても，自分たちが聞かれたくない話をする場合には言葉が変わります。何かやっているわけです。ですから，地域統括会社化を進めようと思って会議を中国語（北京語），あるいは英語でやっているのですが，何かやりだしても，こちらには分かりません。後で分かる人に聞くと「そんなことは出来ない」と言っているということです。「分からない日本人が来て，台湾統括会社にすると言っても，当社は50年以上も製造会社でやってきている。あのトップの日本人達は3年か5年で，役所の役人のように変わる。彼らは日本に良いパフォーマンスをしたいから，地域統括会社化とか，何か言っているにすぎない。それは自分の良い格好なのだ。私達はそのような中で50年以上，発展してきた…」，という感じです」

(2)　その抵抗をどのようにして除去しましたか

　M氏は，キーマンへの対応や参加要請，コミュニケーション（傾聴，信頼感構築，キーマンを味方にする），直接訴える（無通訳者），報償制度や厚めの処遇（現地化をすすめ日本人駐在期間を短縮化する）を回答している。

　　「①について：まず1つはコミュニケーションです。コミュニケーションというのは，まず聞いてあげて，地道にコミュニケーションによる信頼感を築くというのが，一番遅いけれど王道ではないでしょうか。1人1人味方を作っていく。1人の味方を作ったら，その人がまた言ってくれますから次の味方ができる…これが一番早いと思います。会議で言って方針を発表したところで心は通じま

せんが，分かる人を作るとそこからまた広がるということです。実際に感触は
ありました。ですから，海外の人は言語が大事です。分かり合うために言葉と
いうのは非常に大事だと思います。そういう人の見つけ方は何か，ですが，そ
の中で，だいたいのキーマンは分かります。インセンティブというのは効果を
発揮します。それは給料というのもあるし，評価もあります。トップマネジメ
ントとしての意思を明確にするというのも効果があります。自分の言葉で話す，
通訳を使わずに言った方がベターでしょう。正しいかどうか分かりませんが，
台湾で一方通行の講演とか発表というのは，あまり効果はなかったです。コミュ
ニケーションではないということです。要は，彼・彼女らの疑問を聞いてあげて，
「こういうことなんだぞ」と言って初めて意味があります。いくらきれいな発表
をしても，一方通行で通じませんでした。経験からするとそうでした」

(3)　組織変革の促進の要因はありますか

　M氏は，危機感の共有，昔の栄光に固執しないことを回答している。

　「成功体験がそれほどありませんから，難しいのですが…頭の中で思うのは，危
機感の共有です。立ち位置の共有です。先ほどの話も本当に台湾が今置かれて
いるポジションを共有出来れば，同じ行動になるはずです。このまま行けば，
台湾は沈みます。例えば，台湾子会社は今の時代の変化で言えば，3年後には
沈むという危機感を皆で共有できれば，動いてくれると思っていました。です
から，それを一生懸命に言ったのですが，上手く伝わりませんでした。過去の
成功体験もあるし，もしかしたら私の思い込みだったのかもしれません。しかし，
これだけの時代変化ですから，危機管理の中で危機感を共有することは最低限
のことです。そして，そのベースがコミュニケーションだと思います。また，
新しいフィールドで儲けるものを作らないといけないということです。危機感
はあります。新たな事業領域でヒット商品を作るのは並大抵ではないと思いま
す。大組織であっても，つぶれるときは簡単です。健全な危機感を持ち，間違っ
ても昔の栄光などに帰ろうとしないことです。まず自分達の立ち位置を正しく
理解することが重要であると思います。そして，衆知を結集し，常に進化し続
ける組織体であること，それが最も大切なことのように思います」

第12章

Survey and Interview for Team Medical Care

組織変革とチーム医療：調査7〜10

本章のガイド

　本章では，第8章で紹介した組織変革のマネジメント施策として着目されているチームについて，調査した結果を紹介する。具体的には，今日，とくに医療機関で関心の高いチーム医療について，医療機関を対象に行ったアンケート調査（以下，「**調査7**」と略称する。松田・川上，2015を参照）の結果（実態），およびその調査7の結果をふまえて行ったインタビュー調査（以下，「**調査8**」と略称する。松田，2016a・bを参照）の結果（深層）を紹介する。

　次に，チーム医療の中でも高成果のチーム医療（以下，「HPチーム」と略称する）について行ったアンケート調査（以下，「**調査9**」と略称する。松田・川上，2019を参照）の結果（実態），およびその調査9の結果をふまえて行ったインタビュー調査（以下，「**調査10**」と略称する。松田，2019bを参照）の結果（深層）を紹介する。

第1節
チーム医療の実態：調査7

　本節の課題は，文献・資料の渉猟調査では把握しきれないチームのマネジメントの実態について，明らかにすることである。

1 導入の目的

　病院におけるチーム医療の導入の目的について，5点尺度で調査した結果が，**表12－1**である。

表12－1　チーム医療の導入の目的（n＝81）

項　　目	平均値	5	4	3	2	1	未
1．医療の安全性や質の向上	4.72	52	18	1	0	0	10
2．職場の活性化や一体感の向上	4.37	38	21	12	0	0	10
3．日常の仕事の効率性やスピードの向上	3.97	28	19	19	4	1	10
4．入院・外来の患者数の増加	3.30	10	20	25	11	4	11
5．診療報酬の増収等による病院の収益性の向上	3.77	18	27	19	6	1	10
6．医療機能評価で認定度の向上	3.21	12	21	19	8	11	10
7．貴病院の知名度や評判の向上	3.31	11	23	21	11	6	9
8．職員の仕事満足度の向上	3.85	22	23	20	5	1	10
9．職員の専門性や技能活用の向上	4.33	36	25	10	1	0	9
10．入院と外来の患者の満足度の向上	4.08	25	33	9	2	2	10
11．貴院の経営理念や方針の浸透	3.93	25	24	16	4	2	10
12．チーム医療メンバーが他職員に与える影響の大きいこと	3.90	19	29	21	1	1	10
13．職員の離職率の低下	2.80	3	12	31	18	7	10
14．医療ミスや事故の減少	4.18	32	23	13	3	0	10
15．貴院の倫理・コンプライアンスの浸透度の向上	3.83	21	23	23	5	0	9
16．職場のコミュニケーション度の向上	4.17	28	29	12	2	0	10
17．組合等からの要請への対応	1.73	0	4	14	11	41	11
18．国のチーム医療に関する指導方針への対応	3.35	10	23	24	10	4	10
19．貴院の職員の新規採用数の向上	2.73	2	13	31	12	12	11
20．地元や行政体等からの評判や信頼度の向上	3.20	10	16	28	12	5	10
21．他の病院の導入状況・動向への対応	3.17	6	25	21	13	6	10
22．職員間の情報共有度の向上	4.29	31	29	9	1	0	11
23．チーム医療のメンバーの意識・行動変革	4.25	11	13	4	0	0	53
24．その他（具体的に：　　　　　　　　　　　）	3.60	1	3	0	0	1	76

注）　その他の記述は以下のとおりである。・災害拠点病院の要務

上位項目の3つは，①「1．医療の安全性や質の向上（4.72）」，②「2．職場の活性化や一体感の向上（4.37）」，③「9．職員の専門性や技能活用の向上（4.33）」である。

また，下位項目の3つは，①「17．組合等からの要請への対応（1.73）」，②「19．貴院の職員の新規採用数の向上（2.73）」，③「13．職員の離職率の低下（2.80）」である。

これをみると，医療の安全性・職場活性化・職員の専門性の向上については，予想どおりである。これ以外にも，職員の情報共有度向上や意識・行動変革も目的として強く意識されているが，これらは上述の3項目と関連が強いと考えられる。

2　経営状況・職場の変化

チーム医療を導入した後，その影響によって病院の経営状況・職場に生じた変化の程度について，5点尺度で調査した結果が，**表12－2**である。

上位項目の3つは，①「8．カンファレンスやミーティングの回数（4.37）」，②「9．院内での研修・勉強会の回数（4.35）」，③「7．院内での委員会の開催回数（4.24）」である。

また，下位項目の3つは，①「16．職員の離職率（3.17）」，②「1．入院と外来の患者の数（3.23）」，③「14．入院と外来の患者からのクレーム件数：R（3.31）」である。ただし，回答数値がすべて「3点」以上であり，程度はあるが，すべての項目で変化のあったことが分かる。

これをみると，情報共有度・専門性向上のために上位3つの頻度が向上し，それが変化につながっていると考えられる。しかし，患者数や医療収入の増加には，直接的に，それほど影響を与えていないと考えられる。また，職員の離職率やワークライフバランス観，産休・介護休の取得率にもそれほど影響を与えていないと考えられる。

表12-2　チーム医療による経営状況・職場の変化（n＝81）

項　目	平均値	5	4	3	2	1	未
1．入院と外来の患者の数	3.23	2	16	50	2	1	10
2．医療収入	3.41	2	29	36	4	0	10
3．貴院の経営理念・方針の浸透度	3.68	9	30	32	0	0	10
4．医療ミスや事故の件数：R	3.56	5	30	36	0	0	10
5．貴院における院内感染発症患者の数：R	3.85	12	36	23	0	0	10
6．貴院における褥瘡新規発生患者の数：R	3.97	17	35	17	1	0	11
7．院内での委員会の開催回数	4.24	32	25	13	1	0	10
8．カンファレンスやミーティングの回数	4.37	33	32	5	1	0	10
9．院内での研修・勉強会の回数	4.35	33	32	6	1	0	9
10．職員間における各種情報の共有度	4.15	21	40	10	0	0	10
11．職員を新規・中途採用する人材確保力	3.32	3	18	49	1	0	10
12．他医療機関からの紹介患者の数	3.48	7	20	44	0	0	10
13．地域からの講演や説明会への講師依頼回数	3.48	8	23	37	1	2	10
14．入院と外来の患者からのクレーム件数：R	3.31	3	20	44	4	0	10
15．職員のワークライフバランス観	3.38	4	20	46	1	0	10
16．職員の離職率	3.17	2	11	55	3	0	10
17．産前後・休暇や介護休暇の取得率	3.32	6	13	50	2	0	10
18．院内の研修や勉強会への参加率	4.01	18	36	17	0	0	10
19．院外の研修や学会での発表回数や参加率	3.89	14	35	22	0	0	10
20．院内の懇親・福利厚生関連行事への参加率	3.34	4	16	51	0	0	10
21．他医療機関との提携・協力の頻度	3.87	13	36	22	0	0	10
22．（国・地元）行政体からの評価や信頼度	3.44	4	23	44	0	0	10
23．患者の評判や口コミの良好度	3.49	6	23	42	0	0	10
24．コンプライアンスの遵守度	3.49	4	27	40	0	0	10
25．職員の専門能力の活用・利用度	3.97	12	46	14	0	0	9
26．職員の他医療組織や地域に関する情報の量	3.80	8	41	22	0	0	10
27．職場のコミュニケーション度や一体感	3.87	11	42	16	2	0	10
29．自己啓発や資格取得支援の施策の充実度	3.83	9	43	18	0	1	10
30．その他（具体的に：　　　　　　　　　）	3.40	2	0	2	0	1	76

注）　選択肢28は作成時のミスによりない。「R」は，反転項目を示している（得点が高くなるほど，選択肢中の数値が低くなり良い状態である）。また，その他の記述は以下のとおりである。・資格取得の参加　・病院内全体的に変化した

第2節
チーム医療の深層：調査8

　本節の課題は，上述の調査7の回答者（病院）の中で，協力を得られた18の病院（以下では，A病院からR病院と略称する）を調査対象に，とくにチーム医療のマネジメントの深層について，明らかにすることである。

1　導入の目的

　調査7では，チーム医療の導入の目的について，「医療の安全性や質の向上」，「職場の活性化や一体感の向上」，および「職員の専門性や技能活用の向上」の回答数値が高かった。本調査では，上述の結果を裏づける以下のような病院の回答がある。

> 「一体感の向上，外来・入院の患者さん数の増加，経営理念や経営方針の浸透を回答しました。医療の質の向上というか，患者さんも高齢化しています。以前は，病院で治療，病院で絶対救命でしたが，これだけ高齢化が進んでくると，いろいろな慢性疾患を持った患者さんが増えてきます。そのような状況で，患者さんに医師だけ，看護師だけでは対応できません。（中略）また，在宅・1人で生活する人が増えてきています。B町に関しては，全世帯数の9割が高齢者世帯です。帰宅後の支援も必要です。そうなると，社会福祉士とかも入る必要があります。帰宅後の生活で，リハビリをどうするかもあります。自宅でリハビリをしても段差があったり，山中の家は，外に風呂やトイレがあったりします。そうした方々の生活を支えるということになれば，それは安全であったり，患者さんの生活の質を高めたりということがあります」（**J病院の看護部長**）

その一方で，やや異なった以下のような病院の回答がある。

> 「選択と集中して，機能を絞り込むしかありませんでした。機能を絞り込んで質を上げ，生産性を高めるというのは，かなり大変です。民間病院はほとんどが療養病床に移行しつつあります。これは質を下げて，少ない人数でコストを下げてやっていこうという発想です。一般的に病院にはそのような傾向があったのかという質問ですが，民間病院でも，基幹病院まで頑張った病院は，ものすごく苦労をしながらやってきています。機能を絞り込んで質を上げて生産性を高めていくというのは，そういう病院です。楽なのは質を下げて，数を増やして，単価を下げて行うと言う戦略です。国・公立病院は，補助金が出ます。建物も

国とか地方自治体が建ててくれます。ですから，最初から機能を絞り込むことはありませんでした。今，国・公立病院は，総合病院で，医師と看護師が多いですが，経営が厳しくなっていて，黒字化をしなければいけないというプレッシャーがかかってきています」（Ｂ病院の院長）

　これからすると，チーム医療がマネジメント施策として，程度はあるが，その外郭や内容が意識・理解されつつあると考えられる。また，チーム医療の導入は，病院にとっては国からの指導もあるが，医療費の継続的な抑制の状況下で，従来の医療のやり方の限界を自覚し，改めて医療のやり方とあり方，および病院のマネジメントを根本から見直す契機にもなっていると考えられる。

　その一方で，本調査では，導入・設置数をカウントする際に，その定義による混乱のあることが特徴的である。換言すれば，どの活動がチーム医療のチームに該当するのか，病院によって統一的でないことである。これは，どの質問についても同様であるが，チーム医療は普及している，あるいはしつつあるとしても，その定義をはじめ，一般的なマネジメント施策としてはまだまだ充分に捉えられていない面もあることによると考えられる。また，もともと，例えば，外科手術等は執刀者の医師を中心にして複数人（いわゆるチーム）で行うのが通常であり，それからすれば「今さら」あるいは「あえて」という感はいなめないものがある。よって，マネジメント施策として意識したかどうかという程度にも当然ではあるが，差異がある。これは，例えば，企業や諸組織・団体における組織変革のマネジメント施策であるCI活動等とはやや異なる様相を呈しているといえる。

2　経営状況・職場の変化

　調査7では，チーム医療導入の影響による経営状況・職場に生じた変化について，「カンファレンスやミーティングの回数」，「院内での研修・勉強会の回数」，および「院内での委員会の開催回数」の回答数値が高かった。本調査では，2つに分けて，(1)経営状況，および(2)職場・員に生じた変化を尋ねている。

(1)　経営状況の変化
　本調査では，上述の回答以外に，患者数の増加，患者の満足度の向上（不満やクレームの減少も含む），医療収入の増加，医療ミスや褥瘡発生数の減少などが回答としてある。上述の結果を裏づける以下のような病院の回答がある。

「経営状況にはそれほど変化はなく，医療ミスや事故件数が減少しました。病棟収益は微増しています。患者さんとご家族にチーム医療による説明がなされることで，満足度が向上しました。誤嚥性肺炎や呼吸不全での急速悪化例が減少しました。（中略）ただし，経営状況では，例えば，他の病院からの患者さんが呼べているか，といえば，ほとんど変わりません。全部面倒を見てください，という感じです。嚥下だけ戻して帰らされても困るので，介護施設も含めて考えて欲しいという希望です。患者さんのご家族が一番つらいのは，何にもできないというので放置されたというのが一番つらいと思います。それに対するクレームは激減しています。目に見えないことでずいぶん楽になっています。結果が一緒でも満足度が違うというか，これは非常に大きいです」（**A病院の院長**）

「患者さんの数は増えましたが，決定的にこの要因で増えたわけでもありません。患者さんの数というのは，いろいろな要素の集合体です。よって，もう少し分野を狭めれば，例えば褥瘡の発生率，これは効果が出ます。事故と言っても，これだけ幅があります。多分，褥瘡というのは，限られています。むろん，褥瘡の発生要因についてもいろいろなものがあります。よって，そのパターンに応じていろいろな活動をしたら，明確に出てきます。医療ミスと言うのは広いですから，これは明らかに減りました。院内感染も減りました。とくに，通常の活動をしているところから危険信号が出ると，レベルを上げます。要するに抑え込みにかかります」（**E病院の事務部長**）

　本調査では，調査7の結果以外にも，患者の満足度の向上（不満やクレームの減少も含む），医療ミスや褥瘡発生数の減少，患者数の増加，および医療収入の増加などが回答としてある。これらは，チーム医療が即効・効率的に病院の経営状況に影響を与えるということは少なく，どちらかかといえば，情報共有や交換が増える，あるいはスムーズにできることによって医療行為による成果が多様な意味（ミス・事故減少，患者満足度の向上等）で向上し，結果的に経営状況につながる，という流れとして理解されていると考えられる。
　その一方で，やや異なり，直接的に病院経営の業績とは関係ない，職員の意識や行動変革とはそれほど関係（影響）がない，という回答もある。これは，今日，チーム医療は導入・設置が必然的であり，とくに従前からあるマネジメント施策と大きな差異を見出しにくいという理解があることによると考えられる。

⑵　職場・員の変化

　本調査では，上述の回答以外に職員のモティベーションの向上，情報共有の向上，カンファレンスや研修会等の増加などが回答としてある。これらの結果を裏づける以下のような病院の回答がある。なお，カンファレンス，研修会，委員会等の開催の回数の増加については，以下のような病院の回答がある。

　　「院内での委員会の開催が増えたこと，院内の研修や勉強会の参加率が上がったこと，院外の研修や学会に参加率が上がったことを回答しました。チーム医療について検討する会では，合同カンファレンスを導入し，例えば患者さんの治療方針に大きな影響を与えるという効果をもたらしています。チーム・メンバーには，以前，それほど発言はなかったのですが，それが増えたと思います。病棟でも少しずつ変化があると思います。合同カンファレンスを始め，皆に発言を促すように意識改革を働きかけることで，小さなカンファレンスにも良い影響があります。情報の共有についてはまだまだ十分だとは思っていません。ただし，高まってきていることは間違いないと思います。（中略）職員の専門性は向上し，それによって間違いなく勉強時間は増えています。専門性を高め，多職種カンファレンスで，自分の専門性をもとにした情報やアセスメントを伝達しなければいけないという意識が高まります」（M病院の副院長）

　本調査では，前アンケートの結果以外にも，職員のモティベーションの向上，情報共有の向上，カンファレンスや研修会等の増加などが回答としてある。これらは，断定はしくいが，情報共有や交換の向上にともなって，生じる現象と考えられる。

　その一方で，やや異なり，職場風土の改善にはそれほど関係（影響）がない，という回答もある。これも，上述のようにチーム医療のマネジメント施策の理解における差異によるものと考えられる。

３　構成メンバーの変化

　調査7では，チーム医療による構成メンバーの意識・行動に生じた変化について，「医療の安全性や質の向上を意識すること」，「同一チーム内の他メンバーの仕事や役割を意識すること」，および「時にはチームリーダーとしての位置づけや行動を意識すること」の回答数値が高かった。

　本調査では，上述の結果以外にも，スピード化，活性化，行動の変化，自らの意見表明などの回答がある。これらの結果を裏づける以下のような病院の回

答がある。

　「メンバーの意識自体は，病院全体も含めて上がりました。チームで動き出して非常に変わりました。会話が通じるということから判断できます。以前は部門を越えると通じない部分がたくさんありました。看護部門のやっている流れと薬剤部内の流れとは違います。医師はやっている作業とか流れとかをあまり把握していなかった部分があります。それが一連の流れの中で考えていきます。よって，予測がつきやすくなりましたので，そういう意味で言えば，皆が同じベースでやっているということです。一番そういう形でつながったのは医療安全と感染が少しつながっていないところもありますが，医療安全は，かなりつながりました。また，当院は医療でこういうことをやっていますというアピールがしやすくなったということは感じます」（**C病院の副看護部長**）

　「自分の意見を言い出すようになりました。以前は，30年ずっと院長の回診という形で，スタッフを連れて行っていました。ところが，「何か質問は」と言うと，黙っていました。それが「あなたが責任をもってやってください」と言うと，「薬の出し方は，こういうものが良いと思います」という自分の意見が出るようになりました。ただし，勉強をしていないと，言ってはいけないという雰囲気に私がしました。厳しいようですが「勉強をしない人は最低だ」という様に，回診時には，いろいろと質問を投げかけて，「あなたは，こんなことも知らずに○○をしているのか」という言い方でやっています」（**G病院の院長**）

その一方で，やや異なった以下のような病院の回答がある。

　「それほど変わらないように思います。理解が深まっている人もいれば，深まっていない人もいます。かなり意識をしてもらうようにはなったかもしれません。コストのことなどを言いますので，意識をしている人と，していない人があるのは分かります。発言が増えたかどうかは分かりません。モティベーションが上がったかどうかは，聞いてみないと分かりません。自己の仕事に対する自信，経験や向上心，これも向上したかどうか分かりません。院内外の研修やセミナーは，参加をしてもらっていますが，意欲が高まったかどうかまでは分かりません。経営がうまくいくようになって欲しいとは思いますが，そのようになっているかどうかはなかなか分かりません。コミュニケーションも向上したかどうかは分かりません。チームの一体感，これも分かりません。心理的ストレスは減少し，誇り・意識は向上して欲しいのですが，分かりません」（**K病院の院長**）

これらの回答は，チーム医療の導入時の目的に合致しており，さらに他者の理解やリーダーとしての自覚等についても付随的に変化があると考えられる。

また，グループ・ダイナミックスの観点からも個人の意識・行動変革がチームという場によって促進されたことが分かる。

　その一方で，やや異なり，それほど変化が見い出しにくいという回答の病院がある。これは，チーム医療の導入初期であり，観察者（院長）がその差異を把握しにくい状況であったことによるものと考えられる。

4　構成メンバー以外の職員の変化

　調査7では，チーム医療による構成メンバー以外の職員の意識・行動に生じた変化について，「医療の安全性や質の向上を意識すること」，「所属部署内でのスムーズな情報交換や共有の向上を意識すること」，および「所属部署内の他メンバーの仕事や役割を意識すること」の回答数値が高かった。ただし，数値はそれほど高くはない。

　本調査では，積極的姿勢などが回答としてある。これらの結果を裏づける以下のような病院の回答がある。

> 「ポジティブな影響を与えていると思います。昨日も，臨床検査技師が，チーム医療として患者さんへの説明を，以前はしていなかったのですが，現場に出ていって他を含めてするようになっています。どういう良いことがありましたかという質問をした際に，検査室の人は現場の人たちが何を切実に感じているのかということが分かった，ということです。（中略）他の人たちは感染症などの情報がまだ入っていない段階でも，今まで何が検出されたかということも含めて，その人の専門的な洞察というか，考えを聞くことが出来ます。そういうメリットがあります。そういうことがあると，他の検査室の人にも良い影響を与えます。「私も勉強をしよう」とか「私もそういうようにやっていこう」ということです。医師とのコミュニケーションも良くなります」（O病院の副院長）

　その一方で，大半の職員が何らかのチーム医療に所属しており，「回答しにくい，あるいは不能」という以下のような病院の回答がある。

> 「大半の職員は，何かのチームに所属しています。同じメンバーが重複して入っています。チーム医療に所属していない職員は，多分，いないと思います。（中略）メンバーはそこの現場によって違います。多くのチームに分かれている現場もありますし，病棟で1つにまとまっている現場もあります。病床数が違うからです。最近作った新しいチームも入れると，11，12だと思います。それで仕事が回っているという感じです。本来，医師や看護師がする仕事を奪ってい

る面があるのでは，と言う指摘ですが，もっと患者さんのところに行くとか，検査が入れられなくてチーム医療の他の委員会の方に入ってしまうとかあります。緊急の部分は，それらを飛び越えてしています。スケジュール管理を全部，皆に公開しています。毎日30分刻みくらいで，全部スケジュールが入っています。振り返りもできますし，今後も見渡すことができます」**（Q病院の栄養科主任）**

　本調査では，調査7の結果や上述以外にも，専門性向上などがある。これらは，上述からすれば，予想どおりであるが，数値がそれほど高くはなく，強い影響を与えていないことが特徴的である。今後の課題にはなるが，チーム医療のメンバーが他職員に良い影響を与えるという想定について，その程度および効果測定を見直すことが考えられる。これは，一般論として，チーム・メンバーが他職員へ与える影響について，再度，「影響を与える」ということ自体を含めて考慮する必要があるということである。換言すれば，「あのチームを見習え→（それを聞いた，見た，見習った）皆が変わる」という組織変革マネジメントを過大評価しているかもしれない，ということである。

　なお，質問項目の設計前提（病院には，チーム医療に従事している職員とそうでない職員がいる）を再検討する必要もある。

5　活用の抵抗の要因

　調査7では，チーム医療の活用の抵抗の要因について，「活用を推進するリーダーの不在」，「医師と他職種とのコミュニケーション不足」，および「一人が複数のチーム・メンバーになる場合のあること」の回答数値が高かった。ただし，数値はそれほど高くはない。

　本調査では，上述の回答以外に，リーダーシップの不足，職種を超えての協力姿勢，経営理念の浸透不足，雑務に関わる時間の増加，医療報酬や薬価基準の見直し，役所の許可や指示等が回答としてある。これらの結果を裏づける以下のような病院の回答がある。

　　「最初の頃もそうでしたが，今でもリーダーが大切です。それは思います。とくに委員会等は，チームでリーダーの思いとか頑張りとかで，そこの委員会が良くも悪くもなります。どこの病院もそうだと思います。リーダーは，院長が選抜しています。司会者や委員会の委員長は，大半は，そこの部門の一番上の人がなる場合が多いです。中には，就いてない人もいます。選挙や自・他薦で選

ぶことはありません」（D病院の総師長）

「意識の低さ，コミュニケーション不足，多職種が職種を超えて協力する姿勢が乏しいことです。医師の中にはどうしても意識の低い人がいます。例えば，NSTを介入させた方が良いような患者さんがいたとします。NSTのチームでもいろいろな判断基準を作っていますので，介入をしようと思っているのですが，微妙な場合には躊躇することがあります。ところが，最終的な段階になって病棟のナースから「この人はどのように栄養管理をした方が良いのだろうか」という栄養相談があっても「もっと早い時点で医師が気づいているはずだから，もっと早く相談に来ることはできないのか」ということが時々あります。これから考えると，やはり医師の意識が一番の問題かと思います。旧態依然とした意識の低い人が，医師の個人レベルではまだいます。あえて言えば，高年齢医師にそれが多いと言えば多いかもしれません。経験豊富なために，経験でものを言うことが多いからです」（F病院の院長）

　上述の結果は，当研究室が多様なマネジメント施策を対象に，従来から行っている諸アンケート調査とは異なった結果である。従来の諸調査の結果であれば，「保守的な職場風土」，「フォロー施策の未構築」，および「推進プログラムの不充分なこと」等が，施策の種類にそれほど関係なく上位になることが多い（松田，2011）。ただし，上述したように数値は高くなく，活用の抵抗の要因は見出しにくい。

　その一方で，調査7の質問項目にほとんど該当しない，あるいは要因を見い出しにくいとした以下のような病院の回答がある。

「消極的な雰囲気，コミュニケーション不足，リーダー不在，およびリーダーシップとかマネジメント力が不充分などを回答していますが，当院ができていないのではなくて，多分，一般的な要因としてある，ということです。つまり，仮にチーム医療が推進できないのであれば，こういうことが要因だろうと思ったことを回答した，ということです。私はそれほど当院では感じていません。あえて言えば，コミュニケーションです。具体的には，どの職種にでもあてはまるということではありませんが，個人的には，「もう一言あったら良いのに」と思うことはあります。医療事故もコミュニケーション不足で起こると指摘されていますので，医療事故が起こるということは，それによることが大きいのだと思います」（I病院の薬剤部副部長）

　これらは，従来の医師（固定・絶対的なリーダー的存在）を頂点としたやり方からの変化に関する困惑やとまどい，およびチーム医療のやり方（情報共有

を進めるために，たんにカンファレンスや委員会等を増やす）の導入時の混乱と考えられる。ただし，数値が高くなく，また「該当なし」あるいは「ほとんどない」とした回答も多く，深刻な要因ではないと考えられる。

　これから考えると，チーム医療は，組織変革の推進を阻害する要因がそれほど見出しにくいマネジメント施策であると指摘できる。その理由には，①医療行為の前提として，その停滞や中断がないとすると，抵抗の要因を除去することよりも推進（患者の治療を進める）することに重きが置かれている，②チームといえ少人数（本調査では多くても20名超）対象の施策であり，松田（2011）等で判明している要因の影響を受けにくい，③要因がある程度予測（織り込み済み）できており，事前に対応している等があると考えられる。

第3節
高成果（HP）チーム医療の実態：調査9

　本節の課題は，多様にあるチーム医療の中でもHPチーム医療のマネジメントの実態について，明らかにすることである。

1　現　状

⑴　名　称
　HPチームがどのチーム医療かについては，感染対策関連やNST（栄養サポート）関連の多いのが特徴的である（松田・川上，2019）。

⑵　メンバーの職種別の人数
　HPチームにおけるメンバーの職種別の人数については，平均値の高いのは看護師（5.57人），医師（1.90人）である。看護師と医師を除くと各職種の多くは「3人」までが大半である。ただし，未記入の回答が多く，職種によっては，まだメンバーになる機会の少ないことが分かる。また，総人数も「2人」から「30人」前後までである。なお，1病院あたりのHPのメンバー数の平均値は「13人」前後である（松田・川上，2019）。

⑶　活動状況
　HPチームの2017年度の活動状況について，選択肢で調査した結果が，**表12**

－3である。「ラウンド」を「毎週1回以上」行っている病院が57.1％あり，「カンファレンス」を「毎週1回以上」行っている病院が38.2％である。

　その一方で，出版活動，および講演会や講習会活動のような啓蒙活動をまったく行っていない病院も多く，またチーム内の懇親会や食事会などの頻度もそれほど高くないことが分かる。

表12−3 HPチーム医療の活動状況（2017年度；n＝39）

項　目	5	4	3	2	1	9	未
1．委員会活動	2	25	3	1	1	2	5
2．カンファレンス	13	16	4	0	1	2	3
3．ラウンド（病棟回診）	16	9	1	2	0	7	4
4．チーム内の勉強会	0	10	5	11	5	5	3
5．学会発表や参加	0	3	2	11	11	9	3
6．院内研修会の開催や参加	4	4	5	11	8	4	3
7．院外研修会の開催や参加	2	0	5	12	11	5	4
8．講演会や講習会活動	1	0	4	11	6	13	4
9．マスコミ出演や出版活動	0	0	0	1	3	30	5
10．チーム内懇親会や食事会	0	0	0	5	12	17	5
11．その他（具体的に：　　　　　　　）	0	0	0	0	0	3	36

注1）　その他の記述はない。上記表で，「5〜1」は，「5：1年に49回（毎週1回）以上，4：1年に12〜48回（週1回〜月1回以上），3：1年に7〜11回，2：1年に3〜6回，1：1年に1〜2回，9：全くしていない」である。
注2）　この数値は，「5：1年に49回（毎週1回）以上」の回答数値を，「39（＝n）」から「9．全くしていない」と「未回答」数値の合計を引いた数値を分母にして算出している。

2　他のチーム医療との差異

　HPチーム医療と他のチーム医療との差異について，5点尺度で調査した結果が，**表12−4**である。

　上位項目の3つは，①「2．チーム内の活性化度や一体化感（3.84）」，②「1．医療の安全性や質の向上意識（3.81）」，②「4．意思決定と意思疎通のスピード（3.81）」，②「8．チーム内のコミュニケーション度（3.81）」，②「14．チーム内のカンファレンスやミーティングの開催頻度（3.81）」，②「16．リーダーのリーダーシップ（3.81）」である。ただし，数値はそれほど高くはない。

　また，下位項目の3つは，①「15．チーム内の食事会や懇親会の開催頻度（2.44）」，②「18．学会の報告や参加頻度（2.72）」，③「25．ワークライフバラ

表12－4　HPチーム医療と他のチーム医療との差異（n＝39）

項　目	平均値	5	4	3	2	1	未
1．医療の安全性や質の向上意識	3.81	8	14	6	4	0	11
2．チーム内の活性化度や一体化感	3.84	7	16	6	3	0	11
3．仕事の効率性やスピード	3.50	4	14	9	4	1	11
4．意思決定と意思疎通のスピード	3.81	5	17	9	1	0	11
5．貴院の経営状況に関する把握意識・行動	3.19	3	10	11	6	2	11
6．仕事満足度	3.38	4	11	12	3	2	11
7．チーム外の職員への配慮行動	3.38	4	13	8	5	2	11
8．チーム内メンバー間でのコミュニケーション度	3.81	7	14	9	2	0	11
9．チーム医療対象の入院・外来患者の満足度	3.13	1	11	14	3	0	11
10．貴院の経営理念・方針への理解度	3.41	5	10	13	1	3	11
11．医療ミスや事故件数	3.28	1	12	15	3	1	11
12．貴院の倫理・コンプライアンス精神の理解・浸透度	3.19	4	8	13	4	3	11
13．保持する専門知識や経験のレベル	3.66	4	19	5	2	2	11
14．チーム内のカンファレンスやミーティングの開催頻度	3.81	7	16	6	2	1	11
15．チーム内の食事会や懇親会の開催頻度	2.44	1	1	19	1	10	11
16．リーダーのリーダーシップ	3.81	6	16	7	1	1	12
17．チーム内に独自用語・ルールがあること	3.00	3	6	15	4	4	11
18．学会の報告や参加頻度	2.72	0	8	12	7	5	11
19．チーム内メンバー同士の会話量	3.41	2	14	11	5	0	11
20．チーム内の他メンバーの仕事に関する関心度	3.28	3	11	10	8	0	11
21．患者とのコミュニケーション度	3.00	0	8	16	8	0	11
22．普及・啓蒙活動の頻度	3.38	2	15	9	5	1	11
23．院内での研修会や勉強会の開催頻度	3.41	3	13	11	4	1	11
24．院外研修会や勉強・研究会への参加頻度	3.22	0	15	10	6	1	11
25．ワークライフバランス意識	2.75	1	4	17	6	4	11
26．チーム内決め事や約束事の遵守度	3.28	2	13	11	4	2	11
27．その他（具体的に：　　　　　　　　　）	3.00	0	0	3	0	0	40

注）　その他の記述はない。

ンス意識（2.75）」である。

　ただし，上位項目も下位項目も選択肢15・17・25を除けば「3点台」であり，差異はそれほどなく，あってもそれほど大きくないことが分かる。

　これをみると，チーム内の活性化度・医療の安全性意識・意思決定とスピード・コミュニケーション度・ミーティングの開催頻度・リーダーシップ等に差異があることが分かる。

第4節

高成果（HP）チーム医療の深層：調査10

　本節の課題は，上述の調査9の回答者（病院）の中で，協力を得られた8つの病院（以下では，A病院からH病院と略称する。第8章で紹介した病院とはアルファベットは同じでも異なる）を調査対象に，とくにHPチームのマネジメントの深層について，明らかにすることである。

1　活動状況

　本調査では，学会発表や院内研修の頻度が多い（A病院，B病院），委員会やカンファレンスが多い（C病院，F病院），院内の人間教育やマネジメント教育の充実（E病院），多くの面で自主・積極的行動が見られる（G診療所）ことが判明している。

　HPチーム医療と他のチーム医療の活動の頻度について，大きな差異はないが，G診療所に代表されるように，各活動において数字には表れにくい積極性や自主性の向上については，本調査で多くの病院が指摘していることである。

　Katzenbach, J.R. and Smith, D.K.（1993）が指摘しているように，アプローチを共有し，それにコミットすること，メンバーの相互責任感，補完的スキルについては，実践的な観点からは，チーム医療に限らずまだ充分ではなく，そのマネジメントにおいては課題であると考えられる。つまり，成果向上を図れるような活動やマネジメントについては，創造出来る余地があるということである。以下のような病院の回答がある。

　　「HPチームは栄養サポートチーム（NST）です。回診メンバーは，ほぼ固定です。一部の入れ替わりはあります。その選抜は，手挙げです。医師と看護師は完全に手挙げなのですが，管理栄養士は手挙げではなく全員参加です。薬剤師は，薬剤部長に「NSTにどなたかを選出してください」と言ったときに部内で手挙げをしてもらっています。誰も手を挙げなければどうしよう，という恐怖感はありませんが，手挙げではなくて指名で上長から言われたということで参加をしているチームとは，やはり意欲に差があります。ですから，活動に影響があると思います。重複はあります。活動の頻度でいうとラウンドが多いです。学会発表は，いろいろなチームの中で，最も学会発表をしているチームではないかと思います。また，一番，院内研修を企画しています」（**A病院の看護部長**）

「NSTは，固定のメンバーではありません。リーダー的な存在は，栄養士です。このNSTに関しては，栄養士が司会で，褥瘡は看護師が司会をしています。ICTは主にラウンドに一緒に行って，自分のところの担当者1人と他部所の人が何人か入ってラウンド場所に行きます。自分の部署を見るのではなく違う部署をラウンドします。ですから，月に1回の感染委員会の時に，ICTチームには部署の代表も入っていますので，その人たちがチェック表を持参して「ここが出来ていないので指導しました」というように各自が発表しています。週に1回程度ラウンドしています。活動について，かなり高頻度に行っています。NSTチームは，学会発表や院内の研修会の開催を行っていますが，院内の研修会は看護部長が組み立てており，看護部はそれに基づいて行っています。これ以外にも多くの研修を行っています」（B病院の看護部長）

「HPチーム医療は，摂食嚥下チームです。2012年から主力メンバーは変わりません。3割くらいが主力のメンバーですが，そこはずっと同じです。あとの7割が入れ替わりです。部署の実働に応じて入れ替わりをしています。メンバーの選択は，歯科医師と耳鼻科の医師が主軸でやっています。そこがスカウティングをする場合もありますし，ケースバイケースだと思います。HPチームの活動は，委員会やカンファレンスはかなり多く，勉強会とか学会発表はそれほどでもありません。2ヵ月に1回程度です。限られた労働時間の中で優先順位をつけると，こういうことになるのだと思います。カンファレンスは，長いのですが，その内容も1人1人の症例を扱いますので，どうしても長くなります。それに，このメンバーは，参加出来る場合は，なるべく参加しています。勤務表もこの会議に合わせて作っています」（C病院の事務部長）

「医療業務改革推進チームは，私が提案して作ったものです。昨年末に電子カルテシステムを変えたのですが，その導入に際してのことです。それに合わせて患者さんを調整していると，徐々に入院者数が減ってきました。ですから，実際に稼働し始めた時には，患者さんの入院者数を増やし，ベッドの稼働率を上げるためにはどうすれば良いのか，というところから始まっています。メンバーは，医師と看護師です。そこに社会福祉士が1人入っています。あと，事務員の方が3人います。合計で12人くらいいます。医師の3人は，私と両副院長で，固定です。看護師は固定（主任クラス）です。主任クラスではないとそのような斬新な意見は出ません。また，動きやすい人に参加してもらっています」（D病院の院長）

2　他のチーム医療との差異

　調査9では，数値はそれほど高くはなく，現場では，それほど大きな差異が見出しにくいということが判明している。これは，チーム医療の各々に対する

ミッション（求められているもの）が異なっており，一概に比較しにくいことによると考えられる。よって，例えば，「企業の営業チームＡと同Ｂとにおいて，成績が異なるというのは」，というような問を単純に立てても比較は難しいと考えられる。

　本調査では，リーダーのパーソナリティーやコミュニケーションの手法，リーダーシップ（Ａ病院，Ｂ病院），モティベーション（Ｃ病院），ほとんど差異がない（Ｄ病院，Ｇ診療所），IT重視の見える化（Ｅ病院），引き継ぎとやらされ感の少ない交代（Ｆ病院），が判明している。

　HPチームと他のチーム医療において，大きな差異はない。しかし，リーダーシップをはじめ現場でのマネジメント手法については差異があることを本調査では，多くの病院が指摘している。簡単ではないが，成果との関連において差異の有無とその判断指標が課題であると考えられる。以下のような病院の回答がある。

　「NSTは，学会で栄養士や看護師が発表しています。院内では，一番，学会で発表し，多分，成果も上げているので活躍しているのではないかと思います。チーム活動の中で一番，評価が出来ているのがNSTだからというのがあります。他のチーム医療は，どのあたりを頑張れば，NSTのようになれるかですが，リーダーシップを取る人がシステムを考えるというか，チーム活動のときシステム作りとか，そういうことを固定化していくための強いリーダーシップ力が必要だと考えています。他のチーム医療は，ある程度の強いリーダーシップ力が働いていませんし，多分，システム化もしていません。活性化もしていないと思います。今後は，看護師がもっとリーダーシップを図っていく必要があると考えています」（Ｂ病院の看護部長）

　「摂食嚥下は，当院が自発的にやり始めました。患者さんのニーズに基づいて，こういうことが必要であろうということで専門職を集めてチームを立ち上げています。これをやることに，当時，加算は一切ありませんでした。自発的なチームと加算を取るために立ち上げたチームには，その意味ではかなり差異があると思います。差異があるのは，モティベーションです。自分たちの思いでやらせてもらっているというか，ある意味，褥瘡などは加算がもらえますからそこにお金が使えるということはあります。しかし，加算のないチームは「これが欲しい」と言っても予算審議を経て，環境を勝ち取るというように，自分たちで切り開いて行くチームなので，そこに職員のモティベーションの差異というのが，若干あるかもしれません」（Ｃ病院の事務部長）

「リエゾンチームはメンバーが必ずしも固定ではないにも関わらず，集団のクオリティを保っている秘訣は，結局，元々，委員会に出ていた職員が正確に次へ引き継いでいる，ということです。今，どのような話をしたのかを正確に引き継ぐことです。リエゾンチームも必ずやることが一定ではなく，進化をしています。この時代はこうだったけれども，今度は新しい委員の職員が以前の人たちに「こうでした」というフィードバックもしてくれます。興味を持って皆が動いてくれていますので「リエゾンをやっているのだったらどうでした」と前の委員の職員に聞いています。やらされ感がないようにすることです。選ばれてうれしいというように持っていくということです」（**F病院の本部長**）

3　経営状況・職場の変化

　本調査では，無駄な出費が減った（A病院），看護師の意識・スキル・理解の向上（A病院，B病院），外部者のモティベーションと研修参加意欲の向上（C病院），積極的な活動，ほめあい活動や離職率の低さ（D病院），地元連携や協調による経営実践（E病院），地域連携による成果向上（G診療所）が判明している。

　これをみると，病院のマネジメントの多くの部分に影響のあること，および与えていると判断していることが分かる。しかし，今後は，その影響の程度，成果との関連，今は意識していないがあると予想される影響部分，およびそれらにおけるマネジメント実践の向上が課題であると考えられる。以下のような病院の回答がある。

「経営に対してはむずかしいです。医療収入が増えたと回答しましたが，これは増えたというか，無駄なお金が減ったという考えです。低栄養の患者さんをそれ以上に悪くしないとか，改善を図るとか，ということです。もしかすれば，栄養サポートがなければ感染症を罹って医業支出が増えたかもしれないということとか，褥瘡を作って材料費が増えたかもしれないこととかを考えれば，収益ではなくて支出を抑制出来たのかもしれないと思います。それ以外では，チーム間の連携です。例えば，栄養と感染というのは影響があります。褥瘡と栄養と言うのも関係があります。感染と褥瘡というのも関係します。緩和ケアと栄養も関係するかもしれないし，口腔ケアと栄養も関係するかもしれません。ですが，最近はあまり話題としても聞きません。本来，連携して上手くいくようになっているのであれば，もっとその成果が話題にあがると思います」（**A病院の看護部長**）

「当院の摂食嚥下チームの活動に研修会があるのですが，他の福祉施設からその研修会に参加されて，それを自らの職場に持ち帰られて実行されていることがあります。その職場では，例えば，お年寄りで嚥下状態の悪い人に関する相談は，その研修に行った人にされているようです。相談に来られた人のモティベーションは上がりますし，さらに自分の取り組みの意欲向上も確かにあるのではないかと思います。他のチーム医療のメンバーでも，「私も次の研修に行きたい」という発言は増えています。ただし，チームによっては，モティベーションに差異があったりとか，リーダーにやややる気がなかったりとか，そう思うことは若干あります。摂食嚥下チームのリーダーは固定です。医師がリーダーです。しかし，場面によってリーダーが医師とは違う場合も，もちろんあります。リーダーは形式的には医師だけれど，常にリーダーではないということです。基本的に，他の病院と違うのかどうかは分かりませんが，当院では，結構，いろいろな人がいろいろな形でリーダーシップをとって，いろいろな人を引っ張っています」（C病院の事務部長）

「マイナスになったというのは，それほど聞いたことがありません。とくに負担にはなっていません。そのために時間外勤務が多いとは思えません。モティベーションは上がると思います。また，離職についてですが，看護師も寿退職だとか，結婚して少し遠方だからということでの離職はありますが，当院は低い方だと感じています」（D病院の看護師長）

「地域からの講演や説明会の依頼の回数が増えました。これは私個人です。そういうことも踏まえて，県の介護支援専門員協会の理事もさせていただいています。いろいろなところから呼んでいただく中，皆から得た情報も踏まえて，紹介をしています。講演は月に1回くらいです。企業というか病院で話をしてくださいとか，市町村で話をしてくださいとか，ケアマネジャーの地域集会で話をしてくださいとか，そういう依頼です。地域からの依頼は増え，地域と病院からオファーがかかるようになりました。とくに地域包括ケアなどで在宅医療の話をしてくださいという声が，よくかかるようになりました。看護協会からも退院調整で声がかかるようになりました」（G診療所の所長）

第13章

Organizational Change in Future

組織変革のマネジメントの展望

本章のガイド
　本章では，第２章～第12章で紹介した議論を整理し，組織変革のマネジメントの展望として，その現状，提言，および課題について，提示する。

第1節
組織変革のマネジメントの現状

1 プロセス

　最初に，組織変革におけるプロセスについて，紹介した内容を整理しておこう。

　第1に，企業の組織変革のプロセスは，レヴィンのモデルに基づいて設計した分析モデルに近い形で進行している。つまり，理論的に近い形で進行しているといえる。ただし，従来の組織変革の議論で提示されているように，プロセスの各段階はその順序ごとに進行しているわけではなく，それらの一部が重複して，同時期的に進行している場合もある（松田，2000・2011）。

　第2に，組織変革のマネジメント施策に対する成果認識の高い企業，つまり，組織変革をうまく行い，成果をあげている企業は，多様な施策を，プロセスの各段階において細かに行っている。また，組織変革の定着を意図して組織構造施策や人事施策，およびその継続を意図して行う成果検証の施策が充実していることには共通性がある。

2 意識・行動変革

　次に，組織変革における従業員の意識・行動変革について，紹介した内容を整理しておこう。

　第1に，企業は，従業員の意識・行動変革を意図して，多様なマネジメント施策を行う。これは，本書で紹介した諸調査の分析結果においても判明していることであり，企業の重要なマネジメント行動の1つである。具体的には，組織改編，人事諸制度，日常仕事の合理・改善活動，自己啓発を含む教育関連施策においてよく見い出される。これは，眼に見え，理解しやすい施策や短期的な成果を共有することが意識・行動変革の効果をあげやすいという議論からすれば，理解しやすい。ただし，即効・効率的な施策がそれほどないこと，施策によっては継続性や浸透性にやや欠けるものもあることに関して留意する必要がある。

　第2に，企業は，従業員の意識・行動変革と業績等とには，強くはないが関連はあると考えている。換言すると，売上高等の経営成果との関連はあるが，

あくまで間接的であると考えているのである。具体的には，従業員の日常の働き方や自社の経営理念・目標への理解等との関連が強いと考えており，業績，経営者との信頼感，モラールや帰属心との関連が次に強いと考えている。

3　抵　抗

次に，組織変革における抵抗について，紹介した内容を整理しておこう。

(1)　要　因

マクロ組織論的には，組織・集団レベルを対象にして，慣性，行為，情報の流れ・認識の差異の議論がある。ミクロ組織論的には，人の意識や行動を対象にして，損失，ストレス，信頼，認知，学習の議論がある。これらは，対象レベルの差異であり，ミクロ組織論の方が操作（測定）的にはより有効的であり，具体的ではある。しかし，その一方で，これ以外の要因について，さらに多様な観点からの探索がそれほどなされているわけではない。よって，今後は既存の議論を深化させる方向を選択するか，新規の議論を模索・探索する方向を選択するかになる。社会心理学的には，抵抗，不安，防衛等の議論がある。これは，実験や面接，臨床や治療から提示された議論が多く，直接的な援用やメタファー化については慎重に考慮する必要がある。コンサルタント的には，抵抗の要因，あるいはその生起の具体的な理由・状況を混同している議論がある。これは，両者の接近（類似，近似）性というよりも，マネジメント実践的な志向（理論より応用）が強いことに起因していることによると考えられる。ただし，厳密な議論は，正確な組織現象の把握から始まるという議論からすれば，両者の明確な区別を図る議論が必要である。

(2)　メカニズム

マクロ組織論的には，組織・集団レベルを対象にして，慣性の議論がある。ミクロ組織論的には，人の意識や行動を対象にして，損失と強制，認知，組織文化変革の議論がある。これらも上述と同様に対象レベルの差異であり，ミクロ組織論的の方が操作（測定）的にはより有効的であり，具体的である。これ以外の議論はそれほど多くはない。社会心理学的には，推進力と抑制力，影響と均衡等の議論がある。これは，実験や面接，臨床や治療から提示された議論が多く，直接的な援用やメタファー化については慎重に考慮する必要がある。

コンサルタント的には，損害，危機と固執等の議論がある。

(3) 除 去

　マクロ組織論的には，組織・集団レベルを対象にして，慣性，適応と均衡，制約，行為の調整等の議論がある。ミクロ組織論的には，人の意識・行動を対象にして，参加，報奨制度，ビジョン等の議論がある。これら以外の議論はそれほど多くはない。社会心理学的には，参加，仕事の設計，交代，説得等の議論がある。これらは，実験や面接，臨床や治療，事例研究から提示された議論が多く，かなり具体・応用性を帯びている。コンサルタント的には，参加，コミットメント，および詳細な除去方法のステップ等の議論がある。なお，マクロ組織論的な議論以外の三者は，近似性が強く，またマネジメント実践的な志向性も強いと考えられる。

　上述については，第11章に提示した内容からも裏づけられる。

4　チーム

　最後に，組織変革におけるチームについて，紹介した内容を整理しておこう。

(1) 組織変革のマネジメントとしてのチーム

　経営学においては従来，チーム，グループ，および集団についての研究は，とくに社会学や心理学を背景に行われてきた。主要な関心は，個人の行動とそれらの行動との差異，およびそれらから受ける個人への影響，そしてそれらが高成果をもたらすための実践的方法であった。

　日本におけるチーム研究においては，作業組織の最小単位としてのチームが有効に機能していることが議論されている。その後，多くの研究者によって，社会−技術システム論等を背景に，主に生産現場の作業組織を対象にして，チーム作業を意図することで，ゆるやかな作業の割り当てや作業領域における多能工の育成が図られ，それが生産性の向上に寄与していることが議論されている。併せて，作業者の個々人もそれによるモティベーションの向上・維持，学習意欲の向上につながっていることをも議論されている。

　今日では，組織変革のマネジメント施策としてチームを活用することに関心が注がれている。

⑵　チーム医療

　チーム単位による活動，および活用を実践し，成果をあげているものに医療業界におけるチーム医療がある。これは，とくに病院における経営環境の変化に対して，従来の医師を頂点としたやり方ではうまくできなくなりつつある，あるいはうまくできない現状に対応することから始められている。それが進展し，医療の質や安全性向上という今日的対応のためにだけではなく，病院で働いている医師や職員の意識・行動変革までをも意図してチーム医療を病院組織全体の組織変革のマネジメントに活用している医療機関は多い。ただし，課題⁽¹⁾もある。

第2節
組織変革のマネジメントへの提言

1　プロセスモデルの修正

　本書の第9章では，CI活動を対象としての調査1・2の結果から組織変革のプロセスにおいては，分析モデルの複数の段階が重複して同時期的に進行していることを明らかにし，これについてプロセス上の「同時進行性」と呼んだ（松田，2000・2011）。これは，現実の組織変革のプロセスにおいて，ある段階が明確に終了した後，次の段階に進行するわけではないことを示している。つまり，ある段階の進行している際に，他の段階もその一部が同時期的に重複して進行しているということである。この点については，レヴィンのモデルでは理論上充分に明らかになっていない点である。つまり，「解凍」状態が終了し，次に「移行」状態へ，そしてその終了の後「再凍結」状態へ移ると仮定されているが，現実のプロセスにおいてはそうではないということである。

　また，この点については，例えば，リピット他は，組織変革が必ずしも彼らが提示したプロセスモデルの諸段階に従って進行することはなく，2つ以上の段階が同時に進行し，大半のプロセスは一種の周期的運動によって進行することもあると提示している。しかし，これは提示しているにとどまっており，具体的な実証的研究の結果は示されてはいない。

　上述に基づくと，松田（2000・2011）で提示している分析モデルは，**図13－1**のように修正することができるであろう。また，レヴィンのモデルと対照し

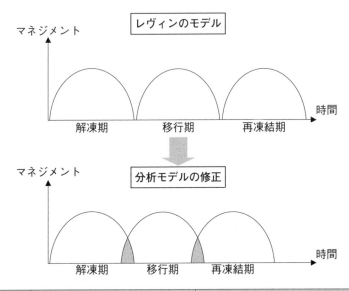

レヴィンの モデル	分析モデルの修正	要　点
①解凍	①実態把握 ↓	• 多様な手段で正確に組織の実態把握を行う • 戦略やビジョンと関連づけて施策プログラム設計を行う • 多様な手段で理解・普及させる
②移行	↓ ②施策プログラム設計・③変革施策の実施・④定着施策の実施	• 多様なマネジメント施策を多様な形で実施する • プロセスの中間段階の状態をモニタリングし，内省し，修正を図る • 抵抗要因や発生時期を早期に把握し，対応する • 多くの従業員をできるだけ参加させ，抵抗要因を除去する • 定着施策（例：組織構造・人事施策）を早期から考慮し，実施する
③再凍結	↓	
	⑤成果検証 ↓ 次の組織変革へ	• 眼に見える短期的な成果を出す • 継続性を考慮するために多様な手段で成果を検証する • 次の組織変革の検討をする

図13-1 プロセスモデルの修正

て同図のように説明することができる。なお，修正した分析モデルの応用・有効性，およびその開始・終了時の検討も必要である。

2　組織変革の必然性

　再度，組織変革の議論の前提として，その必然性を考慮することが重要である。企業は，従業員を対象に，意識・行動変革をするためにだけ，マネジメントを行い，多様な施策を行うわけではない。基本は，企業は組織成果の向上を目的にいろいろなマネジメント施策を意図・計画的に行うのである。しかし，そこにおいて，その成果や実践度のさらなる向上のためには，人の意識・行動変革が必然的に，考慮される必要がある，ということである。つまり，マネジメント施策の一方向的な指示・命令や実践だけでは，予定した成果・実践度の向上が果たされないことも多々あるのである。そして，そこには同時に，意識・行動変革という課題がつきつけられるのである。

　その一方で，組織成果の向上が図れるのであれば，人の意識・行動変革がともなわなくても大きな問題はない，という考え方もある。たしかに，組織変革を考慮せず，一方向的な指示（情報の流れ）だけでマネジメントできた，あるいはできると考えていた時代もあった。

　しかし，今日，その議論はそれほど支持を得ているわけではない。とくに中間管理職層にとって，直・間接的なマネジメント要因が従来に比べて増加し，多様化していることを考慮すれば，それへの対応は継続的であり，意識・行動変革は，避けることはできないのである。

　また，そこでは，人的資源管理論でも指摘されているように，働く人への，従来の包括的なマネジメントから個別的なマネジメントへの変化が重要な課題になりつつある。さらに，成果が強く求められる今日のマネジメントにおいて，必然的に生起する抵抗やその除去，あるいは新しい視点としてチーム・マネジメントの活用を考慮することも求められていると考えられる。

3　抵抗の類型化[2]

⑴　従来議論への疑問

　本書における問題関心の一つである抵抗という組織現象は，諸組織の現場において広範囲にわたって見受けられ，非常に複雑・多様化している様相も見受けられる。しかし，そこにある疑問として，従来，それらを網羅・包括的に議

論してきたことがある（松田，2011）。また，その研究方法として，組織現象的には時間がかかる社会調査の対象であるために，恣意的にケース・スタディを行い，分析し，それから一般化を図り，議論してきたが，それへの疑問もある。つまり，直面する抵抗に対して，個々にアプローチし，分析し，独立的に議論するのも方法としてはあろうが，抵抗の類型化を図り，その類型別に除去などのマネジメントを考慮した方がよりその組織現象への説明力・精度が向上し，さらに体系的に議論でき，実践的にも建設的ではないのか，ということである。

⑵　仮定的な4類型

　川上（2017）は，第2章のナドラー他の組織変革における4類型の議論を援用して，以下のような4類型のアイディアを提示している。

　彼女は，類型化を可能にする軸について「時間」軸と「規模」軸の2軸を提示し，これらに基づいて4つの類型を提示している。前者は，組織に抵抗が生起し，除去されるまでの時間を示しており，「長い（1年以上）」と「短い」で区分する。後者は，組織内の人数比率や部署等の範囲（量的要件）と抵抗の強度（質的要件。労働条件やコミュニケーション）を示しており，「大きい」と「小さい」で区分する。川上（2017）は，このアイディアに基づいて，8社の事例分析から仮定的ではあるが，抵抗現象について以下のⅠ類型からⅣ類型までの4つの類型を**図13−2**に提示している。ただし，課題もある[3]。

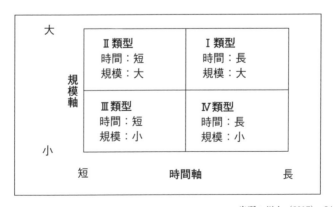

出所：川上（2017），341−344頁。

図13−2　抵抗の2軸4類型

第3節
組織変革のマネジメントの課題

　最後に，今後，実務家や研究者は，組織変革のマネジメントに対して，何が課題になるのであろうか。本書で紹介した内容に基づき理論に関する課題，およびマネジメント実践に関する課題を提示する。

1　理論に関する課題

(1)　組織変革の有効性

　組織変革の議論は，機能主義的にいえば，「組織成果の向上には組織変革ありき」という考えがスタートになっている。つまり，組織の現状状態を変革できれば，順機能的な効果が期待できる，というのが前提になっているのである。換言すると，変革せずに順機能的な効果は得られない，という前提である。また，組織をオープン・システム観で捉えた場合，周囲の環境が変化し，その影響が何らかの形で組織にあれば（あると予測できるならば），それに適応しなければ生存できないという，議論もある。しかし，これは影響因子を限定すれば議論は容易になるが，現実的には，ある程度予想されるものの，なかなか全貌を特定できず，物理学におけるクローズド・システム観と異なって，議論を複雑にしている前提でもある。

　それでは，組織変革のマネジメントを考える意味はどこにあるのだろうか。換言すれば，組織変革の合理性と有効性はどこにあるのだろうか，ということである。ナドラー他（Nadler, et al, 1995），コッター（Kotter, 1996），および松田（2000）からすれば，具体的には，前者は，「なぜ，組織変革をする必要性があるのか，あるいはしなければならないのか」という課題に帰着し，後者は，「組織変革の結果，組織や組織構成員に対して，どこがどのように変化したのか，あるいは組織にとってどのような有効な変化（成果）があったのか」という課題に帰着する。この２つの課題は，さらに次のような具体的な課題になる。

　組織変革の合理性については，①組織変革とは自らの組織にとって何を意味するのか，②組織変革行動を起こすきっかけは何か，また継続して行う意味は何か，③組織変革後の目標とする最終の組織とは何か等が考えられる。

　次に，組織変革の有効性については，④組織変革の成果とは，何をもって成果，あるいは成功というのか，⑤組織変革による変化やプロセスをどのように

測定するのか，⑥組織変革をうまく行うには，どこに，どのような操作をすれば良いのか等が考えられる。

　これらに対して，本書がどの程度貢献できたのか不明であるが，今後の課題である。

(2)　抵抗に関する研究の意義

　抵抗という組織現象に関して議論することの意義（meaning, significance）について，再度，あるいは改めて検討することが，今後の課題である。

　第1に，なぜ抵抗について議論する必要があるのか，抵抗の何がマネジメントの問題なのか，である。通常，組織変革には必然的に抵抗現象がともなう，だから議論するのが当然である，に行き着くことになる。しかし，ここでの問題は，組織変革に抵抗は本当に必然的なのか，ということである。例えば，物理学では，必然的ではなく，自然的である。運動や力の議論で，抵抗とは，一つの現象を説明しているにすぎない。よって，組織変革において抵抗の生起は所与のものとしているが，その抵抗を論じる意義（なぜ議論するのか…抵抗の何が課題なのか。必然であるからか等）に関する議論はそれほど多くはない。

　第2に，第1の課題からすると，抵抗のない組織の状態とはどのような状態なのか，という問題にも進展する。換言すると，抵抗が生起している状態を，誰が，どのように察知し，認知しているのか，という問題である。組織内の人は誰も同じように認知しているのか。第三者からの観察視点ではなく，現場では誰がどのように認知しているのか，という問題である。さらにそれが，個人，集団，組織内単位ではその認知レベルに差異があるのか，という問題もある。これらの解明が課題である。

　第3に，そもそも論として，「抵抗を生起させない，当初から抵抗の生起を少なくしようとする，あるいは生起しないようにする（予防）」の視点から議論するのか，あるいは「抵抗の発生は必然的なので，いつ生起しても良いように予測精度を上げて，それへの対応を常時考え，仮に生起しても，その生起や程度を最少限になるような手立てを考慮する（予知・防御）」の視点から議論するのか，という課題もある。これは，例えば，地震対策の議論（実践的対応法）としてある耐震（地震に耐えるように強固にする），制震（地震の一部エネルギーを建物内などで相殺・吸収する），免震（ダンパー，地盤改良などによって地震から免れる）の議論にも似ている。

⑶　**意識・行動変革と組織成果**

　第1に，本書では，意識・行動変革と組織成果との関連については，明確に説明できていない。そのプロセスにおける媒介変数の存在についても，明確に抽出できていない。これは，換言すると，彼・彼女らの意識・行動が変革すれば，直接的に，即効・効率的に組織成果が向上するのか，それを促進する要因の存在はあるのか，という問題ともいえる。また，組織変革の程度と組織成果の程度，および組織内外の諸要因との関連についても充分には明らかにできていない。今後の課題である。

　第2に，意識変革が先か，行動変革が先かという理論的な問題は明らかにできていない。また，そもそもこれを論じる意義について議論が少ないのが現状である。要は，組織変革が推進でき，組織成果の向上が図れれば良いのであって，意識，行動という順を考慮することのマネジメント上への意義に関する問題である。社会心理学においては，行動変革が先に生起され，次に意識変革が生起されるというやや洗脳めいた議論（古川，1990）もあるが，今後の課題である。

⑷　**測定方法の再検討**

　組織現象として正確に測定できる方法を検討することが課題である。具体的には，組織現象として定量的研究を可能にする測定次元の開発，および中範囲理論の開発について，検討することが課題である。また，事例・帰納的研究の多いことが特徴的であるが，組織現象としての様相解明のための観察や参加観察の検討も必要である。現状では，それらが遅れているといわざるを得ない。これは，時間のかかる質的な変化（現象）であること，およびマネジメント実践に関心を注がれることが多かったことに起因する。例えば，コッターとヘスケット（Kotter and Heskett, 1992）は一つの組織変革が終了するのに5～10年かかることを提示している。松田（2000）によれば，日本企業のCI活動は平均して3年前後かかるという調査結果もある。

　また，測定レベルが個人→集団→組織と広範囲になればなるほど，正確な現象把握はますます困難になる。ミクロ組織論的な議論では，社会心理学において測定次元と測定尺度はある程度提示されているが，現状ではあくまで個人レベルの臨床的な色合いが強い。また，一部，実務書にあるケーススタディ書や変革ヒストリー書（例：柴田，1998）などはルポ的，ジャーナリスティック的な

246

知見を提供しているが，それほど関心が注がれていない。ただし，今後，方法論的にはこれらの方法をも検討する必要がある。

⑸　プロセスモデルの課題

　第6章で提示したレヴィンのモデルは，もともと個人の態度変容から進展したモデルであり，今日，組織変革の変革プロセスを説明するには一番説明力が高い。また，第6章で紹介した他の多くのプロセスモデルについてもこれを基本にしているものは多く，下位段階の設定と実践性の向上が共通している。

　しかし，このモデルは社会心理学に基づくどちらかといえば，個人の行動や意識の変化を説明するモデルであるために，現実の企業に関する組織変革の全体を説明するには充分ではない。プロセスを説明する基礎にはなりうるが，マネジメントにおいては，操作性の視点からその実践性にやや欠けるといえる。また，第6章で紹介したモデルの多くは，それを補うために提示されているが，これらも充分ではない。よって，従来のモデルを進展させ，組織変革のプロセスをより正確に分析でき，その結果に基づいて有効なマネジメント施策を実施できるようにする必要がある。

　もともとこの議論は，変革プロセスが明確になれば，組織変革の操作性が向上し，（媒介変数があっても）成果の向上につながる，という視点から始まっている。よって，従来のプロセスモデルの多くは，操作性の向上から下位段階を設定し，マネジメント実践との適合を図ってきたのである。ここでの要点は，操作対象はどこまでかということである。組織（例：戦略，ビジョン）であればどこまでを，小集団や個人（例：モティベーション，キャリア）であればどこまでを対象とするのか，ということである。

　これらの点については，他の組織変革への応用と追証，および組織現象としての範囲（類型）をさらに拡大した研究の蓄積によってより一般化が図れると考えられる。

2　マネジメント実践に関する課題

　企業にとって組織変革は，マネジメント実践である。理論構築のために現場で悩み，苦慮しているわけではない。それでは，今後，どのような課題に対応していけば良いのであろうか。

(1) 組織変革の成果

　何をもって組織変革の成果とするか，ということである。換言すれば，マネジメント施策と成果との関連をどのようにして把握するか，ということである。一般的には，前者については，業績（例：生産高，売上高，利益）等と考えられるが，それだけではないことに留意する必要がある。また，本書で提示した諸調査においては媒介変数的ではあるが，それ以外にも経営理念・経営者発言・企業活動への理解，モラールや帰属心の向上に関連のあること，そして企業もそれらから判断していることが判明している。ただし，これは，繰り返すが媒介変数的であり，多様にあり，決定的なものは少ない。

　例えば，組織変革とその成果について，キンバリーとニールセン（Kimberly and Nielsen, 1975）は，チームづくりにおける組織成果に関する研究を実施している。対象は，自動車部品の製造工場における課長以上の管理者である。結果として，組織風土の改善と管理者行動の改善がよりよい協働関係，問題解決の改善をもたらし，組織産出量の増加や予測可能性を高めるような討議をもたらすという仮説を実証している。ただし，この実証研究は，調査対象企業が1社であるために，この結果の一般性に問題がある。

　同様に，フレンチとベル（French and Bell, 1978）は，組織変革の成果を検証した9つの研究をレビューしている。その結果として，成果認識に関する研究がそれほど多くないこと，および検証そのもの自体にいくつかの問題があることを指摘している。

　また，組織変革の成果の検証については，その追跡を行う企業は少ないことも判明している（松田，2000・2011）。例えば，ヘイスラー（Heisler, 1975）は，63の組織を対象にした研究を実施しているが，彼は，組織変革に関して組織が抱えている最も大きな不備は，その成果を検証することのむずかしさであること，とくに，その測定と継続性に不備のあることを指摘している。

　上述より，組織変革の成果を測定する次元の開発，併せて成果検証に関する実証研究を増やしていくことが課題である。

(2) 他のマネジメント要因との関連

　組織変革を推進していく際に，他のマネジメント要因との関連をどのように考えるのか，ということである。第4章では，組織変革に関わるマネジメント要因として，リーダーシップ，組織開発，組織文化を紹介した。これ以外の要

因，例えば，経営戦略，マーケティングとの関連については，本書ではそれほど追究していない。また，組織行動論的な視点からは，キャリア，モティベーション（motivation），仕事や報酬との関連（cf.Hackman and Oldham, 1980）等の要因を考慮できるが，それらとの関連についても本書ではそれほど紹介していない。多くの要因との関連が明確になり，それへの応用が向上すれば，さらに成果は向上できると考えられる。

　また，第4章で紹介したように，組織変革のマネジメントは，組織の体質を改善するために従業員の能力開発から始まっており，彼・彼女らの能力，生産性，モティベーション，リーダーシップなどに着目し，施策開発を行ってきた歴史がある。ただし，組織をオープン・システムと捉えると，必然的に，ひとつの組織現象に対して関連する要因が多様になることは理解できるが，その一方で，議論が拡散し，説明力の低下を招く可能性もある。さらに，組織現象の測定についても，変数が多くなり，かえって一般化しにくい面を生じる可能性もある。要点は，マネジメント実践への応用力を向上させるということと，それに対して，説明力を向上させるためにモデル・理論開発において単純化を図ることとをいかに折衷していくのか，ということである。

(3)　従業員の認識

　従業員は，企業の組織変革をどのように認識しているのだろうか，ということである。マネジメント主体である企業と従業員の認識とにおいて，差異のあることは当然に予測できる。よって，それを前提に，その実態，およびそれへの対応をどのように再考するのか，ということである。松田（2000）では，調査1の回答企業のうちの2社の従業員に対して，調査を行っているが，認識の差異がある程度明らかになったにすぎず，マネジメント実践においてどのように対応するのかについては，追究されていない。さらに，その浸透については，測定・観察の難しさから，調査はそれほど多くない。

　第2章の注で紹介したように，今日的な組織変革へのアプローチが，組織と人の統合にあるという視点からすれば，その成果を論じるには従業員の反応についても把握する必要がある。よって，現実的には，従業員の認識を追跡し，企業との差異を把握することが課題である。

⑷　促進の要因

　第7章でも提示したが，組織変革の促進の要因をどのように考えるのか，という課題もある。本書では，組織変革の抵抗の要因に関する諸調査の結果や従来の議論を紹介しているが，その逆の効果をもつと考えられる促進の要因については，ほとんど議論がない。例えば，松田（2008）では，信頼関係の構築，企業の経営状況の公開，および抜擢人事等が判明しているが，抵抗の要因の反対表現が大半であり，独立した要因に関する議論はそれほどない。

　これは，マネジメント実践において，従来は促進の要因を意図することなく，組織変革を円滑に推進させるために，抵抗の要因把握やその除去の手法構築に意が注がれてきたことによる。つまり，抵抗の要因を除去さえすれば，あるいは抵抗の程度を弱めれば，円滑に推進できると考えられてきたことによる。組織変革の促進の要因と呼べる要因があるのか，また，あるとすればそれをどのように操作するのか，あるいは抵抗の要因とはどのような関係になるのかという点については，今後の議論，およびマネジメント実践上の大きな課題である。

　また，いかに組織変革を円滑に推進していくのかという議論からすれば，その要点は，抵抗を最小にすることにある。その一方で，ある程度の抵抗は，逆に円滑に推進するには必然と考え，そのための推進エネルギーにするという抵抗のマネジメント議論もある。

　同様に，抵抗を組織レベル，あるいは個人レベルで捉えるのかという問題があり，その対応についても組織・個人レベルの問題があり，これはマネジメント実践の鍵になる。これは，数多い従来の議論を概観すると，諸議論に大きな境界があるのではなく，立場，視点，表現において異なることが多く，限定し，区分して検討する必要性は少ないと考えられる。

⑸　マネジメント実践への応用：いきすぎる実践的提言の多さ

　マネジメント実践への応用を考慮し，多すぎる実践的提言について再考することが課題である。

　第1章でも述べたが，今日，議論の関心が，応用領域へやや偏重しており，さらにコンサルタント的議論の多さが現場では混乱をきたしているという現状があり，そして矛盾がある。類似的な議論，および科学的裏づけに乏しく，量を頼りにした，あるいは経験だけに基づく，議論の提示の多いことがその根底にある。

　また，従来の研究を概観しても，一般性に欠け場当たり的な，あるいは局所・個別的な，そして処方箋的な対応に偏重している議論もある。

　例えば，松田（2011・第4章）でも提示しているが，組織変革のプロセスモデルは多く提示されている。しかし，概観するに，どのモデルでも一長一短あり，非常に細分化されて操作・応用性の難しそうなモデルか，逆に単純すぎて操作・応用性の低いモデルもある。マネジメントへの実践性を向上させることは，重要な命題であるが，操作・応用性をどのようにして向上させるかについて再度，検討する必要がある。上述したように除去に関する議論も同様である。「従業員の参加による抵抗減少」が数多く提示されているが，マネジメント実践的には，さらにそれを具現化する施策や方法の提示が必要である。いつ，誰を，どのように参加させるのか，という具体性に欠けると，単に机上の空論になってしまう可能性も否定できないことになる。よって，科学との連携がますます重要になってくると考えられる。

　　◆　注
（1）　チーム医療のマネジメントに関する課題には，以下が考えられる。第1に，チーム医療は普及している，あるいはしつつあるとしても，その定義をはじめ，一般的なマネジメント施策としてはまだまだ充分に捉えられていない面がある。従業者数が多い業界とはいえ，まだまだ病院間同士や病院内でもチーム医療に関する理解や情報共有について充分ではないといえる。第2に，チーム医療が即効・効率的に病院の経営状況に影響を与えるということは少ない。また，チーム医療の構成メンバーが，それ以外の職員の意識・行動にそれほど強い影響を与えているわけではない。第3に，HPチーム医療とそれ以外のチーム医療とについては，差異はそれほどない。その理由は，差異の測定しにくさにある。また，チーム医療の効率的なマネジメント手法とその成果に関する測定指標の設計がある。さらに，リーダーシップの有効的な発露やメンバー間の有効・効率的な意思・情報伝達のメカニズム解明とその手法については，さらに考慮していく必要がある。
（2）　ここで，類型とは，ある現象・事象の特性を型として他の現象・事象の特性と区別する概念であり，類型化とは，多様な諸現象・事象における類似点を抽象し，これを基礎としてそれらの間に類型を設定することである。これによって整理・分類を図り，比較することによって本質や構造の理解に繋がると指摘されている（森岡他編，1993，1488-1489頁）。よって，類型化を図ることで，「除去（どのように取り除いて円滑な状況にするか）」，および「活用（初めからその生起を織り込み，逆に順機能的に利用する）」に対して，議論の精度を向上させ，また，マネジメントへの応用度を向上させれば，組織成果の向上を期待できることになる，ということである。さらに，抵抗の類型化を図ることで，それらへの対応策（抵抗の除去方法）も類型ごとに立案可能になり，また現実的対応策も具体性が増す，と考えられ

ることにある。

（3）　課題としては，以下が考えらえる。

　第1に，応用性である。このモデルは，抵抗現象の説明力は高いが，その応用や実践性にはやや疑問がある。換言すると，抵抗が生起して，その抵抗がどの類型に該当するか，早期に判断できるのか，という問題である。このモデルが抵抗が終了したケースについて，時間をさかのぼって分析した結果を提示しているわけであるから，予想されることではある。よって，マネジメント実践においては，抵抗現象が生起している，あるいは表出中である場合に，どの類型に相当するか，判断しにくいということである。ただし，これは，抵抗を組織が知覚するというのは，「いつ」「誰が」知覚するのかという基本的な問題に発展する。現場風にいえば，「この抵抗はどれぐらい，いつまで続くのか」という見方を「いつ」「誰が」知覚するのか，ということである。現象の将来予測として物理学の抵抗メタファーで考慮するのも一つのアイディアであると考えられる。

　第2に，軸抽出の方法論である。仮定的に，あるいは探索的に提示するという観点からケースによる分析を採用しているが，方法論的には質問紙等を利用した定量的データ取得から因子分析によって抽出するのが適合・妥当的である。そして，その妥当性，類型と抵抗現象との適合性を向上させることが，次の課題になる。上述したように統計的一般化は図れないが，分析的一般化の程度を向上させるためにも，さらにケース・スタディ数を増やし，モデルの適合性を向上させることは必要である。よって，これに関する質問項目の開発が課題になる。また，軸が「2つ」と限定的に提示しているが，これも根拠に乏しいことがある。類型が4つになり，説明しやすいという長所はあるが，これも裏づけが必要である。

参考文献

I．日本語文献

青島未佳・山口裕幸・縄田健吾（2016），『高業績チームはここが違う』労務行政。

東　洋・大山　正・託摩武俊・藤永　保編集代表（1978），『心理用語の基礎知識―整理と検証のために―有斐閣ブックス627』有斐閣。

畦地　萌（2006），「チーム医療における包括的心臓リハビリテーションの実際」『看護展望』，第31巻，第12号，80-83頁。

安藤史江（2001），『組織学習と組織内地図』白桃書房。

飯田史彦（1991），「企業文化論の史的研究１」『商学論集』第60巻，第１号，19-51頁。

飯田史彦（1993），「企業文化論の史的研究２」『商学論集』第61巻，第４号，61-87頁。

井川浩輔（2005），「医療現場における専門職チームの変動統制メカニズム」，『神戸大学大学院経営学研究科博士課程モノグラフシリーズ』，第524号。

石川陵一（2004），『行動目標達成のための「チーム医療」ポイント50』，日本医療企画。

医事日報編（2011），『2011年版近畿病院情報　大阪・京都・兵庫・奈良・和歌山・滋賀・三重　第29版』医事日報。

医事日報編（2013）『2013年版中国・四国病院情報　岡山・広島・鳥取・島根・山口・徳島・香川・愛媛・高知　第26版』医事日報。

伊丹敬之・加護野忠男（2003），『経営学ゼミナール入門　第３版』日本経済新聞社。

伊藤勝彦（1964），「意識」清水幾太郎編『現代思想事典』所収，講談社，44-46頁。

伊藤正男・井村裕夫・高久史麿総編集（2009），『医学大辞典第２版』医学書院，1837頁。

稲垣保弘（2002），『組織の解釈学』白桃書房。

稲葉元吉（1973），「組織開発論（上）―その主要内容―」『組織科学』第７巻，第４号，4-14頁。

稲葉元吉（1975），「組織開発論（下）―その現状評価―」『組織科学』第９巻，第１号，69-81頁。

稲葉元吉（1979），『経営行動論』丸善。

井上章一（1997），『創られた桂離宮神話　講談社学術文庫1264』講談社。

今井康乃（2006），「乳がん患者を支えるチーム医療―ブレストナースの活動から―」『看護展望』，第31巻，第11号，86-92頁。

今口忠政（2006），「組織文化の変革メカニズム」『Journal of the International Association of Project & Program Management』Vol.1，No.1，pp.121-128.

今田高俊（1986），『自己組織性』創文社。

今西伸二（1988），『事業部制の解明』マネジメント社。

岩井和男（1975），「三菱長崎造船所におけるアクション・リサーチ」集団力学研究所編（1975），『組織変革とPM理論』第３章所収，ダイヤモンド社，99-144頁。

上野徳美（2012），「説得への抵抗」深田博己監修・編（2012），『心理学研究の新世紀②社会

心理学』第8章所収，ミネルヴァ書房，149-174頁。

氏原　寛・亀口憲治・成田善弘・東山紘久・山中康裕編 (2004)，『心理臨床大事典改訂版』倍風館。

内野　崇 (2006)，『変革のマネジメント―組織と人をめぐる理論・政策・実践―』生産性出版。

梅澤　正 (1974)，『組織開発』ダイヤモンド社。

梅澤　正 (1977)，『日本型組織開発―その展開と事例―』ダイヤモンド社。

梅澤　正 (1990)，『企業文化の革新と創造』有斐閣。

梅田　恵・樋口比登実・篠田淳子・松林幸子 (2006)，「一般病院・病棟に求められる緩和ケアチームの活動」『看護展望』，第31巻，第5号，70-75頁。

占部都美 (1980)，「組織変革」，占部都美編 (1980)，『経営学辞典』所収，中央経済社，417-418頁。

大澤真幸・吉見俊哉・鷲田清一編 (2012)，『現代社会学事典』弘文堂。

奥林康司 (1991)，『増補　労働の人間化―その世界的動向―』有斐閣。

奥林康司・吉田和夫編 (1991)，『現代の労務管理』ミネルヴァ書房。

奥村昭博 (1978)，「組織変動」野中郁次郎・加護野忠男・小松陽一・奥村昭博・坂下昭宣 (1978)，『組織現象の理論と測定』第7章所収，千倉書房，411-458頁。

奥村昭博 (1999)，「組織変革」神戸大学大学院経営学研究室編奥林康司・宗像正幸・坂下昭宣編集代表 (1999)，『経営学大辞典　第2版』所収，中央経済社，602-603頁。

小此木啓吾編集代表，牛島定信・狩野力八郎・衣笠隆幸・藤山直樹・松木邦弘・妙木浩之編 (2002)，『精神分析事典』岩崎学術出版社。

海保博之・楠見　孝監修 (2006)，『心理学総合事典』朝倉書店。

加護野忠男 (1980)，『経営組織の環境適応』白桃書房。

加護野忠男 (1982a)，「パラダイム共有と組織文化」『組織科学』第16巻，第1号，66-80頁。

加護野忠男 (1982b)，「組織文化の測定」『国民経済雑誌』第146巻，第2号，82-98頁。

加護野忠男 (1988a)，『企業のパラダイム変革　講談社現代新書890』講談社。

加護野忠男 (1988b)，『組織認識論―企業における創造と革新の研究―』千倉書房。

加護野忠男 (1993)，「企業パラダイムの革新」伊丹敬之・加護野忠男・伊藤元重編 (1993)，『日本の企業システム　第2巻　組織と戦略』所収，有斐閣，370-410頁。

加登　豊 (1993)，「組織変革・企業理念浸透活動と商品開発」『神戸大学経営学・会計学・商学研究年報』，XXXIX号，101-190頁。

金井壽宏 (1991)，『変革型ミドルの探求』白桃書房。

金井壽宏 (1994)，『企業者ネットワーキングの世界』白桃書房。

金井壽宏 (2004)，『組織変革のビジョン　光文社新書161』光文社。

金井壽宏 (2005)，『リーダーシップ入門　日経文庫1053』日本経済新聞社。

鎌田　慧 (1986)，『日本人の仕事』平凡社。

河合忠彦 (1992)，「戦略的組織活性化」『組織科学』第26巻，第3号，7-20頁。

川上佐智子 (2017)，「組織変革の抵抗における類型化に関する研究―事例分析による仮定的な2軸と4類型の提示―」日本経営学会編 (2017)，『日本経営学会第91回大会要旨集』日

本経営学会，341-344頁。

川村知也・寺師　榮（2006），「ドクターカーにおける救急医療チームの活動」『看護展望』第31巻，第8号，70-77頁。

岸田民樹（1985），『経営組織と環境適応』三嶺書房。

北野利信（1977），『経営学説入門』有斐閣。

木田　元編（1994），『現象学事典』弘文堂。

熊谷尚夫・篠原三代平編集委員代表（1980），『経済学大辞典第2版』東洋経済新報社。

桑田耕太郎・田尾雅夫（1988），『組織論　有斐閣アルマ』有斐閣。

幸田一男（1972），『組織開発の理論と実践』，産業能率短期大学出版部。

幸田一男・城戸康影・田中康介・新田義則（1993），「日本企業における組織変革の実証的研究」『産能短大紀要』第14巻，第2号，1-20頁。

厚生労働省編（2007），「終末期医療の決定プロセスに関するガイドライン」，2010年1月15日参照。http://www.mhlw.go.jp/shingi/2007/05/s0521-11.html

厚生労働省編（2008），「安心と希望の医療確保ビジョン」，2010年1月15日参照。http://www.mhlw.go.jp/shingi/2008/06/s0618-8.html

河野豊弘（1988），『変革の企業文化　講談社現代新書 927』講談社。

小林幸一郎（1973），「組織開発研究の動向：歴史的素描」『組織科学』第7巻，第4号，72-76頁。

小林幸一郎（1978），「環境変動と計画的組織変革の過程」『組織科学』第12巻，第2号，24-34頁。

小林幸一郎（1988），「組織の成長と変革」，青井和夫監修，梅澤　正・小林幸一郎編（1988），『組織社会学』所収，サイエンス社，174-228頁。

小林　司編（2004），『カウンセリング大事典』新曜社。

近藤克則（2002），「リハビリテーションチーム・マネジメント」『総合リハビリテーション』，第30巻，第11号，1125-1129頁。

佐伯　胖編（1985），『理解とは何か　認知科学選書4』東京大学出版会。

坂下昭宣（1985），『組織行動研究』白桃書房。

坂下昭宣（2002），『組織シンボリズム論』白桃書房。

坂下昭宣（2003），「社会科学方法論—実証主義とサーベイ・リサーチ—」神戸大学大学院経営学研究科授業資料，未刊，2頁。

坂下昭宣（2004），「エスノグラフィー・ケーススタディ・サーベイリサーチ」『國民経済雑誌』第190巻，第2号，1-12頁。

坂下昭宣（2007），『経営学への招待　第3版』白桃書房。

坂本和一（1985），『事業展開と組織改革』，ミネルヴァ書房。

佐川みゆき・庄子孝子（2006），「医療連携室と病棟の協働で取り組む退院調整」『看護展望』，第31巻，第13号，72-77頁。

佐藤郁哉（1984），『暴走族のエスノグラフィー—モードの叛乱と文化の呪縛—』新曜社。

佐藤郁哉（2002），『組織と経営について知るための実践フィールドワーク入門』有斐閣。

佐藤慶幸（1966），『官僚制の社会学』ダイヤモンド社。

佐藤慶幸 (1976)，「組織変革の理論を目ざして―視座構造の転換―」佐藤慶幸 (1976)，『行為の社会学―ウェーバー理論の現代的展開―』所収，新泉社，第 4 章・187-225頁。

塩原　勉 (1976)，『組織と運動の理論―矛盾媒介過程の社会学―』新曜社。

篠田道子 (2011)，『多職種連携を高めるチームマネジメントの知識とスキル』医学書院。

柴田昌治 (1998)，『なぜ会社は変われないのか―危機突破の企業風土改革―』日本経済新聞社。

下中邦彦編 (1981)，『新版　心理学辞典』平凡社。

社会保険研究所編 (2008)，『医科点数表の解釈　平成20年 4 月版』，社会保険研究所。

白樫三四郎 (1985)，『リーダーシップの心理学』有斐閣。

進藤勝美 (1978)，『ホーソン・リサーチと人間関係』産業能率短期大学出版部。

菅野みゆき (2006)，「患者・職員を守る感染制御チームの活動と課題」『看護展望』，第31巻，第 2 号，72-76頁。

鈴木幸毅 (1994)，『現代組織論　第 2 版』税務経理協会。

十川廣國 (1998)，「組織変革と組織学習」『三田商学研究』第41巻，第 5 号，23-37頁。

高瀬武典 (1991)，「組織学習と組織生態学」，『組織科学』第25巻，第 1 号，58-66頁。

高瀬武典 (1994)，「組織のエコロジカル・アプローチと変革過程」『組織科学』第27巻，第 4 号，4-11頁。

高橋政祺 (1991)，『病院管理概論』医学通信社。

高橋正泰 (1998)，『組織シンボリズム』同文舘出版。

高橋量一 (2010)，『組織認識論の世界 I 』文眞堂。

竹内弘高・榊原清則・加護野忠男・奥村昭博・野中郁次郎編 (1986)，『企業の自己革新』中央公論社。

田中　忍・山下智省 (2006)，「チーム医療による栄養管理―NSTの取り組みと活動の実際―」『看護展望』第31巻，第 9 号，78-82頁。

田中政光 (1994)，「組織変革のパラドックス」『組織科学』第27巻，第 4 号，27-38頁。

陳　霞芬・濃沼信夫 (1997)，「チーム構成員の貢献度から見たチーム医療のあり方に関する研究」『病院管理』第34巻，第 3 号，309-320頁。

哲学事典編集委員会編 (1971)，『改訂新版　哲学事典』平凡社。

東洋経済新報社編 (2012)，『会社年鑑』東洋経済新報社。

冨田健司 (2008)，「チーム医療のマネジメント―静岡県立静岡がんセンターの多職種チーム医療を事例として―医療経営研究会報告―」『医療と社会』第18巻，第 3 号，327-341頁。

富永健一 (1965)，『社会変動の理論』岩波書店。

富永健一 (1981)，「社会変動の基礎理論」，安田三郎・塩原　勉・富永健一・吉田民人編 (1981)，『基礎社会学　第Ⅴ巻　社会変動』所収，東洋経済新報社，2 -32頁。

富永健一 (1995)，『行為と社会システムの理論―構造 - 機能 - 変動理論をめざして―』東京大学出版会。

中島義明・安藤清志・子安増生・坂野雄二・繁桝算男・立花政夫・箱田裕司編 (1999)，『心理学辞典』有斐閣。

中村雄二郎 (1986)，「記号論・論理・メタファー」，大森荘蔵編 (1986)，『記号論・論理・

メタファー　新・岩波講座哲学3』所収，岩波書店，1-40頁。

新村　出編 (2018)，『広辞苑第7版』岩波書店。

西尾　実・岩淵悦太郎・水谷静夫編 (2011)，『岩波国語辞典　第7版新版』岩波書店。

日本慢性期医療協会編 (2009)，「『チーム医療』に関するアンケート集計結果報告」，2009年6月23日参照。http://jamcf.jp/enquete.html.

日本労働研究機構・久保村ひとみ編 (1991)，『組織変革に関する研究動向』日本労働研究機構。

野中郁次郎 (1974)，『組織と市場—市場志向の経営組織論—』千倉書房。

野中郁次郎 (1985)，『企業進化論』日本経済新聞社。

野中郁次郎 (1990)，『知識創造の経営』日本経済新聞社。

野中郁次郎・加護野忠男・小松陽一・奥村昭博・坂下昭宣 (1978)，『組織現象の理論と測定』千倉書房。

野中郁次郎・竹内弘高 (梅本勝博訳) (1996)，『知識創造企業』東洋経済新報社。

馬場昌雄 (1976)，『組織行動』白桃書房。

原岡一馬 (1970)，『態度変容の社会心理学』金子書房。

平池義久 (1991)，『企業と革新』創言社。

広田君美 (1963)，『集団の心理学』誠信書房。

廣松　渉・子安宣邦・三島憲一・宮本久雄・佐々木　力・野家啓一・末木文美士編 (1998)，『岩波哲学・思想事典』岩波書店。

藤田　誠 (1991)，「組織風土・文化と組織のコミットメント」『組織科学』第28巻，第1号，78-92頁。

二村敏子編 (2004)，『現代ミクロ組織論—その発展と課題—』有斐閣。

淵上克義 (2002)，『リーダーシップの社会心理学』ナカニシヤ出版。

淵上克義 (2009)，「リーダーシップ研究の動向と課題」『組織科学』第43巻，第2号，4-15頁。

船津　衛 (1976)，『シンボリック相互作用論』恒星社厚生閣。

古川久敬 (1988)，『組織デザイン論—社会心理学的アプローチ—』誠信書房。

古川久敬 (1990)，『構造こわし—組織変革の心理学—』誠信書房。

古川久敬 (2003)，『新版　基軸づくり』日本能率協会マネジメントセンター。

古川久敬 (2004)，『チームマネジメント　日経文庫1006』日本経済新聞社。

細田満和子 (2012)，『「チーム医療」とは何か—医療とケアに生かす社会学からのアプローチ—』日本看護協会出版会，3頁。

堀　英孝・中野志保 (2006)，「病棟から在宅まで継続ケアを実践する呼吸ケアチーム」『看護展望』第31巻，第7号，74-79頁。

掘米庸三 (1964)，『歴史をみる眼　NHKブックス15』日本放送協会。

本多勝一 (1980)，『ルポルタージュの方法』すずさわ書店。

増田四郎 (1966)，『歴史学概論』廣文社。

松尾茂子・谷内佳代・田中英夫・若林榮子 (2006)，「チームで取り組む禁煙サポートの実際と成果」『看護展望』第31巻，第10号，86-91頁。

松尾　睦（1998），「組織変革の認知と変革態度」『日本経営学会誌』第２号，56-69頁。

松田陽一（2000），『企業の組織変革行動―日本企業のCI活動を対象として―』千倉書房。

松田陽一（2007），「企業の組織変革行動に関する調査―日本企業のCI活動を対象とした06年調査と86年・96年調査との比較を中心にして―」『岡山大学経済学会雑誌』第39巻，第１号，23-46頁。

松田陽一（2008a），「従業員の意識・行動変革に関する調査（全調査）の報告・考察―全国の企業（本調査）および岡山県下企業（07年調査）を対象としたアンケート調査に基づいて―」『岡山大学経済学会雑誌』第40巻，第１号，63-91頁。

松田陽一（2008b），「組織変革行動における企業の評価に関する報告―日本企業におけるCI活動に関するインタビュー調査を中心にして―」『岡山大学経済学会雑誌』第40巻，第２号，23-48頁。

松田陽一（2008c），「企業の組織変革行動が従業員の意識や行動の変革に与える影響に関するインタビュー調査の報告」『岡山大学経済学会雑誌』第40巻，第３号，21-70頁。

松田陽一（2009），『経営者の事業観の伝承に関する事例研究―吉本興業・林正之助氏を対象とし，遺伝子の伝承メタファーに基づいて―』岡山大学経済学部研究叢書第38冊。

松田陽一（2011），『組織変革のマネジメント―人の意識・行動とCI活動―』中央経済社。

松田陽一（2012），「組織変革における阻害に関する既存研究の概観（前）―要因・メカニズム・除去を対象にして―」『岡山大学経済学会雑誌』第44巻，第３号，23-48頁。

松田陽一（2013），「組織変革における阻害に関する既存研究の概観（後）―要因・メカニズム・除去を対象にして―」『岡山大学経済学会雑誌』第44巻，第４号，21-40頁。

松田陽一（2014a），「組織変革における抵抗に関するインタビュー調査の報告(1)」『岡山大学経済学会雑誌』第45巻，第４号，17-42頁。

松田陽一（2014b），「組織変革における抵抗に関するインタビュー調査の報告(2)」『岡山大学経済学会雑誌』第46巻，第１号，81-122頁。

松田陽一（2014c），「企業の組織変革行動における抵抗に関するアンケート調査の報告」『岡山大学経済学会雑誌』第46巻，第２号，61-75頁。

松田陽一（2015），「組織変革における抵抗に関するインタビュー調査の報告(3)」『岡山大学経済学会雑誌』第46巻，第３号，27-60頁。

松田陽一（2016a），「チーム医療の活用マネジメントに関するインタビュー調査の報告（前）」『岡山大学経済学会雑誌』第47巻，第２号，227-254頁。

松田陽一（2016b），「チーム医療の活用マネジメントに関するインタビュー調査の報告（後）」『岡山大学経済学会雑誌』第48巻，第１号，79-110頁。

松田陽一（2019a），『組織変革における抵抗のマネジメントに関する研究―理論と実態―』岡山大学経済学部叢書第50冊。

松田陽一（2019b），『高成果チーム医療の活用マネジメントに関するインタビュー調査報告書』，未刊。

松田陽一編著，山本智子・川上佐智子・大月説子（2014），『組織変革マネジメントへの招待―抵抗の除去とチーム医療の活用―』岡山大学出版会。

松田陽一・川上佐智子（2015），「チーム医療が組織変革に与える影響に関するアンケート調

査報告」，『岡山大学経済学会雑誌』第47巻，第1号，45-69頁。

松田陽一・川上佐智子（2017），「チーム医療が組織変革に与える影響に関するアンケート調査報告・続」『岡山大学経済学会雑誌』第48巻，第3号，77-96頁。

松田陽一・川上佐智子（2019），「高成果医療チームのマネジメントに関するアンケート調査の報告」『岡山大学経済学会雑誌』第50巻，第3号，1-16頁。

松村　明編（1988），『大辞林』三省堂。

松村真宏・三浦麻子（2009），『人文・社会科学のためのテキストマイニング』誠信書房。

間々田孝夫（1981），「社会変動のメカニズム」安田三郎・塩原　勉・富永健一・吉田民人編（1981），『基礎社会学　第Ⅴ巻　社会変動』所収，東洋経済新報社，55-77頁。

三隅二不二（1978），『リーダーシップ行動の科学』有斐閣。

水本清久・岡本牧人・石井邦男・土本寛二編（2011），『インタープロフェッショナル・ヘルスケア実践　チーム医療論実践と教育プログラム』医歯薬出版。

見田宗介・栗原彬・田中義久編（1988），『社会学事典』弘文堂，497-498頁。

南　博（1957），『体系社会心理学』光文社。

三村孝一（1996），「チーム医療とマンパワー」『病院』第55巻，第7号，696-700頁。

宮入小夜子（2007），「組織風土の特性尺度の開発と活用—企業変革における組織風土特性尺度の活用の可能性について—」『日本橋学館大学紀要』第6号，3-13頁。

村本芳郎（1982），『ケース・メソッド経営教育論』文眞堂。

森岡清美・塩原　勉・本間康平編集代表（1993），『新社会学辞典』有斐閣。

森田一寿（1984），『経営の行動科学』福村出版。

森田雅也（2008），『チーム作業方式の展開』千倉書房。

安田三郎・原　純輔（1982），『社会調査ハンドブック　第3版』有斐閣。

安仲　恵・辻井　悟（2006），「『知恵とこころと工夫』を実践する糖尿病医療チーム」『看護展望』第31巻，第6号，80-84頁。

柳田邦男（1986），『活力の構造戦略編—開発編—』講談社。

山名敏子・星野文子・佐藤とみ子・下田勝巳・稲冨　徹（2006），「患者中心の褥瘡対策チームを目指して」『看護展望』，第31巻，第1号，76-81頁。

山本成二（1976），「組織開発技法」加藤尚文編（1989），『日本経営史料体系』所収，三一書房，418-419頁。

山本智子（2014），「チーム医療の活用マネジメントの基礎」松田陽一編著，山本智子・川上佐智子・大月説子（2014），『組織変革マネジメントへの招待—抵抗の除去とチーム医療の活用—』第6章所収，岡山大学出版会，145-177頁。

山本安次郎（1968a），「組織変革の組織理論について(1)」『組織科学』第2巻，第2号，8-21頁。

山本安次郎（1968b），「組織変革の組織理論について(2)」『組織科学』第2巻，第3号，49-61頁。

吉田孟史（1991），「組織間学習と組織の慣性」，『組織科学』第25巻，第1号，47-57頁。

吉田民人（1974），「社会体系の一般変動理論」青井和夫編（1974），『理論社会学　社会学講座　第1巻』所収，東京大学出版会，189-238頁。

吉田民人 (1990), 『情報と自己組織性の理論』東京大学出版会。

吉田智美 (2001), 「チーム医療を促進する要因と阻害する要因」『がん看護』第6巻, 第4号, 272-274頁。

由藤知矢佳 (2007), 「チーム研究の源流と発展動向」『現代社会文化研究』No.38, 149-163頁。

吉見俊哉 (1987), 『都市のドラマトゥルギー—東京盛り場の社会史—』弘文社。

労務行政研究所編 (1988), 「CI戦略と人事・組織の活性化施策」『労政時報』第2885号, 2 -72頁。

若林秀隆 (2004), 「これからのチーム医療について—医師もコメディカル (医療協働従事者) である—」『日本醫事新報』第4176号, 59-61頁。

若林 満 (1982), 「組織開発とキャリア開発」二村敏子編 (1982), 『組織の中の人間行動』所収, 有斐閣, 301-328頁。

若林 満 (1995), 「企業文化形成の方法論」梅澤 正・上野征洋編 (1995), 『企業文化論を学ぶ人のために』所収, 世界思想社, 225-246頁。

若林 満・斉藤和志・中村雅彦 (1989), 「CI活動が従業員の組織に対する態度とイメージに与える影響について」『経営行動科学』第4巻, 第2号, 111-122頁。

若林 満・斉藤和志・中村雅彦 (1990), 「CI活動が従業員の組織に対する態度とイメージに与える影響」『経営行動科学』第5巻, 第2号, 85-98頁。

若林 満・斉藤和志・中村雅彦 (1991), 「組織コミュニケーションとしてのCI活動と従業員の意識変化」『経営行動科学』第6巻, 第2号, 81-91頁。

II. 外国語文献

Allport, G.W. (1935), "Attitudes", in Murchison, C., ed., *A Handbook of Social Psychology*, Clark Univ. Press, pp.798-804.

Alvesson, M., and P.O.Berg (1992), *Corporate Culture and Organizational Symbolism: An Overview*, New York: Walter Degruyter & Co.

Alvesson, M., and S.Sveningsson (2008), *Changing Organizational Culture: Cultural Change Work in Progress*, London: Routledge, pp.31-34, pp.159-162.

Anderson, L.D. (2017), *Organization Development-The Process of Leading Organizational Change-4th*, SAGE, pp.186-193.

Argyris, C. (1964), *Integrating the Individual and the Organization*, New York: John Wiley. (三隅二不二, 黒川正流訳 (1969), 『新しい管理社会の探求』産業能率短期大学出版部。)

Argyris, C. (1970), *Intervention Theory and Method: A Behavioral Science View*, Reading, Mass.: Addison-Wesley.

Argyris, C., and D.A. Schön (1978), *Organizational Learning: A Theory of Action Perspective*, Reading Mass.: Addison-Wesley.

Ashforth, B.E. (1985), "Climate Formation: Issues and Extensions", *Academy of Management Review*, Vol.10, No.4., pp. 837-847.

Barnard, C.I. (1938), *The Functions of the Executive*, Harvard University Press. (山本安次郎・田杉 競・飯野春樹訳 (1968), 『新訳 経営者の役割』ダイヤモンド社。)

Bass, B.M.（1990）, *Bass & Stogdill's Handbook of Leadership 3rd. ed.,* New York: The Free Press.

Bass, B.M. and B.J.Avolio ed.（1994）, *Improving Organizational Effectiveness; Through Transfomational Leadership,* Newbury Park, Ca.: SAGE Publications.

Baumol, W.J.（1959）, *Business Behavior, Value and Growth,* New York: Macmillan.（伊達邦春・小野俊夫訳（1962）,『企業行動と経済成長』ダイヤモンド社。）

Beckhard, R.（1969）, *Oraganization Development: Strategies and Models,* Addison-Wesley.（高橋達男・鈴木　博訳（1972）,『組織づくりの戦略とモデル；ODシリーズ4』産業能率短期大学出版部。）

Beckhard, R.and R.T., Harris（1977）, *Organizational Transitions: Managing Complex Change,* Addison Wesley Publishing.

Benne, K.D., L.P.Bradford and R.Lippitt（1964）, "Laboratory Method", in Bradford, L.P., J.R.Gibb, and K.D.Benne eds.（1964）, *T-Group Theory and Laboratory Method: Innovation in Re-Education,* New York: John Wiley and Sons, chap.2, pp.15-45.（三隅二不二監訳（1971）,『感受性訓練―Tグループの理論と方法―』所収，日本生産性本部，第2章，21-60頁。）

Bennis, W.G.（1966）, *Changing Organizations: Essays on The Development and Evolution of Human Organization,* New York: McGraw-Hill.（幸田一男訳（1968）,『組織の変革―行動科学的アプローチによる有機的適応組織へ―』産業能率短期大学出版部。）

Bennis, W.G.（1969）, *Organization Development: Its Nature, Origins, and Prospects,* Addison-Wesley.（高橋達男訳（1971）,『職場ぐるみ訓練の考え方―起源・本質・将来の展望；ODシリーズ1―』産業能率短期大学出版部。）

Bennis W. G., K.D. Benne, and R. Chin eds.（1969）, *The Planning of change 2nd ed.,* New York; London: Holt, Rinehart and Winston.

Bennis, G.W., and P.E.Slater（1968）, *The Temporary Society,* New York: Haper & Row.（佐藤慶幸訳（1970）,『流動化社会』ダイヤモンド社。）

Bennis, W.G., and M.Mische（1996）, *The 21st Century Organization,* Jossey-Bass.（田辺希久子訳（1997）,『組織が元気になる時』ダイヤモンド社。）

Blake, R.R., W.E.Avis, and J.S.Mouton（1966）, *Corporate Darwinism: An Evolutionary Perspective on Organizing Work in The Dynamic Corporation,* Houston, Tex.: Gulf Publishing.（上野一郎訳（1967）,『企業進化論』産業能率短期大学出版部。）

Blake, R.R., and J.S.Mouton（1964）, *The Managerial Grid Key Orientation and for Achieving Production through People,* Houston, Tex.: Gulf Publishing.（上野一郎監訳（1972）,『期待される管理者像―マネジリアル・グリッド―』産業能率短期大学出版部。）

Blake, R.R., and J.S.Mouton（1969）, *Building a Dynamic Corporation through Grid Organization Development,* Addison-Wesley.（高橋達男・広田寿亮訳（1972）,『グリッド方式による組織づくり―組織風土を変える；ODシリーズ3―』産業能率短期大学出版部。）

Blumer, H.（1969）, *Symbolic Interactionism: Perspective and Method,* New Jersey: Prentice-Hall.（後藤将之訳（1991）,『シンボリック相互作用論―パースペクティヴと方法―』勁草

書房。）

Boulding, K.E.（1956），"General Systems Theory: The Skelton of Science", *Management Science*, Vol.2, No.3., pp.197-208.

Boyett, J.H. and J.T., Boyett（1998），*The Guru Guide: The Best Ideas of Top Management Thinkers*, New York: John Wiley and Sons.（金井壽宏監訳・大川修二訳（1999），『経営革命大全』日本経済新聞社。）

Bradford, L.P., J.R.Gibb and K.D.Benne, eds.（1964），*T-Group Theory and Laboratory Method: Innovation in Re-Education*, New York: John Wiley & Sons.（三隅二不二監訳（1971），『感受性訓練―Tグループの理論と方法―』日本生産性本部。）

Burke, W.W.（1982），*Organization Development: Principles and Practicies*, Boston: Little Brown.（小林　薫・吉田哲子訳（1987），『組織開発教科書―その理論と実践―』プレジデント社。）

Burke, W.W.（2002），*Organization Change: Theory and Practice*, Ca.: SAGE Publications.

Burke, W.W.（2008），*Organization Change: Theory and Practice 2nd ed.*, Ca.: Sage Publications.

Burke, W.W.（2014a），*Organization Change-Theory and Practice 4th*, SAGE.

Burke, W.W.（2014b），*Organization Change-Theory and Practice 3rd*, SAGE.

Burke, W.W., W.Trahant and R.Koonce, eds.（2000），*Business Climate Shifts: Profiles of Change Makers*, Boston: Butterworth-Heinemann.（プライスウォーターハウスクーパースコンサルタント㈱戦略コンサルティング・サービス事業部訳（2000），『組織イノベーションの原理―企業変革を成功させるリーダーの条件―』ダイヤモンド社。）

Burns, T., and G.M. Stalker（1961），*The Management of Innovation*, London: Tavistock Publications.

Burrell, M., and G.Morgan（1979），*Sociologiocal Paradigms and Organizational Analysis: Elements of The Sociology of Corporate Life*, London: Heinemann.（鎌田伸一・金井一頼・野中郁次郎訳（1986），『組織理論のパラダイム―機能主義の分析枠組―』千倉書房。）

Bushe, G.R.and Marshak, R.J., ed.（2015）*Dialogic Organization Development: The Theory and Practice of Transformational Change*, Oakland: Berrett-Koehler Publishers.（中村和彦訳（2018），『対話型組織開発―その理論的系譜と実践―』英治出版。）

Cameron, K.S., and R.E.Quinn（2006），*Diagnosing and Changing Organizational Culture: Based on the Competing Values Framework rev.ed.*, San Francisco: Jossey-Bass.

Cartwright, D., and A.Zander（1960），*Group Dynamics: Research and Theory 2nd ed.*, London: Tavistock Publications.（三隅二不二，佐々木　薫訳（1969），『グループ・ダイナミックス　第2版』誠信書房。）

Chandler, A.D.（1962），*Strategy and Structure: Chapters in the History of the Industrial Enterprise*, Cambridge, Mass.: MIT Press.（三菱経済研究所訳（1967），『経営戦略と組織―米国企業の事業部制成立史―』実業之日本社。）

Child, J.（1977），*Organization: A Guide to Problems and Practice*, John London: New York: Harper & Row.

Coch, L.and J.R.P.French, Jr. (1948), "Overcoming resistance to change", *Human Relations*, Vol.1, No.4, pp.512-532. (邦訳は，三隅二不二・佐々木　薫訳 (1969)，『グループ・ダイナミックスⅠ：第2版』第18章所収，誠信書房，383-407頁。)

Collins, J.C., and J.I. Porras (1994), *Built to Last: Succesful Habits of Visionnary Companies*, New York: Harper Business. (山岡洋一訳 (1995)，『ビジョナリー・カンパニー——時代を超える生存原則—』日経BP出版センター。)

Comte, A. (1844), *Discours sur l'ésprit Positif*, Société Positiviste internationale. (霧生和夫訳 (1970)，『実証精神論』清水幾太郎責任編集 (1970)，『世界の名著36コント・スペンサー』所収，中央公論社，141-233頁。)

Connor, P.E., L.K.Lake, and R.W.Stackman (2003), *Managing Organizational Change 3rd ed.*, Westport, Conn, London: Praeger.

Cummings, T.G. and C.G.Worley (2001), *Essntials of Oraganization Development and Change*, Ohio: South-Western College Publishing.

Cummings, T.G. and C.G.Worley (2005), *Organization Development and Change 8th*, Thomson.

Cummings, T.G., ed. (2008), *Handbook of organization Development*, California: SAGE Publications.

Dore, R., (1973), *British Factory –Japanese Factory*, London: Allen & Unwin. (山之内靖・永易浩一訳 (1987)，『日本の工場・イギリスの工場』筑摩書房。)

Davis, S.M. (1984), *Managing Corporate Culture*, Cambridge, Mass.: Balling Publishing Company. (河野豊弘・浜田幸雄訳 (1985)，『企業文化の変革』ダイヤモンド社。)

Deal, T.E., and A.A.Kennedy (1982), *Corporate Cultures: The Rites and Rituals of Corporate life*, Addison-Wesley. (城山三郎訳 (1983)，『シンボリック・マネジャー』新潮社。)

Denison, D.R. (1990), *Corporate Culture and Oraganizational Effectiveness*, New York: John Wiley & Sons.

Drucker, P.F. (1974), *Management: Tasks, Responsibilities, Practices*, New York: Harper & Row. (野田一夫・村上恒夫監訳，風間禎三郎・久野　桂・佐々木実智男・上田惇生訳 (1974)，『マネジメント（上）—課題・責任・実践—』ダイヤモンド社。（下）も同一)

Durkheim Émile (1904), *Les règles de la méthode sciologique5e éd.*, F. Alcan. (田辺壽利訳 (1947)，『社会学的方法の規準』創元社。)

Duncan, H.D. (1968), *Symbols in Society*, Oxford University Press. (中野秀一郎・柏岡富英訳 (1974)，『シンボルと社会』木鐸社。)

Edmondson, A.C. (2012), *Teaming: How Organization Learn, Innovate, and Compete in the Knowledge Economy*, John Wiley & Sons. (野津智子 (2014)，『チームが機能するとはどういうことか—「学習力」と「実行力」を高める実践アプローチ—』英治出版。)

Erikson, E.H. (1968), *Identity: Youth and Crisis*, New York: W.W.Norton and Co. (岩瀬庸理訳 (1969)，『主体性アイ デンティティ—青年と危機—』北望社。)

Etzioni, A., and, E.Etzioni (1973), *Social Change Sources Patterns, and Consequences, 2nd ed.,* New York: Basic Books.

Fayol, H. (1916), *Administration Industtrielle et Générale-Prevoyance, Organisation, Commandement, Coordination, Controle, Bulletin de la Société de 1'Industrie Minérale,* reproduced in book form by Dunod of Parism1925, Nouveau Triage, 1966. (佐々木恒男訳 (1972), 『産業並びに一般の管理』未来社。)

Festinger, L. (1957), *A Theory of Cognitive Dissonance,* Evanston, Ill.: Row, Peterson and Company. (末永俊郎訳 (1965), 『認知的不協和の理論—社会心理学序説—』誠信書房。)

Fiedler, F.E. (1967), *A Theory of Leadership Effectiveness,* New York: McGrow-Hill. (山田雄一訳 (1970), 『新しい管理者像の探究』産業能率短期大学出版部。)

Fouraker, L.E., and J.M.Stopford (1968), "Organization Structure and Multinational Strategy", *Administrative Science Quarterly,* Vol.14, No.1., pp.57-70.

French, L.W. (1969), "Oraganization Development: Objectives, Assumptions, and Strategies", *California Management Review,* Vol.12, No.1., pp.23-34.

French, W. L., and C.H. Bell, Jr. (1973), *Oraganization Development,* New Jersy: Prentice-Hall.

French, W. L., and C.H. Bell, Jr. (1978), *Oraganization Development 2nd.,* New Jersy: Prentice-Hall.

Frost, J.P., F.L. Moore, R.M.Louis, C.C.Lundberg, and J.Martin, eds. (1985), *Organizational Culture,* California: SAGE Publications.

Galbraith, J.R. (1977), *Organization Design,* Reading Mass: Addison-Wesley.

Galbraith, J, R., and D.A.Nathanson (1978), *Strategy Implementation: The Role of Structure and Process,* St.Paul.Minn.: West Publishing. (岸田民樹訳 (1989), 『経営戦略と組織デザイン』白桃書房。)

Garfinkel, H. (1968), "The Origin of the term Ethnomethodology", in Turner, R.ed. (1974), *Ethnomethodology,* Penguin, pp.15-18. (この邦訳は, 山田富秋・好井裕明・山崎敬一編訳 (1987), 『エスノメソドロジー—社会的思考の解体—』せりか書房, 9-18頁にある。)

Goffman, E. (1959), *The Presentation of Self in Everyday Life,* New York: Doubleday & Company. (石黒 毅訳 (1974), 『行為と演技—日常生活における自己呈示—』誠信書房。)

Gouldner, A.W. (1954), *Patterns of Industrial Bureaucracy,* Glencoe, Ill.: The Free Press. (岡本秀昭・塩原 勉訳 (1963), 『産業における官僚制—組織過程と緊張の研究—』ダイヤモンド社。)

Greenleaf, R.K. (1977), *Servant leadership: A Journey into The Nature of Legitimate Power & Greatness,* Robert K.Greenleaf Center. (金井壽宏監訳・金井真弓訳 (2008), 『サーバントリーダーシップ』英治出版。)

Greiner, L.E. (1972), "Evolution and Revolution as Organizations Grow", *Harvard Business Review,* Vol.50, No.4., pp.37-46.

Haas, J.E., and T.E.Drabek (1973), *Complex Organizations; A Sociological Perspective,* New York: Macmillan.

Hackman, J.R., and G.R.Oldham (1980), *Work Redesign,* Reading, Mass.: Addison-Wesley.

Hage, J. (1972), *Tecniques and Problems of Theory Construction in Sociology*, New York: John Wiley. (小松陽一・野中郁次郎訳 (1978),『理論構築の方法』白桃書房。)

Halpin, A.W., and B.J.Winer (1957), "A Factorial Study of the Leader Behavior Description", in Stogdill, R.M., and A.E.Coons eds., *Leader Behavior: Its Description and Measurement*, The Bureau of Business Research College of Commerce and Administration, Ohio State University, Research Monograph, No.88.

Hall, R.H. (1972), *Organizations: Structure and Process*, Newjersey: Prentice-Hall.

Hanann, M.T. and J.Freeman (1977), "The Population Ecology of Organizations", *The American Journal of Sociology*, Vol.82, No.5., pp.929-964.

Hanann, M.T., and J.Freeman (1989), *Organizational Ecology*, Harvard University Press.

Harigopal, K. (2006), *Management of Organizational Change: Leveraging Transformation 2nd ed.*, Thousand Oaks, Calif.: Sage.

Hayes, J. (2002), *The Theory and Practice of Change Management*, New York: Palgrave Macmillan.

Hedberg, H. (1981), "How Organization learn and unlearn", in Nystorm, P.C., and W.H., Starbuck eds., *Handbook of Organizational Design*, New York: Oxford University Press, pp.8-27.

Heisler, W.J. (1975), "Patterns of OD in Practice", *Business Horizons*, Vol.20, No.2., pp.77-84.

Herzberg, F. (1966), *Work and The Nature Man*, New York: Thomas Y.Crowell Co. (北野利信訳 (1968),『仕事と人間性—動機づけ・衛生理論の新展開—』東洋経済新報社。)

Hobsbawm, E., and T.Ranger, ed. (1983), *The Invention of Tradition*, Press of the University of Cambridge. (前川啓治・梶原景昭・長尾史郎・辻みどり・三宅良美・多和田裕司・中林伸浩・亀井哲也訳, 青木保解説 (1992),『創られた伝統』紀伊國屋書店。)

Hornstein, H.A., B.B.Bunker, W.W.Burke, M.Gindes, and R.J.Lewichi (1971), *Social Intervention: A Behavioral Science Approach*, New York: The Free Press.

House, R.J. (1971), "A Path-Goal Theory of Leader Effectiveness", *Administrative Science Quarterly*, Vol.12, No.5., pp.321-338.

Hovland, C.I., I.L. Janis and H.H.Kelley (1953), *Communication and Persuasion: Psychological Studies of Opinion Change*, Yale University Press.

Husserl, E. (1913), *Ideen zu einer reinen Phänomenologie und Phänomenologischen Philosophie*, Halle a.d. S.: Niemeyer. (渡辺二郎訳 (1979),『イデーン—純粋現象学と現象学的哲学のための諸構想—』みすず書房。)

Jaques, E. (1951), *The Changing Culture of a Factory*, London: Tavistock Publications in Collaboration with Routledge & Kegan Paul.

Jones, M.O. (1996), *Studying Organizational Symbolism: What, How, Why?*, Thousand Oaks, California: Sage Publications.

Katz, D. and R.L.Kahn (1966), *The Social Psychology of Organizations*, New York: John Wiley & Sons.

Katz, D., and R.L.Kahn (1978), *The Social Psychology of Organizations 2nd,* New York: John Wiley and Sons.

Katzenbach, J.R. and Smith, D.K. (1993), *The Wisdom of Teams,* Boston: Harvard Business School Press. (横山偵徳監訳, 吉良直人訳 (1994), 『「高業績チーム」の知恵―企業を革新する自己実現型組織―』ダイヤモンド社。)

Kappel, F.R. (1960), *Vitality in Business Enterprise,* New York: McGraw-Hill. (冨賀見　博訳 (1963), 『企業成長の哲学』ダイヤモンド社。)

Ketchum, L.D. and E. L.Trist (1992), *All Teams Are Not Created Equal: How Employee Empowerment Really Works,* London: Sage Publications.

Kimberly, J.R., and W.R.Nielsen (1975), "Organization Development and Change in Organizational Performance", *Administrative Science Quarterly,* Vol.20, No.2., pp.191-206.

Kluckhorn, C. (1962), *Culture and Behavior: Collective Essays,* New York: The Free Press.

Knowles, E.S.andJ.A.Linn (2004), *Resistance and Persuasion,* Mahwah, New Jersey: Lawrence Erlbaum Associates.

Kotter, J.P. (1996), *Leading Change,* Cambridge Mass.: Harvard Business School Press. (梅津祐良訳 (1997), 『21世紀の経営リーダーシップ』日経BP社。)

Kotter, J.P. (2008), *A Sense of Urgency: Does Your Organization Have a True Sense of Urgency,* Boston, Mass.: Harvard Business School Press. (村井章子訳 (2009)『企業変革の核心―「このままでいい」をどう打ち破るか―』日経BP出版センター。)

Kotter, J.P. (2010), *John P. Kotter on leadership,* Boston, Mass.: Harvard Business School Publishing Corp. (DIAMONDハーバード・ビジネス・レビュー編集部, 黒田由貴子・有賀裕子訳 (2012)『第2版　リーダーシップ論―人と企業を動かす能力―』ダイヤモンド社。)

Kotter, J.P., and L.A.Schlesinger (1979), "Choosing Strategies for Change", *Harvard Business Review,* Vol.57, No.2., Mar-Apr., pp.106-114. (邦訳は黒田由貴子 (1999) 『リーダーシップ論―いま何をすべきか―』ダイヤモンド社, 169-199頁にある。)

Kotter, J.P., and J.L.Heskett (1992), *Corporate Culture and Performance,* New York: The Free Press. (梅津祐良訳 (1994), 『企業文化が高業績を生む』ダイヤモンド社。)

Krippendorff, K. (1980), *Content Analysis: An Introduction to its Methodology,* Beverly Hills: SAGE Publications. (三上俊治・椎野信雄・橋元良明訳 (1989), 『メッセージ分析の技法―「内容分析」への招待―』勁草書房。)

Kroeber, A.L., and C.Kluckhohn (1952), *Culture: A Critical Review of Concepts and Definitions,* Cambridge Mass.: Reabody Museum of Archaeology & Ethnology, Harvard University, Vol.47, No.1., p.viii, 223.

Kroeber, A.L., and T.Parsons (1958), "The Concept of Culture and Social System", *American Sociological Review,* Vol.23, No.5., pp.582-583.

Kuhn, T.S. (1962), *The Structure of Scientific Revolutions,* Chicago: University of Chicago Press. (中山　茂訳 (1971), 『科学革命の構造』みすず書房。)

Lawrence, P.R., and J.W.Lorsch (1967), *Organization and Environment: Managing*

Differentiation and Integration, Harvard Univewrsity Press.（吉田　博訳（1977），『組織の条件適応理論』産業能率短期大学出版部。）

Lawrence, Paul R., and J.W.Lorsch（1969），*Developing Organizations,* Addison-Wesley.（高橋達男訳（1973），『組織づくり―その診断と手順；ODシリーズ6―』産業能率短期大学出版部。）

Lazarsfeld, P.F. and M.Rosenberg（1955），*The Language of Social Research: A Reader in the Methodology of Social Research,* New York: Free Press.

Leavitt, H.J.（1964），"Applied Organization Change in Industry: Structual, Technical, and Human Approaches", in Cooper, W.W., H.J.Leavitt and M.W.Shelly, Ⅱ., eds., *New Perspectives in Organization Research,* New York: John Wiley &Sons, pp.55-71.

Leiter, K.（1980），*A Primer on Ethnomethodology,* Oxford University Press.（高山眞知子訳（1987），『エスノメソドロジーとは何か』新曜社。）

Lessem, R.（1990），*Managing Corporate Culture,* Brookfield, Vt.USA: Gower Publishing Company.

Lévi-Strauss, Claude（1955），*Tristés Tropiqués,* Plon.（川田順造訳（1977），『悲しき熱帯』中央公論社。）

Levy, M.J.Jr.（1952），*The Structure of Society,* New York: Princeton University Press.

Lewin, K.（1946），"Action Research and Minority Problems", *Journal of Social Issues,* Vol.2, pp.34-46.（邦訳は，末永俊郎訳（1954），『社会的葛藤の解決』創元新社，269-290頁。）

Lewin, K.（1947a），"Group Decision and Social Change", in Maccoby, E.E., T.M.Newcomb, and E.L.Hartley, eds., *Readings in Social Psychology,* New York: Holt Reinhart and Winston, pp.197-211.

Lewin, K.（1947b），"Frontiers in Group Dynamics", *Human Relations,* Vol.1, No.1., pp.2-38.（邦訳は，Cartwright, D.edited.（1951），*Field Theory in Social Science: Selected Theoretical Papers, edited by* New York; Haper. pp.188-237. において，猪股佐登留訳（1956），『社会科学における場の理論』誠信書房，188-229頁。）

Lewin, K.（1951），*Field Theory in Social Science: Selected Theoretical Papers,* edited by Cartwright D., New York: Harper & Brothers.（猪股佐登留訳（1956），『社会科学における場の理論』誠信書房。）

Likert, R.（1961），*New Patterns of Management,* New York: McGraw-Hill.（三隅二不二訳（1964），『経営の行動科学―新しいマネジメント像の探究―』ダイヤモンド社。）

Lippitt, R., J.Watoson, and B.Westley（1958），*The Dynamics of Planned Change: A Comparative Study of Principles and Techniques,* New York: Hartcourt, Brace and World.（伊吹山太郎訳（1970），『変革のダイナミックス―システムを動かすチェンジ・エージェントの役割―』ダイヤモンド社。）

Litwin, G.H., and R.A.Stringer（1968），*Motivation and Organizational Climate,* Division of Research, Graduate School of Business Administration, Harvard University.（占部都美監訳，井尻昭夫訳（1974），『経営風土』白桃書房。）

Mann, F.C.（1957），"Studying and Creating Change: A Means to Understanding Social Organization", *Research in Industrial Human Relations,* No.17., pp.146-167.

Manz, C.C., and H.P.Sims（1993），*Business Without Bosses,* N.Y.: John Wiley and Sons.（守島基博監訳，渋谷華子・蔡　芒錫・喜多志保（1997）『自律チーム型組織―高業績を表現するエンパワーメント―』生産性出版。）

March, J.M., and H.A.Simon（1958），*Organizations: with the collaboration of harold Guetzknow,* New York: Wiley.（土屋守章訳（1977），『オーガニゼーションズ』ダイヤモンド社。）

Margulies, N., and J.Wallace（1973），*Organizational Change: Techniques and Applications,* Glenview, Ⅲ: Scott Foresman.

Markham, D.J.（1999），*Spiritlinking Leadership: Working through Resistance to Organizational Change,* New York: Paulist.

Marris, P.（1974），*Loss and Change,* New York: Pantheon Books.

Marris, R.（1964），*The Economic Theory of 'Managerial' Capitalism,* London: Macmillan &Co.（大川　勉・森　重泰・沖田健吉訳（1971），『経営者資本主義の経済理論』東洋経済新報社。）

Martin, J.（2002），*Organizational Culture: Mapping the Terrain,* Thousand Oaks, Calif: Sage.

Maslow, A.H.（1954），*Motivation and Personaity 2nd ed.,* New York: Harper & Row Publishers.（小口忠彦訳（1987），『改訂新版　人間性の心理学』産能大学出版部。）

Massarik, F.（1954），*Sociometric Choice and Organizational Effectiveness: A Multi-Relational Approach,* New York: Beacon House.

Maurer, R.（2006），"Resistance and Change in Organizations", in Jones B.B., and Brazzel, M. editors（2006），*The NTL Handbook of Organization Development and Change: Principles, Practices, and Perspectives,* San Francisco: Pfeiffer, pp.121-138.

Mayo, E.（1933），*The Human Problems of an Industrial Civilization,* New York: Macmillan.（村本栄一訳（1967），『産業文明における人間問題』日本能率協会。）

McGregor, D.（1960），*The Human Side of Enterprise,* New York: McGraw-Hill.（高橋達男訳（1970），『新版　企業の人間的側面―：統合と自己統制による経営―』産業能率短期大学出版部。）

McGuire, W.J.（1964）"Inducing Resistance to Persuasion-Some Contemporary Approches," *Advances in Experimental Social Psychology,* Vol.1, No.1., pp.191-229.

Mead, G.H.（1934），*Mind, Self, and Society: From the Standpoint of a Social Behaviorist,* edited and with an introduction by Morris, C.W., The University of Chicago Press.（稲葉三千男・滝沢正樹・中野　収訳（1973），『ミード　精神・自我・社会　現代社会学体系10』青木書店。）

Merton, R.K.（1959），*Social Theory and Social Structure rev., and enlarged ed.,* New York: Free Press.（森　東吾・森　好夫・金沢　実・中島竜太郎共訳（1961），『社会理論と社会構造』みすず書房。）

Miles, R. E., and C. C. Snow in Collaboration with Meyer, A.D. and with contributions by Coleman, H.J.Jr. (1978), *Organizational Strategy, Structure and Process*, New York: McGraw-Hill.（土屋　守章・内野　崇・中野　工訳（1983），『戦略型経営—戦略選択の実践シナリオ—』ダイヤモンド社。）

Nadler, D.A., R.B.Shaw, and A.E.Walton（1995），*Discontinuous Change: Leading Organizational Transformation*, Jossey-Bass.（斎藤彰悟・平野和子訳（1997），『不連続の組織変革—ゼロベースから競争優位を創造するノウハウ—』ダイヤモンド社。）

Nadler, D.A.（1998），*Champions of Change: How CEOs and Their Companies are Mastering the Skills of Radical Change*, California: Jossey-Bass.（斎藤彰悟監訳，平野和子訳（1998）『組織変革のチャンピオン—変革を成功に導く実践ステップ—』ダイヤモンド社。）

Nanus, B., and foreword W.G.Bennis（1992），*Visionary Leadership: Creating a Compelling Sense of Direction for Your Organization*, San Francisco: Jossey-Bass.（木幡　昭・廣田茂明・佐々木直彦訳（1994），『ビジョン・リーダー—魅力ある未来像（ビジョン）の創造と実現に向って—』産能大学出版部。）

Newcomb, T.M.（1950），*Social Psychology: with assistance of W.W.Charter, Jr.*, New York: Dryden Press.（森　東吾・萬成　博訳（1956），『社会心理学』培風館。）

Parsons, T.（1951），*The Social System*, New York: The Free Press.（佐藤　勉訳（1974），『パーソンズ社会体系論　現代社会学体系14』青木書店。）

Parsons, T.（1960），*Structure and Process in Modern Societies*, New York: The Free Press.

Penrose, E.T.（1959），*The Theory of the Growth of the Firm*, Oxford: Basil Blackwell & Mott.（末松玄六訳（1962），『会社成長の理論』ダイヤモンド社。）

Penrose, E.T.（1995），*The Theory of the Growth of the Firm, 3rd ed.*, New York: Oxford University Press.（日高千景訳（2010），『企業成長の理論　第3版』，ダイヤモンド社。）

Perrow, C.W.（1967），"A Framework for the Comparative Analysis of Organizations", *American Sociological Review*, Vol.32, No.3., pp.194-208.

Peters, T.J., and R.H.Waterman（1982），*In Search of Excellence: Lessons from America's Best-Run Companies*, New York: Harper & Row.（大前研一訳（1983），『エクセレント・カンパニー—超優良企業の条件—』講談社。）

Pettigrew, A.M.（1979），"On Studying Organizational Cultures", *Administrative Science Quarterly*, Vol.24, No.4., pp.570-581.

Pettigrew, A.M., ed.（1988），*The Management of Strategic Change*, New York: B.Blackwell.

Pondy, L.R., ed（1983），*Organizational Symbolism*, Greenwich, Conn.: JAI Press.

Poole, M.S., A.H.Van de Ven, K.Dooley, and M.E.Holmes（2000），*Organizational Change and Innovation Process: Theory and Method for Research*, New York: Oxford University Press.

Popper, K.R.（1959），*The Logic of Scientific Discovery*, London: Hutchinson.（大内義一・森博訳（1971・1972），『科学的発見の論理　上・下』恒星社厚生閣。）

Popper, K.R.（1963），*Conjectures and Refutations: The Growth of Scientific Knowledge*, London: Routledge & Kegan Paul.（藤本隆志・石垣壽郎・森　博訳（1980），『推測と反駁

—科学的知識の発展—』法政大学出版局。)

Porter, L.W., E.E.Lawler Ⅲ., and J. R.Hackman (1975), *Behavior in Organizations,* Tokyo: McGraw-Hill Kogakusha.

Quinn, R.E. (1996), *Deep Change: Discovering the Leader Within,* Jossey-Bass. (池村千秋訳 (2013),『ディープ・チェンジ—組織変革のための自己変革—』海と月社。)

Randall, J. (2004), *Managing Change, Changing Managers,* London: Routledge.

Robbins, S.P. (2005), *Essentials of Organizational Behavior 8th ed.,* New Jersey Pearson: Prentice-Hall.

Roethlisberger, F.J. (1941), *Management and Morale,* Cambridge, Mass.: Harvard University Press. (野田一夫・川村欣也訳 (1959),『経営と勤労意欲 改訂版』ダイヤモンド社。)

Roethlisberger, F.J. and W.J.Dickson (1939), *Management and the Worker: An Account of a Research Program Conducted by the Western Electric Company, Hawthorne Works, Chicago,* Cambridge, Mass.: Harvard University Press.

Rogers, E.M. (1973), *Communication Strategies for Family Planning,* New York: The Free Press.

Rousseau, D.M. (1988), "The Construction of Climate in Oraganizational Research", in Cooper, C.L., and I.T.Robertson, eds. (1988), *International Review of Industrial and Oraganizational Psychology,* New York: John Wiley & Sons, pp.139-158.

Rumelt, R. (1974), *Strategy, Structure and Economic Performance,* Boston: Harvard Business School Press. (鳥羽欣一郎・山田正喜子・川辺信雄・熊沢 孝訳 (1977),『多角化戦略と経済成果』東洋経済新報社。)

Saint-Simon (1813), *Memorie sur la Science de L'homme.* (森 博訳 (1987)『人間科学に関する覚書 サン−シモン著作集2』恒星社厚生閣, 2 -130頁。)

Schein, E.H. (1964), "Mechanism of Change", in Bennis, W.G., E.H.Schein, F.Stelle, and A.Berlow eds., *Interpersonal Dynamics: Essays and Readings on Human Interaction,* Homewood Ill: Dorsey Press, pp. 362-378.

Schein, E.H. (1980), *Oraganizational Psychology, 3rd ed.,* New Jersey: Prentice-Hall. (松井賽夫訳 (1981),『組織心理学 第3版』岩波書店。)

Schein E.H. (1984), "Coming to a new awareness of organizational culture", *Sloan Management Review,* Vol.26, No.4., pp.3-16.

Schein, E.H. (1985), *Organizational Culture and Leadership: A Dynamic View,* San Francisco: Jassey-Bass. (清水紀彦・浜田幸雄訳 (1989),『組織文化とリーダーシップ—リーダーは文化をどう変革するか—』ダイヤモンド社。)

Schein, E.H. (1999), *The Corporate Culture Survival Guide: Sense and Nonsense about Culture Change,* San Francisco, California: Jossey-Bass. (金井壽宏監訳, 尾川丈一・片山佳代子訳 (2004),『企業文化—生き残りの指針—』白桃書房。)

Schein, E.H., and W.G.Bennis (1965), *Personal and Organizational Change through Group Methods: The Laboratory Approach,* New York: John Wiley & Sons. (伊東 博編訳, 古

屋健治・浅野　満訳（1969），『Tグループの実際：人間と組織の変革Ⅰ』『Tグループの理論：人間と組織の変革Ⅱ』岩崎学術出版社。）

Schneider, B.ed.（1990），*Organizational Climate and Culture,* San Francisco: Jossey-Bass.

Schumpeter, J.A（1928），*Unternehmer: Handwörterbuch der Staatswissenschaften.*（邦訳は，清成忠男編訳（1998），『企業家とは何か』所収，東洋経済新報社，3 -51頁。）

Schütz, A.（1932），*Der Sinnhafte Aufbau der Sozialen Welt: Eine Einleitung in die verstehende Soziologie,* Wien: J. Springer（佐藤嘉一訳（1982），『社会的世界の意味構成―ヴェーバー社会学の現象学的分析―』木鐸社。Springer-Verlag, Wien, 1932, 1960 および Suhrkamp, Frankfurt a M., 1974の全訳。）

Schwartz, H., and S.M. Davis（1981），"Matching Corporate Culture and Business Strategy", *Organizational Dynamics,* Vol.10, No.4., pp.30-48.

Scott, B.R（1971），*Stage of Corporate Development,* 9-371-294, BP998, Inter Collegiate Case Clearinghouse, Harvard Business School Press.

Selznick, P.（1957），*Leadership in Administration: A Sociological Interpretation,* New York: Row, Peterson.（北野利信訳（1963），『組織とリーダーシップ』ダイヤモンド社。）

Senge, P., A.K. Charlotte, R.George, R.Rick, and R.B.Smith（1999），*The Dance of Change: The Challenges to Sustaining Momentum in Learning Organizations,* New York.: Currency/Doubleday.（柴田昌治・スコラ・コンサルタント監訳，牧野元三訳（2004），『フィールドブック学習する組織「10の変革課題」―なぜ会社改革は失敗するのか―』日本経済新聞社。）

Shibutani, T.（1970），*Human Nature and Collective Behavior: Papers in Honor of Herbert Blumer,* New Jersey: Prentice-Hall.

Slocum, J.W., and H.P.Sims, Jr.（1980，"A Typology for Integrating Technology, Organization and Job Design", *Human Relatons,* Vol.33, No.3., pp.193-212.

Smelser, N.J.（1963），*Theory of Collective Behavior,* New York: Free Press of Glencoe.（会田　彰・木原　孝訳（1973），『集合行動の理論』誠信書房。）

Simon H. A.（1957），*Administrative Behavior: A Study of Decision-Making Processes in Administrative Organization. with a foreword by Chester I. Barnard 3rd ed,* New York: The Free Press.（松田武彦・高柳　暁・二村敏子訳（1989），『経営行動―経営組織における意思決定プロセスの研究―』ダイヤモンド社。）

Taffinder, P.（1998），*Big Change: A Route-Map for Corporate Transformation,* Chichester: John Wiley and Sons.（アンダーセンコンサルティング　チェンジ・マネジメント・グループ訳（1999），『ビッグ・チェンジ―企業変革のルートマップ―』東洋経済新報社。）

Taylor, F.W.（1911），*The Principles of Scientific Management,* New York: Harper & Brothers.（上野陽一訳（1969），『科学的管理法　新版』産能大学出版部。）

Terkel, S.（1974），*Working: People Talk about What They do all day and How They feel about What They do,* New York: Pantheon Books.（中山　容他訳（1983），『仕事（ワーキング）！』晶文社。）

Trist, E.L.and K.W.Bamforth（1951），"Some Social and Psychological Consequences of the

Longwell Method of Coal Getting", *Human Relations*, Vol.4, No.1., pp.3-38.

Tunstall, B.W. (1985), *Disconnecting Parties*, New York: McGraw-Hill. (野中郁次郎監修, 関口和雄・橋本　信・情報通信総合研究所訳 (1986), 『ATT分割』プレジデント社。)

Turner, R.H., and L.M. Killian (1957), *Collective Behavior*, New Jersey: Prentice-Hall.

Tushman, M.L.and O'Reilly, C.A.Ⅲ. (1997), *Winning through Innovation*, Boston MA.: Harvard Business Scholl Press. (斎藤彰悟監訳, 平野和子訳 (1997)『競争優位のイノベーション―組織変革と再生への実践ガイド―』ダイヤモンド社。)

Vroom, V.H. (1964), *Work and Motivation*, New York: John Wiley & Sons. (坂下昭宣・榊原清則・小松陽一・城戸康彰訳 (1982), 『ヴルーム・仕事とモティベーション』千倉書房。)

Wally, O. (1978), *The Corporate-Personality: An Inquiry Into The Nature of Corporate Identity*, London: Heinemann Educational Books.

Walton, A.E. (1995), "Staging Discontinuous Change", in Nadler, D.A., R.B.Shaw, and A.E.Walton, eds., *Discontinuous Change: Leading Organizational Transformation*, California: Jossey-Bass, pp.82-96.

Weber, M. (1947), *Typen der Herrschaft*, Abteilung, J.C.B.Mohr. (濱島　朗訳 (1966), 『権力と支配―政治社会学入門―』有斐閣。)

Weber, M. (1956), *Wirtschaft und Gesellschaft: Grundriss der verstehenden Soziologie, vierte, neu, herausgegeben Auflag, besorgt von Johannes Winckelmann, Kapitel Ⅳ, Soziologie der Herrschaft*, Tubingen: Mohr. (世良晃志郎訳 (1960), 『経済と社会―支配の社会学―』創文社。)

Weick, K.E. (1969), *The Social Psychology of Organizing* Reading, Mass.: Addison-Wesley Pub.Co. (金児暁嗣訳 (1980), 『組織化の心理学　現代社会心理学の動向　第6巻』誠信書房。)

Weick, K.E. (1995), *Sensemaking in Organizations*, Thousand Oaks: Sage Publications.

Whyte, W. F. (1993), *Street Corner Society: The Social Structure of an Itarian Slum 4th ed.*, The University of Chicago Press. (奥田道大・有里典三訳 (2000), 『ストリート・コーナー・ソサエティ』有斐閣。)

Woodward, J. (1965), *Industrial Organization: Theory and Practice*, London: Oxford University Press. (矢島鈞次・中村壽雄共訳 (1970), 『新しい企業組織―原点回帰の経営学―』日本能率協会。)

Wormack, J.P., Jones D.T.and Roos, D. (1990), *The Machine that changed the world: based on the Massachusetts Institute of Technology 5-million dollar 5-year study on the future of the automobile*, New York: Rawson Associates. (沢田　博訳 (1990)『リーン生産方式が, 世界の自動車産業をこう変える。―最強の日本車メーカーを欧米が追い越す日―』経済界。)

Yin, R.K. (1994), *Case Study Research 2nd ed.*, Ca.: SAGE Publications. (近藤公彦訳 (1996), 『ケース・スタディの方法』千倉書房。)

Zald, M.N. (1970), *Organization Change: The Political Economy of the YMCA*, Chicago:

University of Chicago Press.

Zaltman, G., R.Duncan, and J.Holbek（1973）, *Innovation and Organizations*, New York: John Wiley& Sons.

Zand, D.E., and R.E.Sorensen（1975）, "Theory of Change and The Effective Use of Management Science", *Administrative Science Quarterly*, Vol.20, No.3., pp.532-545.

Zaltman, G., and R.Duncan（1977）, *Strategies for Planned Change*, New York: John Wiley& Sons.

Ⅲ．CI活動関連の参考文献等（Ⅵ系は除く）

1．CI活動関連の文献（発行年順）

林　周二編（1960）,『イメージと近代経営』ダイヤモンド社。

デコマス委員会編（1971）,『DECOMAS（理論編）』三省堂。

中井幸一編（1973）,『コーポレート・イメージ』誠文堂新光社。

ココマス委員会編（1976）,『企業とデザインシステム全13巻』産業能率短期大学出版部。

宣伝会議出版部編（1976）,『The CI・マツダのCIS』宣伝会議。

ココマス委員会編（1979）,『DECOMAS開発と導入⑴〜⑶』産業能率短期大学出版部。

加藤邦宏（1981）,『コーポレート・アイデンティティ―企業のイメージ戦略CIのすべて―』日本能率協会。

加藤邦宏（1982）,『実践コーポレート・アイデンティティ』日本能率協会。

小林太三郎（1982）,「コーポリット・アイデンティティの役割と広告に対する関係」『早稲田商学』第296号，51-67頁。

日経広告研究所編（1982）,『CIの理論と実際―コーポレート・アイデンティティ』日経広告研究所。

三木国愛（1982）,『21世紀のためのコーポレートカルチャー』マネジメント社。

矢野経済研究所編（1982）,『コーポレート・アイデンティティ―企業イメージの高揚と社内活性化を生み出すＣ・Ｉ―』矢野経済研究所名古屋支社。

矢野経済研究所編（1983）,『食品メーカーのCI戦略』矢野経済研究所。

太田琴彦（1984）,『実例中心のCI戦略』日本法令。

加藤邦宏（1984）,『企業のイメージ革命―CIでここまで企業は変わる―』日本能率協会。

小林重順（1984）,『イメージ戦略　CI＆TQC時代の発想法』鳳山社。

サンケイマーケティング編（1984）,『企業のCI活動―イメージアップから経営戦略へ―』サンケイ新聞データシステムマーケティング事業部。

宣伝会議編（1984）,『宣伝会議別冊　The・CI』宣伝会議。

トータルメディア開発研究所編（1984）,『日本型CI（コーポレート・アイデンティティ）戦略をつかめ―企業文化（コーポレイト・カルチャー）創造の時代がきた―』ダイヤモンド社。

日本能率協会（1984）,『コーポレート・コミュニケーション』日本能率協会。

ミノルタカメラCC委員会編（1984）,『ミノルタCIストーリー』誠文堂新光社。

八巻俊雄（1984）,『企業イメージ戦略とCI』産業能率短期大学出版部。

山田理英編 (1984),『デザイン法則辞典 第5巻プレゼンテーション戦略と盲点編』産業能率大学出版部。

アーバンプロデュース編 (1985),『戦略的CI実践実例集』アーバンプロデュース。

加藤邦宏 (1985),『CIのことがわかる本—儲けを生み出すビジネス・パワー 企業のイメージ・アップ戦略のすすめ方—』かんき出版。

加藤邦宏 (1985),『企業を飛躍させるCI戦略—ニューイメージづくりへ発進—』日東書院。

岸本 宏 (1985),『成功するCI—あなたの会社を再定義するためのAからZ』東洋経済新報社。

七里富哉 (1985),『立石電機のVI戦略』ダイヤモンド社。

深大寺祐介 (1985),『カッコよく儲けるにはCIが必要です—世の中変わった‼ センスが違う9社の成功実例—』中経出版。

宣伝会議編 (1985),『次代のCIを読む 企業・環境・都市』宣伝会議。

トータルメディア開発研究所編 (1985),『ザ企業文化』ダイヤモンド社。

東急エージェンシーマーケティング局編 (1985),『企業文化戦略の新展開』日本能率協会。

東急エージェンシー編 (1985),『カルチャー・ウォーズ』東急エージェンシー。

福村 満 (1985),『CI戦略マネジメント』プレジデント社。

岡田 悟 (1986),『日本型CI戦略』同文舘出版。

岡田 悟 (1986),『人を活かすCIのすすめ方—プランニングから対外発表まで—』かんき出版。

織田義郎 (1986),『新CI革命—その本質とホンネ—』日刊工業新聞社。

加藤邦宏 (1986),『CI推進マニュアル—プランニングから対外発表まで—』日本経済新聞社。

木暮剛平・社会経済国民会議・産業開発課編編 (1986),『21世紀を目指す経営戦略—企業文化とCI (セクジェ文庫；Vol.6)—』社会経済国民会議・調査資料センター。

サンケイマーケティング編 (1986),『新・企業のCI活動—イメージアップから経営戦略へ—』サンケイ新聞データシステムマーケティング事業部。

CIフォーラム編集委員会編 (1986),『CIが組織を変える』朗文堂。

塩沢 茂 (1986),『NTT変身の秘密 CIストーリー』NTTアド。

島 武史 (1986),『屋号・商標100選/CIのルーツをさぐる』日刊工業新聞社。

田中惣二 (1986),『ザ・CIビジネス—成功したコーポレート・デザイニング—』サイマル出版。

日経広告研究所編 (1986),『イメージが会社を変える—企業変身時代のCI戦略—』日経広告研究所。

日本能率協会総合研究所編 (1986),『企業文化革新のためのCI計画ハンドブック—理論編—』日本能率協会総合研究所。

日本能率協会総合研究所編 (1986)『企業文化革新のためのCI計画ハンドブック—実践編—』日本能率協会総合研究所。

中村元一・伊藤陽三他編 (1986),『戦略経営とCI』洋光。

山田理英 (1986),『新CI戦略—企業イメージ戦略のポイントと盲点—』産業能率短期大学出版部。

山田理英 (1986),『強者と弱者の新CI戦略』誠文堂新光社。

石山順一 (1987)，『［ドキュメント］快進撃への軌跡　アサヒビールの挑戦』日本能率協会。

小野　昇 (1987)，『住民との新つきあい学—CI時代の行政PR学—』ぎょうせい。

川崎製鉄CI推進室編 (1987)『ブレージングアップ川鉄　川鉄CI開発の記録』プレジデント社。

菅野亮一 (1987)，『なぜCIなのか—70社の導入事例—』日刊工業新聞社。

倉持公一 (1987)，『ニコンのCI戦略』ダイヤモンド社。

財団法人企業活力研究所編 (1987)，『CIと企業活力に関する調査研究報告』財団法人企業活
　力研究所。

中西元男 (1987)，『個業化の時代』徳間書店。

中西元男・大山茂夫編 (1987)，『CI革命　朝日ブックレット87』朝日新聞社。

中山雲水 (1987)，『社名が悪いと会社が危ない　CIの落とし穴実戦・社名判断』角川書店。

日本興業銀行中堅企業センター・日本経営システム編 (1987)，『CIが企業を革新する—実践
　18社の自己革新プロセス—』ダイヤモンド社。

PI研究会編 (1987)，『PI＝私的CI戦略』白馬出版。

山田理英・篠原聖明 (1987)，『図解・逆転のCI』パッケージング社。

読売新聞経済部CI取材班編 (1987)，『CI戦略は何を，どう変える』ダイヤモンド社。

今井長八郎 (1988)，『NKKの業革』ダイヤモンド社。

清野裕司 (1988)，『究極のCI戦略—生き残るためのマーケティングとは何か—』泉文堂。

塩谷未知・藤井圭吾 (1988)，『「カゴメ」21世紀への飛躍』日本能率協会。

田近伸和 (1988)，『CIでここまで会社が変わった—ドキュメント・21世紀の企業づくり— エ
　ナジーサポートのリストラクチュアリング戦略—』日新報道。

龍岡資明 (1988)，『間違いだらけのCI戦略—組織文化の変革が決め手—』ダイヤモンド社。

中小企業庁小売商業課編 (1988)，『商店街CIマニュアル』通商産業調査会。

日経流通新聞社編 (1988)，『ザ・企業変身』清文社。

樋口廣太郎・社会経済国民会議・産業開発課編 (1988)，『企業とCI戦略—アサヒビール躍進
　の秘密（セクジェ文庫；Vol.26）—』社会経済国民会議・調査資料センター。

ブレーン編集部編 (1988)，『業際なきイメージ時代のイメージ戦略』誠文堂新光社。

大阪デザインセンター編 (1989)，『企業戦略とCI計画デザインハンドブック』大阪府商工部。

岡田　悟 (1989)，『実戦型CI戦略』同文舘。

小野　昇 (1989)，『自治体CIのビジョンと戦略』，ぎょうせい。

企業イメージ研究所編 (1989)，『1985～8年度CI発表各社事例集』企業イメージ研究所。

自治大臣官房地域政策課監修・地域活性化センター編 (1989)，『地方公共団体CI戦略』ぎょ
　うせい。

地域アイデンティティに関する委員会編 (1989)，『地方公共団体のCIに関する研究報告書』
　地域活性化センター。

遠山順一 (1989)，『トマト銀行の挑戦—CI戦略・大ヒットの秘密—』あっぷる出版社。

中西元男 (1989)，『価値創造する美的経営—PAOS流CI・起業と蘇業の哲学—』PHP研究所。

中西元男監修，小田嶋孝司編 (1989)，『シンボリックアウトプット』プレジデント社。

PAOS Books編集委員会編，中西元男監修 (1989)，『CI戦略シリーズ5—松屋；蘇った松屋
　銀座 都心型百貨店ビジネスの作興（1977～1988)—』三省堂。

PAOS Books編集委員会編・中西元男監修 (1989)，『CI戦略シリーズ4―小岩井乳業；1980年の伝統にデザイン革命 小岩井ブランドの確立からグループアイデンティティへ (1976〜1988)―』三省堂。

PAOS Books編集委員会編・中西元男監修 (1989)，『CI戦略シリーズ3―NTT；官から民への変身 日本最大企業NTTの誕生 (1981〜1988)―』三省堂。

PAOS Books編集委員会編・中西元男監修 (1989)，『CI戦略シリーズ2―三井のリハウス；不動産仲介からリハウスへ 三井不動産販売の「住みかえ思想革命」(1980〜1986)―』三省堂。

PAOS Books編集委員会編・中西元男監修 (1989)，『CI戦略シリーズ1―ケンウッド；トリオからケンウッドへ CIサクセスの典型事例 (1980〜1988)―』三省堂。

原田 進 (1989)，『CIデザイニング―企業イメージ創造のプロセス―』実務教育出版。

丸田芳郎・社会経済国民会議・産業開発課編 (1989)，『オフィス・ルネッサンス―ニューオフィスとCI戦略 (セクジェ文庫；Vol.37)―』社会経済国民会議・調査資料センター。

山田理英 (1989)，『企業再創造のCI戦略』産業能率短期大学出版部。

岡田 悟 (1990)，『マンガで見るCIの本』同文舘出版。

境 忠宏 (1990)，『企業変革とCI計画』電通。

社団法人ソフト化経済センター編 (1990)，『CI新時代への模索』社団法人ソフト化経済センター。

中江克己 (1990)，『ツムラ・革新しつづける老舗の挑戦 いかにしてCIと世代交代に成功したか』こう書房。

長野放送編 (1990)，『地域学ふるさと創生地域のCI視点―プロジェクト地域CIとふるさと創生報告書―』銀河書房。

西田耕三 (1990)，『グローバルCI (コーポレート・アイデンティティ) の構図』中央経済社。

武良竜彦・関塾教育研究所編 (1990)，『いまなぜ「校風」か―CI的学校文化論―』ダイヤモンドセールス編集企画。

アーバンプロデュース編 (1991)，『CIに見る企業革新実例集』アーバンプロデュース。

梅沢昌太郎 (1991)，『農業のマーケティングとCI戦略』全国農業改良普及協会。

梅田福一郎 (1991)，『中堅企業のCI戦略』ぱる出版。

財団法人関西生産性本部編 (1991)，『リストラクチャリングと組織革新』財団法人関西生産性本部。

三和総合研究所企画・編集 (1991)，『CI活動のすすめ方―未来志向経営のすすめ 魅力ある企業をつくる』三和総合研究所。

電通出版事業部・メディアボンド企画編集 (1991)，『CI=コーポレート・アイデンティティー―企業のCI・学校のSI・地域創生のCI (広告大百科第6巻)―』電通。

深見幸男 (1991)，『CI入門 日経文庫446』日本経済新聞社。

梅田福一郎 (1992)，『流通・サービス業のCI計画―人が活きる，店が変わる―』ぱる出版。

梶山 皓 (1992)，「コーポレット・アイデンティティーの定義を求めて」『獨協経済』第58号，117-144頁。

加藤邦宏 (1992)，『惚れられる会社をつくる 21世紀型CIのすすめ』ダイヤモンド社。

加藤邦宏（1992），『CIってなに？　―CIのことがわかるQ&A―』オフィス202出版部。

東京都商工指導所相談部編（1992），『商店街CI（コミュニティ・アイデンティティ）マニュアル』東京都商工指導所。

ブレーン編集部編（1992），『コーポレート・アイデンティティの再考』誠文堂新光社。

大西啓義・森本清明（1993），『小さな会社のCI戦略―社員の意識を変える―』中央経済社。

佐藤芳夫（1993），『顧客満足をめざすCI入門』こう書房。

長谷川嘉彦（1993），『理念が人を動かす―昭和アルミのときめきイノベーション―』プレジデント社。

平松守彦（1993），『わたしの地域おこし　地方のCI戦略』日本放送出版協会。

星野　匡・佐野忠敏（1993），『手作りCIを成功させる本』実業之日本社。

三上紘司（1993），『強い会社をつくる企業風土革新―小さい企業でもできるCI戦略のすすめ方―』経林書房。

三菱総合研究所（1993），『三菱総研CI戦略ノート―成熟市場への起業革新―』PHP研究所。

日経広告研究所編（1994），『大学のイメージとUI』日本経済新聞社。

浦田義行・三和総合研究所編（1995），『魅力ある企業づくりの進め方―ビジョン，CI，組織文化と，業績の創造の進め方―』三和総合研究所。

山村紳一郎（1999），『ネッツ誕生，トヨタは変わるか！』ダイヤモンド社。

日本CI会議体会員編（2000），『21世紀CI展望―企業価値とアイデンティティ―』自分流文庫。

三和総合研究所企画・編（2001），『魅力ある企業をつくるアイデンティティ・マネジメントの進め方―IT革命時代のCI―』三和総合研究所。

原田　進（2003），『企業ブランドデザイニング』実務教育出版。

２．雑誌記事等

竹内良幸（1992a），「アメリカのCI文化と構造１」『日経広告手帖』，１月号，22-27頁。

竹内良幸（1992b），「アメリカのCI文化と構造２」『日経広告手帖』，２月号，27-31頁。

竹内良幸（1992c），「アメリカのCI文化と構造３」『日経広告手帖』，３月号，38-43頁。

竹内良幸（1992d），「アメリカのCI文化と構造４」『日経広告手帖』，４月号，38-43頁。

竹内良幸（1992e），「アメリカのCI文化と構造５」『日経広告手帖』，５月号，39-43頁。

　本文中で援用したもののみ掲載する。これ以外多くあるが，詳しくは松田（2000）を参照のこと。

３．新聞記事（連続掲載のみ）

「企業と文化(1)〜(24)」朝日新聞　1983年９月－1984年４月夕刊掲載。

「CIフィーバー(1)〜(10)」日経産業新聞　1986年３月17日付－同年３月28日付。

「わが社のCI作戦」日経産業新聞　1986年－1989年。

「中間採点CI通信簿」日経産業新聞　1990年－1991年。

「新・社風の研究(1)〜(15)」日本経済新聞　1986年５月27日付－同年６月13日付。

「CI時代のデザイナー(1)〜(113)」毎日新聞　1991年５月７日付。

　これら以外にも，連続掲載，および記事で取り扱ったものは多くあるが，詳しくは松田（2000）を参照のこと。

■著者紹介

松田陽一（まつだ　よういち）
岡山大学大学院社会文化科学研究科教授，博士（経営学）

1957年に鳥取県で生まれる。
1981年に京都大学工学部金属加工学科卒業後，20年にわたり民間企業に勤務するとともに，1998年に神戸大学大学院経営学研究科博士後期課程修了。2002年岡山大学経済学部教授を経て，2006年より現職。

主著
『企業の組織変革行動』千倉書房，2000年。
『組織変革マネジメントへの招待』岡山大学出版会，2014年（監修・編著）。
『組織変革の抵抗におけるマネジメントに関する研究』岡山大学経済学部叢書，2019年。

組織変革のマネジメント〈第2版〉
理論と現状

2011年4月1日　第1版第1刷発行
2017年5月10日　第1版第5刷発行
2020年3月1日　第2版第1刷発行

著　者　松　田　陽　一
発行者　山　本　　　継
発行所　㈱中央経済社
発売元　㈱中央経済グループ
　　　　パブリッシング

〒101-0051　東京都千代田区神田神保町1-31-2
電話　03 (3293) 3371（編集代表）
　　　03 (3293) 3381（営業代表）
http://www.chuokeizai.co.jp/
印刷／堀内印刷㈱
製本／誠　製　本㈱

© 2020
Printed in Japan

＊頁の「欠落」や「順序違い」などがありましたらお取り替えいたしますので発売元までご送付ください。（送料小社負担）
ISBN978-4-502-33371-2　C3034